新　視　野
中華經典文庫

新 視 野
中華經典文庫

鹽鐵論

名譽主編 饒宗頤
導讀 趙善軒
譯注 趙善軒 耿佳佳

中華書局

新視野中華經典文庫

鹽鐵論

□
導讀
趙善軒

□
譯注
趙善軒　耿佳佳

□
出版
中華書局（香港）有限公司
香港北角英皇道 499 號北角工業大廈一樓 B
電話：(852) 2137 2338　傳真：(852) 2713 8202
電子郵件：info@chunghwabook.com.hk
網址：http：//www.chunghwabook.com.hk

□
發行
香港聯合書刊物流有限公司
香港新界大埔汀麗路 36 號
中華商務印刷大廈 3 字樓
電話：(852) 2150 2100　傳真：(852) 2407 3062
電子郵件：info@suplogistics.com.hk

□
印刷
深圳中華商務安全印務股份有限公司
深圳市龍崗區平湖鎮萬福工業區

□
版次
2014 年 1 月初版

□
規格
大 32 開（205 mm × 143 mm）

□
ISBN：978-988-8236-72-5

出版説明

為什麼要閱讀經典？道理其實很簡單——經典正正是人類智慧的源泉、心靈的故鄉。也正是因此，在社會快速發展、急劇轉型，因而也容易令人躁動不安的年代，人們也就更需要接近經典、閱讀經典、品味經典。

邁入二十一世紀，隨着中國在世界上的地位不斷提高，影響不斷擴大，國際社會也愈來愈關注中國，並希望更多地了解中國、了解中國文化。另外，受全球化浪潮的衝擊，各國、各地區、各民族之間文化的交流、碰撞、融和，也都會空前地引人注目，這其中，中國文化無疑扮演着十分重要的角色。相應地，對於中國經典的閱讀自然也就有不斷擴大的潛在市場，值得重視及開發。

於是也就有了這套立足港臺、面向海外的「新視野中華經典文庫」的編寫與出版。希望通過本文庫的出版，繼續搭建古代經典與現代生活的橋樑，引領讀者摩挲經典，感受經典的魅力，進而提升自身品位，塑造美好人生。

本文庫收錄中國歷代經典名著近六十種，涵蓋哲學、文學、歷史、醫學、宗教等各個領域。編寫原則大致如下：

（一）精選原則。所選著作一定是相關領域最有影響、最具代表性、最值得閱讀的經典作品，包括中國第一部哲學元典、被尊為「群經之首」的《周易》，儒家代表作《論語》、《孟子》，道家代表作《老子》、《莊子》，最早、最有代表性的兵書《孫子兵法》，最早、最系統完整的醫學典籍《黃帝內經》，大乘佛教和禪宗最重要的經典《金剛經》、《心經》、《六祖壇經》，中國第一部詩歌總集《詩經》，第一部紀傳體通史《史記》，第一部編年體通史《資治通鑒》，中國最古老的地理學著作《山海經》，中國古代最著名的遊記《徐霞客遊記》，等等，每一部都是了解中國思想文化不可不知、不可不讀的經典名著。而對於篇幅較大、內容較多的作品，則會精選其中最值得閱讀的篇章。使每一本都能保持適中的篇幅、適中的定價，讓普羅大眾都能買得起、讀得起。

（二）尤重導讀的功能。導讀包括對每一部經典的總體導讀、對所選篇章的分篇（節）導讀，以及對名段、金句的賞析與點評。導讀除介紹相關作品的作者、主要內容等基本情況外，尤強調取用廣闊的「新視野」，將這些經典放在全球範圍內、結合當下社會生活，深入挖掘其內容與思想的普世價值，及對現代社會、現實生活的深刻啟示與借鑒意義。通過這些富有新意的解讀與賞析，真正拉近古代經典與當代社會和當下生活的距離。

（三）通俗易讀的原則。簡明的注釋，直白的譯文，加上深入淺出的導讀與賞析，希望幫助更多的普通讀者讀懂經典，讀懂古人的思想，並能引發更多的思考，獲取更多的知識及更多的生活啟示。

（四）方便實用的原則。關注當下、貼近現實的導讀與賞析，相信有助於讀者「古為今用」、自我提升；卷尾附錄「名句索引」，更有助讀者檢索、重溫及隨時引用。

（五）立體互動，無限延伸。配合文庫的出版，開設專題網站，增加朗讀功能，將文庫進一步延展為有聲讀物，同時增強讀者、作者、出版者之間不受時空限制的自由隨性的交流互動，在使經典閱讀更具立體感、時代感之餘，亦能通過讀編互動，推動經典閱讀的深化與提升。

這些原則可以說都是從讀者的角度考慮並努力貫徹的，希望這一良苦用心最終亦能夠得到讀者的認可、進而達致經典普及的目的。

「弘揚中華文化」是中華書局的創局宗旨，二〇一二年又正值創局一百週年，「承百年基業，傳中華文明」，本局理當更加有所作為。本文庫的出版，既是對百年華誕的紀念與獻禮，也是在弘揚華夏文明之路上「傳承與開創」的標誌之一。

需要特別提到的是，國學大師饒宗頤先生慨然應允擔任本套文庫的名譽主編，除表明先生對本局出版工作的一貫支持外，更顯示先生對倡導經典閱讀、關心文化傳承的一片至誠。在此，我們要向饒公表示由衷的敬佩及誠摯的感謝。

倡導經典閱讀，普及經典文化，永遠都有做不完的工作。期待本文庫的出版，能夠帶給讀者不一樣的感覺。

中華書局編輯部

二〇一二年六月

目錄

卷三

卷四

卷五

卷六

二千年後讀《鹽鐵論》
——《鹽鐵論》導讀

趙善軒

一、時代背景

讀《鹽鐵論》，就得先了解當時的時代背景。

漢武帝（前一五六年—前八十七年）在位時，積極用兵四夷，他好大喜功，泰山封禪又虛耗了一大筆經費，導致國家財政入不敷支，為了滿足他無窮無盡的慾望，故不得不推行新經濟政策，以增加收入，內容大抵如下：

政策	負責人	推行年份
號召募捐	眾官員	公元前一二〇年
算緡錢（財產稅）	眾官員	公元前一一九年
鹽鐵專賣	孔僅、東郭咸陽	公元前一一八年
告緡錢（告發瞞稅）	楊可	公元前一一七年
平準、均輸（物流統管）	桑弘羊	公元前一一五年

漢武帝在元狩六年至元鼎四年（前一一七—前一一三）推行「告緡令」，鼓勵百姓主動告發「瞞稅」的商人，告發者可分得被告者一半的家產，這造成爭相告密的風潮。由於沒有合理的財源保障，所以商人便失去了求富的推動力。政府沒收以億計的物資，又沒收奴婢成千上萬，每縣沒收的田地以百頃計。此後，漢武帝又推行專賣政策，以解決國家用度不足的困難，這導致工商時代從此萎頓，資本主義也被消滅於萌芽之中。

據《史記．平準書》所記，其時「商賈中家以上大率破」，商人大多破產，人民也生活不了，惟有靠偷竊為生。同時，政府又把「民之所依」的山林池澤納入國家體制中，限制民間自行開發，嚴重衝擊人民的生計。許多人不能再從事相關產業，令社會經濟嚴重收縮。當時朝廷舉行了鹽鐵會議，當中的民間學者指出平準、均輸推行後，有官員利用權力強迫人民收買貨物，使之成了擾民之法，此與原來的設計相違背，致使人民怨聲載道。後來漢昭帝（前九四—前七四）繼位，政府不得不正視這個嚴重的社會問題，遂出現了新經濟政策存廢的激烈爭論。

二、中西學說　殊途同歸

現代西方經濟學大概可分為兩大主流，一是以芝加哥學派為代表的新自由主義學派（Neo-liberalism），他們主張市場力量主導社會發展，國家應減少經濟干預行為，讓市場自主發展，而國家只須為商人提供良好的營商環境。當經濟不景氣時，他們主張通過減稅等措施來刺激消費，而非利用國家機器來干預經濟。另一派是凱恩斯學派（Keynesian Economics），他們主張以政府行為帶動經濟發展，特別是通過增加公共開支來刺激經濟。兩個學派在戰後數十年來，主導了歐美日的經濟政策。另一方面，馬克思主義者主張一切經濟活動最終都應在國家嚴密監管下進行，他們認為市場經濟造成的貧富懸殊是階級矛盾的根源，故應當消除。上述理論不是紙上談兵，當經濟學一旦落實到現實之中，那就不再是學術的討論，而是涉及國民福祉的實際問題。故此，為政者在制定經濟政策之時，不得不小心謹慎，須以民為先，而非以既得利益者或在位者的喜好為依歸。

當代經濟學人，言必稱歐美，只因他們不知道在中國歷史上，絕不乏偉大的經濟思想學家及傳世著作，而《鹽鐵論》可謂當中的佼佼者。先秦至西漢年間，是中國經濟思想最發達、最旺盛的時代，當時學風開放，百家爭鳴，思想多元，名家輩出，造就了許多偉大的學人學說，而最令人驚嘆的莫過於「史家絕唱」的司馬遷（前一四五或前一三五－前八十六）。百年多前，西力東漸，中國面臨「二千年未有之變局」（李鴻章語），國勢日衰，我國不少學人欲以經濟救國，他們圖從古書上找出歷史根據，說明中國傳統文化不弱於人，而梁啟超（一八七三－一九二九）與胡適（一八九一－一九六二）早就認識到司馬遷的經濟思想之重要性，他們指出司馬遷有不少見解與西方古典經濟派學人的思想是不謀而合的。[1]經濟思想史學者趙靖在《中國經濟思想通史（二）》說：「中國古代在西漢中葉形成了兩種國民經濟管理模式：平均主義的輕重論和放任主義的善因論。」[2]桑弘羊（前一五二？－前八十）是前者的代表，司馬遷就是後者的代表，鹽鐵會議的民間學者則介乎於兩者之間。近年，西方學術界也認為司馬遷的自由經濟思想學說足可與古典經濟學之父阿當·史密（Adam Smith, 1723－1790）的「看不見的手」（invisible hand）相提並論。幾篇學術論文在西方極具份量的學術期刊發表後[3]，引起中外學人的激烈討論，可見司馬遷啟發性之大，竟令二千多年後的今人獲益良多。

---

1 王明信、俞樟華：《史記研究集成·卷十·司馬遷思想研究》（北京：華文出版社，2006），頁257。

2 趙靖：《中國經濟思想通史（二）》（北京：北京大學出版社，2002），頁79。

3 Young, L. "The TAO of Markets: SIMA QIAN And The Invisible Hand", *Pacific Economic Review*, Vol. 1, Issue 2 (1996), pp.137-145, Chiu, Y. S. & Yeh, R. S., "Adam Smith versus Sima Qian: Comment on the Tao of markets", *Pacific Economic Review*, Vol. 4, Issue 1 (1999), pp.79 - 84, McCormic, K. "Sima Qian and Adam Smith" *Pacific Economic Review*, Vol. 4, Issue 1 (1999), pp.85 - 87.

三、學術思想　多元並存

《鹽鐵論》是我們了解漢代學術思想的重要作品，書中的民間學者（賢良與文學），一如司馬遷般，也是在老百姓的生計上考量，大肆批判國家的干預行為，痛斥政策導致民不聊生，背離人民，言語中或多或少地傾向自由主義，他們追憶文帝的無為而治，認為政府應減少管制以及干預行為，反對官營工商業，提倡國家應減少不必要的管制，強調不應與民爭利，以此諷當朝的干預主義。不同之處是，司馬遷是以黃老思想為本，而賢良與文學則是典型的儒家信徒。雖然如此，在討論中，賢良與文學仍不時流露緬懷漢代初年無為而治的痕跡，欲借此建構心中理想的經濟模式，從而批評漢武帝以及當代（漢昭帝始元六年（前八十一））的經濟政策，其言論顯示他們絕不妥協於建制的文人風骨。難得的是，即使他們大力抨擊國家政策，但朝廷在鹽鐵會議後，拜他們為「大夫」，足見其胸襟，是真心締造真正的「和諧社會」。雖然雙方言辭激烈，半步不讓，但頗有「和而不同」之氣氛，絕非像今天那些「同而不和」，只懂拍掌的官式會議，知識分子也不是用來裝飾的擺設，如此開明的論政風氣，容許士人在公開場合大膽非議朝政，事後亦沒秋後算賬，也非「引蛇出洞」的「陰謀陽謀」，這是二千年來鮮見的，足以使後世的獨裁者汗顏。

若說司馬遷是代表戰國以來的黃老思想的大成者，那麼本書的賢良文學就是代表新興的士人階層，是次共有六十餘人參加會議，這些「文學」是地方選拔得來的書生，而「賢良」則是在京輔簡拔出來的讀書人。從本書所見，這些知識分子不時引用道家、儒家、陰陽家之言來反駁政府高層代表，這反映了在漢武帝獨尊儒學不久，學人仍受上一世代的教育（黃老主導，卻百家爭鳴的漢初）影響，學術思想仍未走向一元化。從他們的言論可見，其思想既有道家哲學成分，也有儒家特色，絕非後世不少學人般，只懂跟着國家的「主旋律」走，為政府推銷意識形態，只懂得作「人肉錄音機」，缺乏學人應有「獨立之思想，自由之精神」。

簡言之，《鹽鐵論》一書，為春秋戰國以來自由主義經濟思想與國家主義兩大流派作了深刻的總結，也為我們留下了豐富的思想，是研究古代社會經濟的寶貴材料。

四、錯推政策　民不聊生

新經濟政策推出以來，民多疾苦，百姓對鹽、鐵、酒專賣感到厭惡。政府一改漢初容許民間自由買賣的做法，改為「民製官賣」的經營模式，其時人民被迫使用政府提供的製鹽工具，鹽由政府收購、運輸及出售，而私鑄鐵器煮鹽的人則會受到嚴刑懲罰。此外，鐵器全由政府壟斷，由採礦、冶煉、製作到銷售，都由官員一手包辦，中央由財政大臣（大司農）直接統領，地方則設置鹽官、鐵官，再於無礦山的縣內設小鐵官，由上而下管理全國鹽鐵事務。鹽鐵是生活的必需品，需求彈性極低，官營以後，供應減少勢必使價格上升，這等於增加了間接稅收，直接加重人民的負擔。

當時人民對平準、均輸、告緡等政策多有不滿，政府希望多聽他們的意見，以作檢討。年僅十四歲的漢昭帝下旨，召集郡國所舉的賢良文學，徵詢他們的意見。是次會議實由大將軍霍光（前一三〇？—前六十八）在背後推動，命丞相田千秋（？—前七十七）主持「經濟會議」，由賢良文學為一方，對漢武帝留下的輔政大臣御史大夫桑弘羊等人的政府代表，重點討論當代社會經濟發展，也旁及國家的發展方向、用兵匈奴的合理性、王道與霸道的取捨、禮治與法治的高下，以及古今人物評價等重大議題。桑弘羊本是商人之子，理應是反對新經濟政策的最大力量，但他與孔僅、東郭咸陽等富商在武帝朝先後獲引入建制核心，成了新經濟政策中的推手，此可見二千年前，時人已懂得以「行政吸納政治」（金耀基語）的手段。另方面，我們不能像改革開放前的內地學者般，輕率地把桑弘羊等人視為法家信徒。從書中可見，大夫等人一時引用法家，一時徵引儒學經典，一時採用道家之言來支持己說，但同時又批評孔子（前五五一—前四七九）為人頑固，不識時務，又不同意儒生所強調的今不如昔。由此可見，他們並沒有固定的思想信仰，而是不折不扣的機會主義者。桑弘羊等人從國家財政的角度出發，力主干預行為有助增加國家收入，以支持軍事擴張，大興土木，以壯國勢，主張「大政府，小市場」。他們以國家利益為最大考慮，堅持應先國家而後個人，桑弘羊更指基層貧窮是因為他們懶惰，完全與政府無關，又認為官僚生活奢侈是天經地義的，把貧富懸殊的現象合理化。桑弘羊等人又認為身無長物的賢良文學，連父母也供養不起，沒有資格討論國家大事。其實，這類人在現代社會仍大有人在，他們以國家強大為榮，以盲目追求GDP為傲，更認為必要時可犧牲人民幸福以成全國家的繁榮，厭惡基層人民，無視民為天下之本之理，背離人民，忽視個體的重要性。

司馬遷在《史記．平準書》中借用了當代積極反對干預行為的官員卜式之言，以「亨（烹）弘羊，天乃雨。」為全文總結，他又在《史記．貨殖列傳》（頁3253）說：「故善者因之，其次利道之，其次教誨之，其次整齊之，最下者與之爭。」宋敍五老師解釋為：「政府經濟政策的最善者，是順其自然，對人民的經濟生活不加干涉。其次是因勢利導。再次是用教育的方法說服人民，再次是用刑罰規限人民，最差的方法是與民爭利。」[4]由此可見，當時已有干預與自由經濟概念，而在司馬遷等自由主義者眼中，不管干預政策為國家帶來多少財政收益，都是不

4 宋敍五：〈從司馬遷到班固——論中國經濟思想的轉折〉，*Working Paper Series*，2003，頁4。

義之舉，因它使天怒人怨，司馬遷甚至想把桑弘羊殺之而後快。儘管司馬遷對桑弘羊等人口誅筆伐，但從書中所見，政府代表不時引用司馬遷的文字來支持發展經濟的合理性，所以說研讀《鹽鐵論》是了解西漢諸家經濟思想的重要途徑。

在自由主義者心目中，國家官員直接經營經濟活動，就是與民爭利，直接打壞了老百姓的飯碗，影響人民生活，是極不合理的，故必須加以痛斥。長遠而言，這亦使中國的工業受到抑壓，國學大師錢穆先生於《中國文化史導論》第六章說：「中國社會從秦、漢以下，古代封建貴族是崩潰了，若照社會自然趨勢，任其演變，很可能成為一種商業資本富人中心的社會。這在西漢初年已有頗顯著的跡象可尋。」[5] 本來中國的商業發展形勢大好，但如著名歷史學家唐德剛先生所言：「那在西漢初年便已萌芽了的中國資本主義，乃被一個輕商的國家一竿打翻，一翻兩千年，再也萌不出芽來。」[6]

賢良文學不像司馬遷般鼓勵奢侈消費，也不肯定追求利益（「天下熙熙，皆為利來；天下攘攘，皆為利往。」《史記．貨殖列傳》）的黃老信徒，而是主張「躬親節儉，率以敦樸」，這些否定奢靡生活的傳統儒生，深受漢初以來黃老思想的影響，認為國家官員從事經濟活動雖

5 錢穆：《中國文化史導論》台北：台灣商務印書館股份有限公司，1993，頁 128。
6 唐德剛：《論國家強於社會》，《開放》，1999 年 5 月號。

可增加政府收入，有利國家的擴張，但此最終難免出現官員舞弊或以權謀私的情況，導致政策變質，物價飛漲，把人民推向無底的深淵。即使像平準、均輸等有利民生的政策，在實際執行之時，官員往往會濫用權力，以權謀私，終使良方變為惡法。至於鹽鐵專賣的主事官員，更往往動用公權力，強迫人民以超出合理價格的價錢買賣；此外，官製鐵具品質低下，不利農民耕作，影響他們的生計。有趣的是，當賢良文學指斥新法例極之擾民時，桑弘羊等人沒有加以否認，只強調政策的好處。他們又把貪污腐化歸咎於基層官員質素低下，並認為與政府高層無關。他們更認為貪婪是人類的本性，慨歎基層官員的道德水平不足。對於這些情況，身處廿一世紀的我們應該不會感到陌生，因為在上世紀有許多國家都以不同的手法（或共產主義、或社會福利主義、或國家官僚主義）引證了在專制政權下，沒有足夠的制衡，由政府主導經濟所帶來種種負面影響的嚴重性。上世紀末，中國推行改革開放，其時官員仍牢牢掌控經濟機器，不獨行政效率極低，更帶來不絕的官倒、貪污、腐敗問題，引起了嚴重的政治危機，官富民窮，最終引起社會動盪。有些泱泱大國，為了發展經濟，在官僚的干預下，處處徵地拆村，漠視法律，令人民的基本權利得不到保障，此與二千多年前漢代新經濟政策推行時又何其相似。

五、雞蛋高牆　字字鏗鏘

本書以台灣三民書局本子為底本，《鹽鐵論》的前部分，即從卷一的〈本議第一〉到卷七的〈取下第四十一〉，是鹽鐵會議的對話紀錄，主要討論社會經濟問題；而後部分，即由卷七的〈擊之第四十二〉到卷十〈大論第五十九〉，則是會議後賢良文學拜別桑弘羊之時，對於應否用兵匈奴所起的辯論。民間的知識分子主張用和親、教化、德治來解決邊境衝突，而桑弘羊等則指他們過於理想化，只懂古是今非，他認為實行霸道，積極擴張才是硬道理。這十分值得「講霸道而不講王道」，認為「強權即公理」的現代人反思反省。二〇〇一年「九一一事件」後，美國大舉用兵中東，竟致身陷泥沼之中，難以抽身，直接拖垮了國家財政，無法自拔。當年，漢武帝為了用兵匈奴，強推新經濟政策，令百姓陷入水深火熱之中（《輪台罪己詔》武帝說：「是重困老弱孤獨」），這又何嘗不是歷史的重演？諷刺的是，桑弘羊在會議後一年，因權鬥而被政敵大將軍霍光殺死，惟新經濟政策並沒因人亡而政息，此與歷史上多數改革不同，它在漢元帝（前七十四—前三十三）時暫停了三年，便旋即恢復，終西漢一朝也沒廢除，更成為歷代的傳統。

這兩場辯論被人用文字記錄留傳了下來，在漢宣帝（前九十一—前四十九）時，桓寬（生卒年不詳，《漢書》記他在漢昭帝時，官拜盧江太守丞）作了全面的整理。桓寬本是治《春秋》公羊學的儒生，也是建制的中級官吏，但他沒有唯唯諾諾奉承國家。他一方面忠實地記載了官民兩派激烈的辯論，「推衍鹽鐵之議，增廣條目」，同時又本着「亦欲以究治亂，成一家之法焉」撰寫此書，可見他要借此表達一己之見，非純粹的文字整理。桓氏的立場明顯傾向了賢良文學反建制的一方，文字中處處顯露同情之意，又故意描繪政府代表的醜態，並多次描寫大夫等人被迫得默然不語。限於篇幅，本書選取了前七卷，後三卷要義多與前同，故暫且刪去。

日本作家村上春樹說過：「以卵擊石，在高大堅硬的牆和雞蛋之間，我永遠站在雞蛋那方。」桓寬在結語卷十〈雜論第六十〉中直指政府代表目光短淺，不講仁義，與他所認識的大道有所不同。他為各篇章起標題時，偏向了文學一方，其中一篇為「禁耕」，內容本是討論專賣政策的利弊，而「禁耕」一詞的「禁」是損害之意，即他認為專賣政策損害了農業發展，而漢代人普遍認為農為天下之本，可見他借用標題來闡述個人的主觀意志，而書中許多章節，大多有這樣的取向。這大概是作者對雞蛋的一種表態。

總言之，本書是了解中國古代經濟思想必讀的經典，也是讓今人反思的一面鏡子。

卷一

本議第一

本篇導讀——

〈本議〉是全書的第一章，它開展了鹽鐵會議的序幕，官方與民間代表唇槍舌劍，文學甫發言即進入正題，全面否定漢武帝時推行的新經濟政策，並認為是弊政，建議立即廢除。桑弘羊則提出匈奴入侵等現實問題，認為新經濟政策能增加國家收入，有其實際的需要，力主保留。

作者桓寬為本章立題為〈本議第一〉，「本」是指農業，表示他站在文學的一方，認為農業是社會之根本，否定了桑弘羊認為農業與商業並重的說法。其實，桑弘羊偷換了概念，他說的本末並重，不是如他引述司馬遷所說的民間發展模式，而是官營模式，亦即是本書所講的鹽鐵酒專賣制度。

本章亦兼論了對匈奴用兵的必要性，桑弘羊主張以軍事手段解決邊疆問題，而文學則主張道德教化，對外族大講仁義即可。相比於以後的幾章，本章的討論仍算克制，氣氛雖然激烈，但雙方仍然是對事不對人。

惟始元六年，有詔書使丞相、御史與所舉賢良、文學語。問民間所疾苦。

譯文 始元六年（前八十一），漢昭帝下詔書命令丞相田千秋、御史大夫桑弘羊以及由地方推舉的有名望的賢良、讀書人一起辯論，詢問民間痛恨和覺得痛苦的事情。

文學對曰：「竊聞治人之道[1]，防淫佚之原[2]，廣道德之端[3]，抑末利而開仁義[4]，毋示以利，然後教化可興，而風俗可移也[5]。今郡國有鹽、鐵、酒榷、均輸[6]，與民爭利。散敦厚之樸，成貪鄙之化[7]。是以百姓就本者寡[8]，趨末者眾[9]。夫文繁則質衰[10]，末盛則本虧。末修則民淫[11]，本修則民愨[12]。民愨則財用足，民侈則饑寒生。願罷鹽鐵、酒榷、均輸，所以進本退末，廣利農業，便也。」

注釋 1竊：私下裏。這是謙虛之詞。2防：堵塞。淫佚：放縱享樂。淫，過多，過甚；佚，放縱，放蕩。原：源頭。3廣：擴大。4末利：工商業的利潤。在古代工商業不被重視，被視為社會的末業。開：提倡。5移：改變。6鹽、鐵：鹽鐵官營制度。漢初，為了休養生息，醫治戰爭創傷，朝廷准許自由開採、運輸、銷售食鹽，但是後來權貴和富商趁機壟斷鹽鐵業，從中謀取暴利，吳王劉濞以此起家，成為「七王之亂」的罪魁禍首。漢武帝在元狩年間起用桑弘羊等人，制定和推行一系列的鹽鐵官營、酒榷、均輸等經濟政策。鹽鐵官營即禁止私人開發山澤，由官府管理山海資源，提供煮鹽場地和生產工具，招募百姓自備生產費用製鹽，然後由官府收購、運輸、銷售。酒榷：酒類專賣制度，泛指一切管制酒業取得利益的措施。均輸：漢武帝元鼎二年（前一一五）開始施行的一項經濟措施。在大司農屬下設置均輸令、丞，統一徵收、買賣和運輸貨物，本意為了「齊勞役而便貢輸」，但實際存在一些弊端。7 **化**：風氣。8 **本**：農業。9 **趨**：追逐。10 **文**：花紋。11 **修**：得以發展。12 **愨**（粵：確；普：què）：誠實謹慎。

譯文

文學回答說：「我們私下裏聽說，治理人民的辦法是防範堵塞過度享樂的源頭，擴寬道德的動機，抑制工商業的利潤並提倡仁義，而不是用利益引導人民。能做到這些，就可以實現教化蓬勃興起、民風淳樸。目前，國家推行的鹽鐵官營、酒類專賣、物資均輸等政策，從百姓手裏奪取財利，使百姓喪失淳樸敦厚的特質，形成了逐利貪婪的風氣。因此從事農耕生產的百姓稀少，從事商業生產的人眾多。物品外表的花紋華麗，內在的本質就會被削弱，工商業發達就會令農業不興。工商業得以發展百姓就會奢侈，農業得以發展百姓就會誠實。百姓誠實財貨就能充足，百姓奢侈就會產生飢餓。希望廢除鹽鐵官營、酒類專賣以及物資均輸制度。藉此努力發展農業生產，抑制商業，從各方面為農業發展創造有利條件，這樣做是最合適的。」

賞析與點評

文學認為工商業發達必定會使人心喪志，先秦時期的儒家，雖然重農，但並不排斥其他工商業[1]，但此時獨尊的儒術，根本是帶有法家的農戰思想，重農而抑商，而這個方針在武帝以後就成為了漢代的根本，自此以後，「重農抑商」為士人視為天經地義，漢代中葉文人的思想實受此影響最深。文學雖然反對武帝的新經濟政策，卻認為工商業發達會使人心不古，影響社會穩定。

大夫曰[1]：「匈奴背叛不臣[2]，數為寇暴於邊鄙[3]。備之則勞中國之士[4]，

1 宋敍五：〈先秦重農思想研究〉，《中國文化研究所學報》，1974 年第 7 卷第一期，頁 231—258。

不備則侵盜不止。先帝哀邊人之久患[5]，苦為虜所係獲也[6]，故修障塞[7]，飭烽燧[8]，屯戍以備之[9]。邊用度不足[10]，故興鹽、鐵，設酒榷，置均輸，蕃貨長財[11]，以佐助邊費。今議者欲罷之，內空府庫之藏，外乏執備之用，使備塞乘城之士饑寒於邊[12]，將何以贍之[13]？罷之，不便也。」

注釋

1大夫：御史大夫，此處特指桑弘羊。2匈奴：我國古代北方的少數民族之一。不臣：不臣服。3數：屢次。邊鄙：邊境。4備：防備。勞：使之勞累，此處為使動用法。中國：中原地區。5先帝，已故的皇帝，此處指漢武帝劉徹。6虜：古時對北方少數民族的一種蔑稱。此處當指匈奴。係獲：俘虜，俘獲。7障塞：邊疆險要處險要的地方。8飭：整頓、整治。烽燧：又稱烽火台，古時的一種戰爭防禦工事。修築高台，有敵情的時候白天點煙，晚上防火。能及時有效地傳遞敵情。9屯戍：駐防。10用度：支出費用。11蕃：增加。12乘城：登城守衛。13贍：贍養，供給。

譯文

御史大夫說：「匈奴背叛我朝，不再臣服，屢次在邊境侵犯掠奪。防備他們就會使內地士兵勞累不堪，不防備他們，他們就會不停地侵犯掠奪。漢武帝憐憫邊境的百姓長期遭受的禍患，憐憫被匈奴俘獲的百姓，因此修繕防禦工事，整治烽火台，駐軍戍守以防備匈奴。邊疆防禦費用不足，所以興辦鹽鐵官營、酒類專賣，設置物資均輸機構，增加財貨儲備，用來增加邊防費用。現在你們這些文學希望廢除這些制度，這樣國庫儲蓄空虛，邊疆守備費用匱乏，使得駐守要塞的士兵在邊疆忍受飢餓寒冷，將要拿什麼供養他們呢？廢除這些制度是不適宜的。」

賞析與點評

漢武帝為了出擊匈奴，充實國家財政，故大力推行專賣制度，與民爭利。然而，此卻是司馬遷的「善因論」中最不能允許的措施，因為此不單扼殺了有關行業的生存空間（《史記．貨殖列傳》所記載的商人幾乎全是鹽鐵商，而司馬遷對他們推崇備至），迫使商人無利可圖，不利社會經濟的發展，更是意味着大幅增加了間接稅。由於食鹽是生活的必需品，而鐵器更是依靠農業謀生之人不可或缺的工具，故專賣制度實在大大加重了人民的經濟負擔，對商人、農民也是百害而無一利。

文學曰：「孔子曰：『有國有家者[1]，不患貧而患不均，不患寡而患不安。』故天子不言多少，諸侯不言利害，大夫不言得喪。畜仁義以風之[2]，廣德行以懷

之[3]。是以近者親附而遠者悅服。故善克者不戰[4]，善戰者不師[5]，善師者不陣[6]。修之於廟堂[7]，而折衝還師[8]。王者行仁政，無敵於天下，惡用費哉？」

注釋

1國：諸侯統治的地區。家：大夫的封地。2畜：通「蓄」，積蓄之意。風：教化。3懷：安撫。4克：戰勝。5師：軍隊。此處作動詞，譯為依賴軍隊。6陣：此處作動詞，譯為列陣。7修：加強。廟堂：朝廷之意。8折衝：折回戰車。

譯文

文學說：「孔子曾說：『有國的諸侯和有家的人，不擔心貧窮而擔心分配不均，不擔心人民少而擔心上下動盪不安。』所以，天子不在意人民的多與少，諸侯不關注利和害，大夫不計較得失。積累仁義而實行教化，普遍實施德政來安撫人民。這樣，近處的人就會前來親近依附，遠方的人也樂意臣服。因此，擅長克敵制勝的人不用出兵征戰，善於作戰的人不過多依賴軍隊，善於率兵的人不用列陣作戰。在朝廷上施行德政就能夠使敵軍班師回去。講王道的君主實行仁政就能天下無敵，哪裏又會用軍費呢？」

賞析與點評

文學的說法反映其理想主義的特性，談虛不務實，這種思想在中國歷史上流行甚久，排斥現實主義，視務實為卑鄙奸詐之事，只顧上層價值，鄙視生活基礎的充實。

大夫曰：「匈奴桀黠[1]，擅恣入塞[2]，犯厲中國[3]，殺伐郡、縣、朔方都尉，甚悖逆不軌[4]，宜誅討之日久矣。陛下垂大惠[5]，哀元元之未贍[6]，不忍暴士大夫於原野[7]。縱難被堅執銳[8]，有北面復匈奴之志[9]，又欲罷鹽、鐵、均輸，擾邊用，損武略[10]，無憂邊之心，於其義未便也。」

注釋

1桀：兇悍，橫暴。黠：狡猾。內心險惡，外表要小聰明來掩飾之意。2擅：專橫。恣：放肆。3厲：虐害。4不軌：不守法。5陛下：指漢昭帝。垂：降下。6元元：老百姓。7暴：通「曝」，原意指太陽暴曬，此處當引申為風吹日曬雨淋之意。8被：通「披」。9北面：面向北。復：報復。10武略：軍事戰略。

譯文

御史大夫說：「匈奴兇狠狡猾，專橫放肆，侵犯我國邊疆和內部地區，攻打郡縣，殺害官民，十分叛逆，極為放肆，早就應該討伐他們。陛下降下大恩，體恤百姓不富足，不忍心讓將士在野外日曬雨淋。縱然你們不能夠穿上戰甲，持兵器，沒有懷抱着北向討伐匈奴的志向，又想廢除鹽鐵官營，物資均輸等穩固國家財政的政策，干涉提升軍事作戰能力、破壞軍事戰略的制定，沒有憂慮邊防想法，這在道義上是不適宜的。」

文學曰：「古者，貴以德而賤用兵[1]。孔子曰：『遠人不服，則修文德以來之。既來之，則安之[2]。』今廢道德而任兵革[3]，興師而伐之，屯戍而備之，暴兵露師，以支久長，轉輸糧食無已[4]，使邊境之士饑寒於外，百姓勞苦於內。立鹽、鐵，始張利官以給之[5]，非長策也。故以罷之為便也。」

注釋

1貴：崇尚。賤：鄙視。2「遠人不服」四句：語出《論語．季氏》。3任：用。4轉輸：輾轉運輸。已：停止。5張：設置。利官：主管財利的官員。

譯文

文學說：「古時候推崇以德服人而非以武力服人。孔子說：『遠方的人不來依附就加強文德使他們依附，已經使他們來了，就應該讓他們安定下來。』現在廢棄了以文德服人，使用武力征戰討伐匈奴，駐軍守邊來防備他們，守邊疆的士兵日曬雨淋，長期支撐。糧食的運轉卻沒有停止，使得駐守邊疆的士兵在外忍受飢餓寒冷，內地百姓辛苦勞累，痛苦不堪。訂立了鹽、鐵官營等制度，開始設立主管專利產業的鹽、鐵、均輸官員等用以供給軍隊守衛邊防的費用，這樣並非好計策。因為我等以為還是罷免這些政策是適宜的。」

賞析與點評

得人心者得天下，可惜歷來自持強大的政權都只知用軍事經濟屈人臣服，而非用德行使人心歸附。反之，偉大的文明不會盲目排外，反而會對於新移民加以教化，讓化外之民不再原始，令不同族群（ethnic group）「涵化」（acculturation）。歷史上發生排外的文明，往往基於自身的自信不足和脆弱而已。

大夫曰：「古之立國家者，開本末之途[1]，通有無之用[2]，市朝以一其求[3]，致士民[4]，聚萬貨，農商工師各得所欲，交易而退。《易》曰[5]：『通其變，使民不倦。』故工不出，則農用乏；商不出，則寶貨絕。農用乏，則穀不殖[6]；寶貨絕，則財用匱。故鹽、鐵、均輸，所以通委財而調緩急。罷之，不便也。」

注釋　1開：開闢。2用：用品。3市朝：集市。此處為動詞，譯為設置集市。一：統一。4致：招致。5《易》：又名《周易》、《易經》，古代占卜書。6殖：增產。

譯文　御史大夫說：「古代建立國家的人，能夠廣泛開展農業和商業的途徑，促進貨物交換以互通有無。設立集市統一解決需求，招來四方民眾，匯集各種物資，農民、商人、工匠、手藝人都能夠獲得各自所需，交易完成後滿意而歸。《周易》說『流通貨物，使百姓不倦怠。』因此工匠不出來，就缺乏農具；商人不出來，珍貴的貨物就不能流通。農具缺乏，五穀就不能增產；珍貴的貨物不流通，財政就會短缺。因此鹽鐵官營、均輸制度能夠讓積壓的物資流通起來，並起到調劑需求緩急的作用。廢除了它們，是不適宜的。」

文學曰：「夫導民以德[1]，則民歸厚；示民以利，則民俗薄。俗薄則背義而趨利，趨利則百姓交於道而接於市。老子曰：『貧國若有餘。』非多財也，嗜慾眾而民躁也[2]。是以王者崇本退末[3]，以禮義防民欲，實菽粟貨財[4]。市、商不通無用之物，工不作無用之器。故商所以通鬱滯[5]，工所以備器械，非治國之本務也[6]。」

注釋 1導：引導。2躁：急於求利。3崇：推崇。退：抑制。4實：充實。菽粟：泛指糧食。菽，豆類。粟，小米。5鬱滯：流通不暢而積壓的貨物。6本務：根本事情。

譯文 文學說：「用道德來引導，百姓就會變得淳厚；用利益來引導，民風就會變得淺薄。民風淺薄就會背棄仁義而追逐利益，追逐利益，百姓就會在集市熙熙攘攘往來奔波。老子說：『貧窮的國家似乎有多餘的財富』，並不是因為富有，而是百姓過於貪婪且急於求利。因此帝王重視農業抑制商業，弘揚禮義而防止百姓貪利，以充實各種糧食儲備。市集上不出售沒有實用價值的貨物，工匠也不製作華而不實的器具。因此商業是用來流通積壓之物，工業只是用來製作各種器械，它們並非治理國家的根本事業。」

賞析與點評

西漢中葉雖獨尊儒學，可是行之未久，老子之説仍大行其道，對知識分子影響甚鉅。司馬遷《史記．貨殖列傳》的說法大同小異，其云：「老子曰：『至治之極，鄰國相望，雞狗之聲相聞，民各甘其食，美其服，安其俗，樂其業，至老死不相往來。』必用此為務，輓近世塗民耳目，則幾無行矣。太史公曰：夫神農以前，吾不知已。至若《詩》、《書》所述虞夏以來，耳目欲極聲色之好，口欲窮芻豢之味，身安逸樂，而心誇矜勢能之榮……」司馬遷指在老子的設計中，最美好的社會是國民人人都甘於現狀，沒有任何貪慾，過着安居樂業的生活。對於人類求富的原始慾望，司馬遷又說：「俗之漸民久矣，雖戶說以眇（妙）論，終不能化。」意思是說，即使有再高明的學術思想，家家戶戶去跟人說教，也不能輕易把人性改變。

大夫曰：「《管子》云：『國有沃野之饒而民不足於食者[1]，器械不備也。有山海之貨而民不足於財者[2]，商工不備也。』隴、蜀之丹漆旄羽[3]，荊、揚之皮革骨象[4]，江南之柟梓竹箭[5]，燕、齊之魚鹽旃裘[6]，兗、豫之漆絲絺紵[7]，養生送終之具也，待商而通，待工而成。故聖人作為舟楫之用，以通川谷，服牛駕馬[8]，以達陵陸。致遠窮深[9]，所以交庶物而便百姓[10]。是以先帝建鐵官以贍農用[11]，開均輸以足民財。鹽、鐵、均輸，萬民所戴仰而取給者[12]，罷之，不便也。」

注釋

1沃野：肥沃的土地。2貨：物產。3隴：漢代的隴西郡，今在甘肅省境內。蜀：漢代蜀郡，今在四川省境內。丹：丹砂，可做紅色的顏料，也可入藥。旄：牦牛尾，古代常用它作飾品。4荊：今湖北湖南一帶。揚：今江蘇、安徽南部和江西、浙江一帶。

5柟（粵：南；普：nán）：通「楠」，指楠木。6燕：古代燕國舊地。齊：今山東北部一帶。旃（粵：煎；普：zhān）：氈子。裘：皮衣。7兗：我國古代九州之一。轄區約是現今山東省西南部。豫：今河南南部和安徽北部地區。絺：細葛布。紵（粵：柱；普：zhù）：粗麻布。8服：駕馭。9致：到達。10交：交通、交換。11鐵官：主管鑄造和專賣鐵器的官員。12戴仰：擁護，仰仗。

譯文

大夫說：「《管子》上說：『國家有肥沃田地但是百姓糧食卻不夠食用，是因為器具不完備。山林湖海物產豐富而百姓錢財不夠用，是因為工商業不夠發達。』隴蜀地區的丹砂、漆、牦牛尾，荊揚地區的皮革、獸骨、象牙，江南地區的楠木、梓木和箭竹，燕齊地區的魚、鹽、氈子和皮草，兗州、豫州的漆、絲、細葛布和粗麻布，都是人們養活生人，為死人送葬的必需品。他們需要依賴商業流通，依賴工業製成器物。所以聖人造船槳用來通行於江流湖海，駕馭牛馬車通行於內陸平地，甚至到了偏遠之地。這樣才來交流各類物品，便利百姓。因此，漢武帝設置鹽鐵官以使農業用具充足，開設均輸法讓百姓錢財富足。鹽鐵官營、物資均輸是全國百姓擁護和愛戴並依賴以得到供給的政策，廢除它們，是不適宜的。」

文學曰：「國有沃野之饒而民不足於食者，工商盛而本業荒也。有山海之貨而民不足於財者，不務民用而淫巧眾也[1]。故川原不能實漏卮[2]，山海不能贍溪壑。是以盤庚萃居[3]，舜藏黃金[4]，高帝禁商賈不得仕宦[5]，所以遏貪鄙之俗[6]，而醇至誠之風也[7]。排困市井[8]，防塞利門[9]，而民猶為非也，況上之為利乎？《傳》曰[10]：『諸侯好利則大夫鄙[11]，大夫鄙則士貪，士貪則庶人盜。』是開利孔為民罪梯者也[12]。」

注釋

1 務：努力從事。淫巧：過於精巧的物品。2 實：充滿。卮：酒杯。3 盤庚：商代第二十位國王，生活節儉，很有作為。萃居：居住在野草叢生的地方，此處指居住得很簡陋。萃，野草叢生之意。4 舜藏黃金：傳說舜為了防止人們貪財，曾把黃金埋在深山裏面。5 高帝：指漢高祖劉邦。商賈：指商人。古時把沿街買賣沒有固定經營場所的商人稱為「商」，將有固定經營場所從事商業活動的人稱為「賈」。6 遏：制止。7 醇：濃厚。8 排困：排斥困辱。9 利門：謀利的門路。10《傳》：此處指《春秋．公羊傳》。該書中桓公十五年何休注有類似的話。11 鄙：愛財。12 為：設置。

譯文

文學說：「國家有肥沃田地但是百姓糧食卻不夠食用，是因為工商業繁榮而農業荒廢的緣故；山林湖海物產豐富而百姓錢財不夠用，是因為不努力生產必需品而生產過多奢侈品的緣故。所以即便是長江大川的水都不能填充滲漏的酒器，山林湖海的豐富物產都不能填滿深溝峽谷。因此盤庚居住在茅草屋，舜把黃金扔到山溝裏面，漢高祖劉邦禁止商人做官，為的是控制貪婪卑陋的世俗風氣，從而純化民間淳樸風氣。排斥困辱商人，防止堵塞逐利的門路，百姓尚且還有為非作歹之徒，何況朝廷帶頭逐利呢？《春秋．公羊傳》記載：『諸侯喜歡逐利，大夫就愛財；大夫愛財，士就會貪婪；士貪婪，普通百姓就會偷盜。』這是打開了求利的門路，為犯罪的百姓提供偷盜的梯子啊。」

大夫曰：「往者，郡國諸侯各以其方物貢輸[1]，往來煩雜，物多苦惡[2]，或不償其費[3]。故郡國置輸官以相給運[4]，而便遠方之貢，故曰均輸。開委府於京師[5]，以籠貨物[6]。賤即買，貴則賣。是以縣官不失實，商賈無所貿利[7]，故曰平準。平準則民不失職[8]，均輸則民齊勞逸。故平準、均輸，所以平萬物而便百姓，非開利孔而為民罪梯者也。」

注釋

1方物：地方特產。貢輸：運輸到京城，進貢給朝廷。2苦惡：質量不好。3或：有的。償：抵償。4相：主管。5委府：儲存貨物的倉庫。6籠：收納。7貿利：牟取利益。8平準：平定物價標準。失職：失業。

譯文

大夫說：「以前，各郡太守和各國諸侯把自己地方的特產運到京城，進貢給朝廷，來來往往極之麻煩，貢品大多很粗劣，有的價值甚至不能夠抵償運輸的費用。因此朝廷在各郡國設置了均輸官用於貢品運輸，便於遠方交納貢品，所以叫做均輸。在京城設立了物資倉庫，用於儲存貨物。價低的時候買進，價高的時候賣出。這樣一來，衙門官員握着實在的物品，商人也無法從中謀利，所以叫做平準。物價平衡，百姓就會各司其職；實行均輸制度，百姓的勞逸就均衡。因此平準、均輸是為了平衡商品物價而方便百姓的，而不是打開貪財逐利之門，為犯罪的百姓提供犯罪的梯子。」

文學曰：「古者之賦稅於民也[1]，因其所工[2]，不求所拙[3]。農人納其獲，女工效其功[4]。今釋其所有[5]，責其所無[6]。百姓賤賣貨物，以便上求[7]。間者[8]，郡國或令民作布絮，吏恣留難[9]，與之為市[10]。吏之所入[11]，非獨齊、阿之縑[12]，蜀、漢之布也[13]，亦民間之所為耳[14]。而行姦賣平[15]，農民重苦[16]，

女工再稅，未見輸之均也。縣官猥發，闔門擅市[17]，則萬物并收。萬物并收，則物騰躍[18]。騰躍，則商賈侔利。自市[19]，則吏容奸。豪吏富商積貨儲物以待其急[20]，輕賈奸吏收賤以取貴，未見准之平也。蓋古之均輸[21]，所以齊勞逸而便貢輸，非以為利而賈萬物也。」

注釋

1賦稅：此處作動詞，譯為徵收賦稅。2因：根據。工：擅長。3拙：不擅長。4女工：從事手工生產的婦女。效：繳納。5釋：捨棄。6責：苛求。7便：滿足。8間者：進來。9恣：任意。留難：刁難。10為市：做交易，特指強行低價買入高價賣出的不平等交易。11入：徵收。12齊、阿：地名。兩地在漢代盛產絲綢。今在山東省境內。縑（粵：兼；普：jiān）：細絹。13漢：指漢中郡。在漢代是麻布的著名產地。14民間：指齊、阿、蜀、漢、四地之外的其他地方。15行：施行，採用。16重：雙重，雙倍。17闔門：壟斷。擅：獨佔。18騰躍：飛漲。19自市：指官府自己經營貿易。20待其急：指等待市場急需產品的時候高價拋出。21蓋：文言虛詞，此處是發語詞，引發議論之前使用的詞，無實際意義。

譯文

文學說：「古時是依據百姓自身所擅長生產的產品而收取賦稅的，而非收取他們不擅長生產的產品。農民就以生產的農產品繳納賦稅，女工就以她生產的手工製品抵償所需繳納的賦稅。現在放棄了他們的產出，而索取他們本身不生產的東西。百姓只有以低價賣出自己的勞動產品，高價買進自己沒有的東西，以滿足官府的索求。近來，有的郡國命令百姓製作麻布和絲絮，官吏任意地刁難，與百姓做交易，壓價買進。官吏徵收的並非只有齊、阿兩地出的細絹，蜀、漢出產的麻布，也有其他地區製作的同類產品。官吏使用奸詐的手段，任意提高和壓低價格，農民的痛苦加倍，女工等於交了兩次稅。哪裏還能看到均輸制度的平均呢？縣官胡亂發號施令，關閉城門，壟斷市場，什麼東西都收購。所有東西都收購上去了，物價就會上升，商人就牟取了暴利。官吏自己經營市場，就會和奸商勾結。豪吏、富商囤積貨物以便市場缺貨時以高價出售。低價購入、高價拋出牟求暴利，也沒有見到均輸制度的公平。古時候的均輸制度，是用來平均勞逸和便利進貢運輸的，而不是憑藉它謀求暴利，買賣各種貨物的。」

力耕第二

本篇導讀——

〈力耕〉篇為本書的第二章，此章文學及大夫雙方圍繞農業及工商業的作用及地位提出不同意見。文學認為，農業耕種是社會發展的根本，工商業發展是社會發展的末技。只要致力於耕種，自然會國富民強，民風淳樸。御史大夫桑弘羊則認為富國的途徑並非只有重視農業這一條途徑，工商業不僅增加財物儲備、富國強兵，還可以救濟困乏，防備水災、旱災等災害。

大夫曰：「王者塞天財[1]，禁關市[2]，執準守時[3]，以輕重御民[4]。豐年歲登[5]，則儲積以備乏絕；凶年惡歲，則行幣物。流有餘而調不足也。昔禹水湯旱[6]，百姓匱乏，或相假以接衣食[7]。禹以歷山之金，湯以莊山之銅，鑄幣以贖

其民，而天下稱仁。往者財用不足，戰士或不得祿，而山東被災[8]，齊、趙大饑，賴均輸之畜，倉廩之積，戰士以奉，饑民以賑。故均輸之物，府庫之財，非所以賈萬民而專奉兵師之用[9]，亦所以賑困乏而備水旱之災也。」

注釋

1塞：統一管制。天財：自然資源。2禁：控制。關：收稅的關卡。3執準：執掌平準的方針。守時：把握物價上漲回落的時機。4輕重：古代一種經濟理論和經濟政策。商品充足，供大於求，價格偏低，稱為「輕」，反之稱為「重」。5登：穀物成熟。歲登即穀物豐收之意。6水：水患。湯：商朝的開國國君，相傳其在位期間遭遇了七年乾旱。7假：借貸。8山東：崤山以東。9賈萬民：與百姓做買賣。

譯文

御史大夫說：「統帥天下的人堵塞自然形成的市場，禁止關閉市集，掌握平準方針，把握物價掌握的時機，用輕重不同策略調劑物資供求。豐收的年景中，就儲備財物以備不時之需；收成不好的年份就發放貨幣和物品，這就是流通豐年的餘存來彌補調劑災年的不足。古時大禹時期洪水暴發，商湯王時候遭遇七年乾旱，百姓生活物資匱乏。有的靠借貸維持吃穿等基本生活。大禹用歷山的金屬，湯用莊山的銅，鑄造貨幣來贖回百姓賣掉的子女，全天下都稱讚他的仁義。以前，錢幣不夠，戰士可能得不到俸祿。然而現在崤山以東遭受水災，齊、趙兩地普遍饑荒，依賴均輸的積蓄、糧倉的儲備，戰士才能得到奉養，飢寒的百姓也可以得到贍養。因此均輸物資、倉庫的積蓄，並不是用來讓全民經商而專門供養軍隊的，也是用來救濟困乏，防備水災、旱災災害的。」

文學曰：「古者，十一而稅[1]，澤梁以時入而無禁[2]，黎民咸被南畝而不失其務[3]。故三年耕而餘一年之蓄，九年耕有三年之蓄。此禹、湯所以備水旱而安百姓也。草萊不辟[4]，田疇不治[5]，雖擅山海之財，通百味之利，猶不能贍也。是以古者尚力務本而種樹繁[6]，躬耕趣時而衣食足[7]，雖累凶年而人不病也[8]。故衣食者民之本，稼穡者民之務也[9]。二者修，則國富而民安也。《詩》云：「百室盈止，婦子寧止也[10]。」

注釋

1十一而稅：徵稅為農民收入的十分之一。2澤：湖泊。梁：建在水裏的堤壩，便於捕魚。3被：覆蓋。南畝：泛指田地。4草萊：指荒地。5田疇：本指經過熟耕並且有邊界的土地，此處應泛指田地。6種樹：指種植農作物。7躬耕：親自耕種，這裏指勤奮耕種。8累：接連，一個接一個。9稼穡：播種和收割，泛指農業生產。10「百室盈止」

兩句：語出《詩經・周頌・良耜》。

譯文

文學說：「古時，稅收佔農民收入的十分之一，湖泊和河梁可按照一定的季節進行捕魚而沒有全部禁止。所有的百姓都遵守自己的本分在田地裏面耕種而不荒廢農事。所以耕種三年就能夠有一年的糧食積蓄，耕種九年就能有三年的積蓄。這就是大禹和商湯抵禦洪水讓百姓安定的原因。不開闢長滿草的荒地，不治理熟地，即便佔有山林湖海的財富，流通了工商業的財利，也不能供給水旱之需。因此古代崇尚農耕，因而種植的農作物繁多；勤奮耕種，不失農時而衣食無憂。即便接連都是荒年也不窮困。因此，穿衣吃飯是百姓生活的根本，農業生產是百姓的本職工作。兩者都治理得好，就能夠讓國家富強百姓安居。《詩經》曾說：『家家戶戶富裕，婦女和小孩子都能夠安寧。』」

賞析與點評

上節的言論乃「農本思想」的代表，所謂「農本思想」，業師宋敍五教授說「（它）不是一種經濟思想，而是一種政治性加社會性再加倫理道德性的思想。說它是政治性，是因為歷代帝王及官員，認為人民株守在農業中，聚居在農村中，容易治理；說他是社會性，是皇帝及政府官員，再加地方仕紳，都認為人民聚居在農村中，有助於養成淳樸的風俗，儉樸的生活，傷風敗化的事較少。說它是倫理道德性的，是農業家庭中的家長、族長認為家庭成員集中在農村中，可多生子女，子女又可以早婚，又再早生多生子女。老人家希望見到四代同堂；希望得到『五世其昌』的牌匾。不願子弟離開農業，因為『商人重利輕別離』，對倫理道德都有衝擊、破壞作用。」[1]

大夫曰：「賢聖治家非一寶[1]，富國非一道。昔管仲以權譎霸[2]，而紀氏以強本亡[3]。使治家養生必於農，則舜不甄陶而伊尹不為庖[4]。故善為國者[5]，天下之下我高，天下之輕我重[6]。以末易其本，以虛易其實。今山澤之財，均輸之藏，所以御輕重而役諸侯也。汝、漢之金，纖微之貢，所以誘外國而釣胡、羌之寶也。夫中國一端之縵[7]，得匈奴累金之物，而損敵國之用。是以贏驢馲駝[8]，銜尾入塞，驒騱騵馬，盡為我畜，鼲鼦狐貉[9]，采旃文罽[10]，充於內府，而璧玉珊瑚瑠璃，咸為國之寶。是則外國之物內流，而利不外泄也。異物內流則國用饒，利不外泄

1 宋敍五：〈從司馬遷到班固——論中國經濟思想的轉折〉，*Working Paper Series*，2003。

則民用給矣。《詩》曰：「百室盈止，婦子寧止。」

注釋

1寶：法寶，方法。2權譎：權謀詭詐。3紀氏以強本亡：據記載，古時有個國王紀氏，很重視農業生產，但不善於管理，致使糧食外流而最終亡國。4甄陶：燒製陶器。伊尹：商湯重臣，曾輔助商湯消滅夏朝。庖：廚師。5為：治理。6「天下之下我高」兩句：即天下其他國家物價低落時，提高本國該商品價格，吸引別國貨物流向本國，避免本國貨物外流。7端：古代的布匹計量單位。縵：沒有文采的絲織品。8馲（粵：托；普：tuō）駝：駱駝。9鼲（粵：雲；普：hún）：灰鼠。10采：彩色花紋。罽（粵：繼；普：jì）：毛織品。

譯文

御史大夫說：「聖賢治家並非只有一件法寶，富國也並非只有一種途徑。過去，管仲用權謀幫助齊桓公謀求霸業地位，而紀氏雖然關注農業卻最終滅亡了。假如為了治理家業必須從事農業，那麼夏禹也就不會去製作陶器，伊尹也不會去做廚師了。因此善於治理國家的人會在天下其他國家物價低落時，提高本國該商品的價格；吸引別國貨物流向本國，避免本國貨物外流。用工商業產品換取他國的農業產品，用錢幣等不實用的東西換取他們的寶貴物資。目前，山川蘊含的財富、均輸的儲備都是用來駕馭物價、控制諸侯的物資武器。汝、漢之地的金屬，各地進貢的絲織品，可以引誘其他國家用來換取胡地、羌地的財物。僅僅用了我等國內兩丈絲綢就可以換來匈奴的貴重物品，消耗他們的財物。這樣，駱駝、驢子、牦牛接連不斷地從匈奴流通到邊塞之內，各種良馬都成了我們的牲畜。貴重的皮草、毯子、氈子都充實到國庫中來，美女、珊瑚、琉璃等珠寶，全部成了我國的珍寶。這樣外國的物品湧入我國境內，而我國的財物沒有流失。外國的物品流入到我們國家，國家財用就會富足；自己國家財物不流失，百姓用度就充裕。這才是《詩經》所說：『家家戶戶富裕，婦女小孩都能夠安寧。』」

賞析與點評

西諺曰：「條條大路通羅馬。」大夫之言就是反映先秦以來的多元文化特徵，治國從來不只一法。可是中國的學術走入一元以後，愈來愈封閉，故大師之後無大師，學術盛勢往往出現在分裂之時，如魏晉時代佛教興起、玄學盛行、文學燦放，明清之際新舊短暫湧現，而上次中國文藝復興就在清末民初之時，當時學術巨人輩出，各家各派尋找中國的新出路，百家爭鳴可比春秋戰國，而大統一時代就只會產生一言堂的學說，此道理古今中外如是。

文學曰：「古者，商通物而不豫[1]，工致牢而不僞。故君子耕稼田魚，其實一也。商則長詐，工則飾罵[2]，內懷闚闟而心不怍[3]，是以薄夫欺而敦夫薄。昔桀女樂充宮室[4]，文繡衣裳，故伊尹高逝遊薄[5]，而女樂終廢其國。今贏驢之用，不中牛馬之功[6]，鼲鼦旃罽，不益錦綈之實。美玉珊瑚出於昆山，珠璣犀象出於桂林，此距漢萬有餘里。計耕桑之功[7]，資財之費，是一物而售百倍其價也，一揖而中萬鍾之粟也[8]。夫上好珍怪，則淫服下流[9]；貴遠方之物，則財貨外充。是以王者不珍無用以節其民，不愛奇貨以富其國。故理民之道，在於節用尚本，分土井田而已[10]。」

注釋

1 豫：欺騙。2 飾罵：弄虛作假。3 闚闟（粵：規餘；普：kuī yú）：覬覦，窺伺。怍（粵：鑿；普：zuò）：慚愧。4 桀：夏朝的暴君。5 高逝：遠走高飛。薄：亳地，商湯所居住地之一。6 不中：比不上。7 計：計算。8 一揖：一捧。鍾：古代的計量工具，一鍾相當於六十四斗。9 服：習氣。10 井田：井田制。古時候，土地制作成「井」字形，一井有九百畝，中間一區一百畝為公田，餘下八百畝為私田，私田分八家耕種，每家百畝，公田由八家共同耕種，收穫全部上繳國家，私田不再納稅。

譯文

文學說：「古時，商人流通萬物而不欺騙顧客，工人造物堅固而不弄虛做假。所以無論是耕地種田還是打獵捕魚都一樣老實守本分。現在商人擅長欺詐，工匠致力弄虛造假，內心懷着欺詐的心思卻不覺得慚愧，這就使刻薄的人變得更加欺詐，老實人也變得刻薄。過去，夏桀生活驕奢淫逸，歌姬衣着華美，所以伊尹遠離夏桀，到商朝國都亳地一帶活動，歌姬最終讓夏桀亡國。如今外來的騾驢不比我國牛馬功用強，皮草毯子也不比國內絲綢更實用。美玉和珊瑚出自崑崙山，珍珠和犀牛角、象牙出自桂林，這些地方距離我們有萬里之遙。按照耕田養蠶所付出的勞動力價值算來，一件物品要花費百倍的價錢，一捧物品需要萬鍾糧食才能購買。朝廷喜歡珍貴奇特的東西，奢侈的風俗就會在百姓中流傳開來；朝廷認為遠方的東西昂貴，本國的財貨就會外流。所以，帝王不用無用的東西，這樣使得百姓也變得勤儉，帝王不喜歡稀奇古怪的東西，這樣就可以使國家變得富裕。因此，管理百姓的途徑在於提倡節儉崇尚農業，用井田制的方法分配土地就可以了。」

大夫曰：「自京師東西南北，歷山川，經郡國，諸殷富大都，無非街衢五通[1]，商賈之所湊，萬物之所殖者[2]。故聖人因天時[3]，智者因地財，上士取諸人，中士勞其形。長沮、桀溺[4]，無百金之積，蹠蹻之徒[5]，無猗頓之富[6]，宛、周、齊、

魯，商遍天下。故乃商賈之富，或累萬金，追利乘羨之所致也。富國何必用本農，足民何必井田也。」

注釋

1街衢：街道。2殖：聚集。3因：因循，根據。4長沮、桀溺：《論語》記載二人為隱士，卻親自並耕。5蹠蹻（粵：脊腳；普：zhí juē）：穿草鞋的人。6猗頓：春秋末年的著名大富商。

譯文

御史大夫說：「從京城到四方，通過山川，經過郡國，凡是繁華富饒的城市，無不是街道四通八達，商人聚集、各種貨物齊備的地方。所以有才能的人理應順應自然的變化，有智慧的人會根據不同的地利，聰明的人靠別人供養，不聰明的人靠自己的勞動。耕田的農夫沒有太多積蓄，穿草鞋的奴隸也不可能像猗頓那樣富有。宛、周、齊、魯的商人遍及天下。所以商人很富有，有的甚至積累了萬金，這些都是追逐錢財、謀求超額利潤的結果。使國家富強何必非要從事農業生產，使百姓富足何必非要採用井田制的方法呢？」

文學曰：「洪水滔天，而有禹之績；河水氾濫，而有宣房之功[1]。商紂暴虐，而有孟津之謀[2]，天下煩擾，而有乘羨之富。夫上古至治，民樸而貴本、安愉而寡求。當此之時，道路罕行，市朝生草。故耕不強者無以充虛，織不強者無以掩形。雖有湊會之要[3]，陶、宛之術[4]，無所施其巧。自古及今，不施而得報，不勞而有功者，未之有也。」

注釋

1宣房之功：漢武帝時期，黃河決口，造成連年災荒。漢武帝派官員，發動數萬人堵塞決口，完工後，在上面修建了宣房宮，記載堵口的功績。2孟津之謀：周武王伐紂時，在孟津會盟諸侯，制定詳細計劃。3湊會之要：商品湊集、有利經商的要地。4陶：陶朱公，歷史上著名的富商。宛：宛地孔氏，憑藉冶鐵稱為富豪。

譯文

文學說：「洪災氾濫，才彰顯夏禹治水的功績；河水氾濫，才會在堵口建造宣房宮。商紂王暴戾殘酷，周文王才會在孟津召集諸侯，謀劃討伐商紂王。國內混亂，才使商人謀求高額利潤。上古時期，國家管理得好，民風淳樸、重視農業、平靜快樂、慾望不多。那時，道路上行人稀少，集市雜草叢生。所以不努力耕種的人就無法填飽肚子，不努力紡織的人就沒有衣服蔽體。雖然也有聚會的機會，陶朱公、宛孔氏這樣的經商高手也沒有辦法投機取巧。自古以來，沒有付出還能得到回報，不勞動就有收穫的事情，從來不曾有過。」

通有第三

本篇導讀——

「通有」即互通有無。本篇的辯論中心是要不要發展工商業。桑弘羊認為，自然物產雖然豐富，但是其分佈具有地域性差異，應該大力發展工商業，互通有無，使商品得以流通，這樣不僅工商業得到發展，對農業也有好處。他又舉例說天下的富庶之地都是因為地理位置優越、大力發展工商業的緣故。文學則認為，發展工商業會讓百姓追求奢華，使得民風敗壞。百姓不致力於農耕就會使生活必需品匱乏，最終導致貧窮。

大夫曰：「燕之涿、薊[1]，趙之邯鄲[2]，魏之温軹[3]，韓之滎陽[4]，齊之臨淄[5]，楚之宛丘[6]，鄭之陽翟[7]，三川之二周[8]，富冠海內，皆為天下名都，

非有助之耕其野而田其地者也，居五諸侯之衢[9]，跨街衢之路也。故物豐者民衍[10]，宅近市者家富。富在術數[11]，不在勞身。利在勢居，不在力耕也。」

注釋

1**燕**：戰國時期燕國舊地。**涿**（粵：啄；普：zhuō）、**薊**（粵：計；普：jì）：都是戰國時期燕國的城市。2**趙**：戰國時期趙國舊地。**邯鄲**（粵：寒單；普：hán dān）：戰國時趙國首都。3**魏**：戰國時期魏國舊地。**温軹**（粵：止；普：zhǐ）：都是古時魏地的都市。4**韓**：戰國時期韓國舊地。**滎陽**：古韓地的都市，如今在河南滎陽縣。5**齊**：戰國時期齊國舊地。**臨淄**（粵：之；普：zī）：古齊地的都市。6**楚**：戰國時期楚國舊地。**宛丘**：古楚地的都市。7**鄭**：戰國時期鄭國舊地。**陽翟**：古鄭地的都市。8**三川**：秦朝的郡名，漢代改為河南郡。**二周**：戰國時期的小國東周和西周。此處指東周都城鞏縣和西周都城（如今洛陽一帶）。9**五諸侯**：指東南西北中五方諸侯。10**衍**：富足。11**術數**：方式、手段。此處應指賺錢手段。

譯文

御史大夫說：「燕地的涿、薊，趙地的邯鄲，魏地的温軹，韓地的滎陽，齊地的臨淄，楚地的宛丘，鄭地的陽翟，還有處在三川之濱的洛陽和鞏縣，是國內知名的富庶之地，都是天下出名的都城。他們之所以富裕並非是依靠耕地種田，而是因為地處五大都城中間，佔據交通要道。因此，物產豐富的地方百姓就富足，靠近城市居住的人家就富裕。致富靠的是賺錢的方法而不是體力勞動。獲利是因居住在優越的地理位置上，而並非致力農耕。」

文學曰：「荊、揚南有桂林之饒[1]，內有江、湖之利，左陵陽之金[2]，右蜀、漢之材，伐木而樹穀[3]，燔萊而播粟[4]，火耕而水耨[5]，地廣而饒財。然民鮆窳偷生[6]，好衣甘食，雖白屋草廬，歌謳鼓琴，日給月單[7]，朝歌暮戚。趙、中山帶大河[8]，纂四通神衢[9]，當天下之蹊[10]，商賈錯於路，諸侯交於道。然民淫好末，侈靡而不務本，田疇不修，男女矜飾，家無斗筲，鳴琴在室。是以楚、趙之民，均貧而寡富。宋、衛、韓、梁，好本稼穡，編戶齊民[11]，無不家衍人給。故利在自惜，不在勢居街衢。富在儉力趣時，不在歲司羽鳩也[12]。」

注釋

1桂林：漢代桂林郡。2左：東邊。3右：西邊。3樹：種植。4燔：用火燒。5火耕而水耨：原始的耕種方式，即用火焚燒野草後，用水灌溉就成了稻田。6鮆窳（粵：紫羽；普：zǐ yǔ）：茍且懶惰。鮆，通「呰」。7單：通「殫」，盡。8帶大河：以大河為腰帶。9纂：匯合。10當：正處在。蹊：道路。11編戶：按姓名編入戶口。齊民：平民。12羽鳩：指工商業的末利。

譯文

文學說：「荊、揚兩地南邊有富饒的桂林，內有豐富的水產，東邊有陵陽的金屬礦產，西邊有蜀、漢兩地的木材。砍伐樹木就可以種植稻穀，焚燒野草就可以種植糧食，原始的火耕和水耨之後就可以長莊稼，土地寬廣且富饒。但是那裏的百姓苟且生活、極之懶惰，追求美食和華麗的衣衫。即便住着簡陋的茅草房，還整天彈琴唱歌，吃了上頓沒下頓。早上還在唱歌，晚上就開始擔憂。趙地的中山郡靠近大河，居天下之中心，佔據各路交通的要衝，商人和諸侯在道路來來往往。但是百姓奢侈浪費，好逸惡勞，喜歡工商業，不從事農業生產，不收拾田地，男男女女喜歡打扮，家內沒有一點餘糧，卻還在屋子裏彈琴歡樂。所以楚、趙兩地的百姓貧窮者居多，富裕者很少。宋、衛、韓、梁四地的百姓重視農業生產，普普通通的人家生活富裕，能夠自給自足。因此，得利在於自己愛惜自己而不是在居住在四通八達的鬧市地段，致富在於自己節儉並按時耕種，不在年年從事於工商業末利的追求。」

大夫曰：「五行[1]：東方木，而丹、章有金銅之山[2]；南方火，而交趾有大海

之川[3]；西方金，而蜀、隴有名材之林；北方水，而幽都有積沙之地[4]。此天地所以均有無而通萬物也。今吳、越之竹，隋、唐之材，不可勝用，而曹、衛、梁、宋，采棺轉屍[5]。江、湖之魚，萊、黃之鮐[6]，不可勝食，而鄒、魯、周、韓，藜藿蔬食[7]。天地之利無不贍，而山海之貨無不富也。然百姓匱乏，財用不足，多寡不調，而天下財不散也。」

注釋

1五行：金、木、水、火、土五種物質。我國古代認為五行是組成世界的基本物質，其中五者相生相剋。其中這五行又與東南西北中、春夏秋冬以及人體的內臟器官相呼應。2丹：漢代丹陽郡。章：章山。3交趾：漢交趾郡，今在越南北部。4幽都：指漢代幽州地區。積沙之地：沙漠。5采：櫟木。轉：拋棄。6萊：漢代東萊郡。黃：黃海。鮐：又稱青花魚，盛產於黃海、渤海一帶。7藜藿（粵：黎霍；普：lí huò）：粗劣的飯菜。

譯文

御史大夫說：「根據五行學說，東方五行屬木，而丹陽、章山有金、銅礦；南方五行屬火，而交趾一帶有大海大河；西方五行屬金，蜀、隴樹林出產名貴木材；北方五行屬水，幽州地區有沙漠。這是自然為了平衡有無，讓萬物流通。現在，吳、越兩地的竹子，隋、唐兩地的木材用不完，而曹、衛、梁、宋一帶卻只能用簡陋的木材做棺木裝殮死人。江河湖泊的水產品，東萊郡、黃海一帶的魚多得吃不完，而鄒、魯、周、韓一帶的百姓只能吃粗糧野菜。自然界的物產並非不夠贍養百姓，山海的貨物並非不富裕，然而百姓卻感覺到生活困難，物品、錢財不夠用，財物多少不平均，天下的財物得不到流通。」

文學曰：「古者，采椽不斫[1]，茅茨不翦[2]，衣布褐，飯土硎[3]，鑄金為鉏，埏埴為器[4]，工不造奇巧，世不寶不可衣食之物，各安其居，樂其俗，甘其食，便其器。是以遠方之物不交，而昆山之玉不至。今世俗壞而競於淫靡，女極纖微，工極技巧，雕素樸而尚珍怪[5]，鑽山石而求金銀，沒深淵求珠璣，設機陷求犀象[6]，張網羅求翡翠[7]，求蠻、貉之物以眩中國[8]，徙邛、筰之貨，致之東海，交萬里之財，曠日費功，無益於用。是以褐夫匹婦，勞罷力屈，而衣食不足也。故王者禁溢利，節漏費。溢利禁則反本，漏費節則民用給。是以生無乏資，死無轉尸也。」

注釋

1椽：放在檁上架着屋頂的木條。斫：用刀斧砍劈。2茅茨：茅草蓋的屋頂。3鉶：古代盛羹的小鼎，兩耳三足，有蓋。4埏（粵：仙；普：shān）埴：和泥製作陶器。埏，以土和泥，揉和。埴，黏土。5雕素樸：在樸素的物品上面雕琢花紋，使之精美。6機陷：機關和陷阱。7翡翠：翡翠鳥，羽毛呈翠綠色，以前人們用該鳥的羽毛加以金銀等雕飾做成頭飾。8蠻：泛指南方少數民族。貉：泛指北方少數民族。眩：迷惑。

譯文

文學說：「古時候，房樑不經過木匠加工砍削，茅屋上的茅草不經過修整，穿粗布衣服，用土製的瓦碗吃飯，冶煉金屬做成鋤頭，燒製黏土製成農具。工匠不製造奇特巧妙的東西，世人不以無利益食用穿戴的物品為寶。各自安心居住在家裏面，喜歡當地的風俗，樂意吃自己生產的食品，習慣使用自己生產的器具。因此，不交換遠方的物品，崑崙山的玉石也不能到內地。現在世俗風氣敗壞、過於追求享樂，女工的織品極盡華麗，工匠追求精細的技巧，把樸素的東西進行雕琢，追求稀奇珍貴的東西。開鑿山石尋求金銀，潛入深海去採取珍珠，設置機關陷阱捕捉犀牛和大象，佈置羅網撲捉飛禽。用少數民族的稀奇物品迷惑內地人。將邛、筰地區的貨物運到東部沿海，交換萬里之外的財物。耗費時間和精力，又沒有什麼實際用途，造成百姓精疲力竭、缺衣少食。因此，帝王應該禁止追求超額利潤，節約不必要的費用。禁止謀求超額利潤之後，百姓就會重新回到農業生產上來，不必要的費用節約了，百姓就會富足。所以活着的人就不會缺乏資產，死去的人不會被棄屍了。」

大夫曰：「古者，宮室有度[1]，輿服以庸[2]。采椽茅茨，非先生之制也。君子節奢刺儉，儉則固[3]。昔孫叔敖相楚[4]，妻不衣帛，馬不秣粟[5]。孔子曰：『不可，大儉極下』。此《蟋蟀》所為作也[6]。《管子》曰：『不飾宮室，則材木不可勝用，不充庖廚，則禽獸不損其壽。無末利，則本業無所出，無黼黻[7]，則女工不施。』故工商梓匠[8]，邦國之用，器械之備也。自古有之，非獨於此。弦高販牛於周[9]，五羖賃車入秦[10]，公輸子以規矩[11]，歐冶以鎔鑄[12]。《語》曰[13]：『百工居肆，以致其事。』農商交易，以利本末。山居澤處，蓬蒿墝埆[14]，財物流通，有以均之。是以多者不獨衍，少者不獨饉。若各居其處，食其食，則是橘柚不鬻[15]，朐鹵之鹽不出[16]，旃罽不市，而吳、唐之材不用也。」

注釋

1度：等級制度。2輿服以庸：古代車輿和冠服都有定式，以表尊卑等級和達到的地位。庸：功勞。3固：簡陋。4孫叔敖：春秋時楚國人，被楚莊王舉用，出任楚國令尹（楚相），輔佐楚莊王，發展經濟，政績赫然。5秣（粵：末；普：mò）：飼養，餵養。6**蟋蟀**：《詩經．唐風》篇，《毛詩正義》：「作《蟋蟀》詩者，刺晉僖公也。由僖公太儉逼下，不中禮度，故作是《蟋蟀》之詩以閔傷之，欲其及歲暮暇之時，以禮自娛樂也。」7**黼黻**（粵：斧拂；普：fǔ fú）：繡有華美花紋的禮服。8**工**：工人。梓匠：木匠。9**弦高**：鄭國的商人，智退秦軍，挽救了祖國。10**五羖**（粵：古；普：gǔ）：指百里奚。當年秦穆公用五張黑色公羊皮從楚國將被俘的百里奚贖回，委任重用。賃：被僱用。11**公輸子**：魯班，春秋時期魯國的巧匠。12**歐冶**：即歐冶子，春秋時著名的鑄劍工。13**《語》**：指《論語．子張》。14**墝埆**（粵：敲確；普：qiāo què），土地瘠薄。15**鬻**（粵：育；普：yù）：賣。16**朐**（粵：渠；普：qú）**鹵**：朐縣的鹽場。

譯文

御史大夫說：「古時候，宮殿房屋都有相關的等級制度，車子和服裝都根據功勞大小進行分配，用原木做屋樑，用茅草蓋房子不是現代帝王的制度。品行高尚的人不奢侈但是也譏諷節儉。太節儉就是簡陋了。以前，孫叔敖在楚國作宰相，他的妻子不穿絲綢衣服，不用糧食飼養馬匹。孔子說：『不能太簡樸，過於簡樸就讓下級難辦了。』《詩經．蟋蟀》的創作就諷刺了這種行為。《管子》上說：『不修飾宮殿，那麼木材就不能物盡其用；不使廚房充滿肉食，禽獸就無法被殺；工商業沒有利潤，農業就得不到發展；衣服不裝飾花紋，女工就無法施展技術。因此，商人和工匠對國家有益，也是製作流通工具器械所需。自古以來就是這樣，並不是現在才這樣。』弦高就曾到洛陽賣牛，百里奚曾被傭推鹽車到秦國做生意。魯班製造了曲尺和圓規，歐冶子冶鐵鑄劍。《論語》上說：『各種工匠居住在作坊裏面，致力於做好工作。』農民和商人做交易，有利於農業和商業的發展。那些野草叢生、窮鄉僻壤的地方更應該進行貨物流通，互通有無，這樣子財富多的地方不會獨自富裕，財富少的地方也不會過於匱乏。若各自居住在自己的家鄉，吃自己種的糧食，這樣，橘子、柚子都不能出售，膠東一帶的食鹽也不在市面上售賣，市場上也沒有毛毯和氈子，吳、唐一帶的木材和竹子也派不上用場了。」

賞析與點評

上引《管子》一段來支持奢侈消費能刺激經濟，此與古典經濟學的說法相合，一七一四年，一位名叫曼德維爾（Bernard Mandeville, 1670—1733）的英國學者，出版了《蜜蜂的寓言：私人的惡毒，公眾的利益》（*The Fable of the Bees*）一書，曼氏假設人性本惡，繼而提出一些私人的惡德往往會造成公益，即著名的「私德公益說」，譬如個人的奢侈、浪費會造成公共利益，推動社會經濟。此說後為亞當斯密（Adam Smith, 1723—1790）於其不朽之作——《國富論》（*An Inquiry into the Nature and Causes of the Wealth of Nations*）中引用，成了古典經濟學的核心學說。惟此與中國素有節儉的主流文化恰恰相反。宋代的司馬光（一〇一九—一〇八六）在其名著《訓儉示康》說：「『儉，德之共也；侈，惡之大也。』共，同也；言有德者皆由儉來也。夫儉則寡欲：君子寡欲，則不役於物，可以直道而行；小人寡欲，則能謹身節用，遠罪豐家。故曰：『儉，德之共也。』」司馬光不但把節儉視為經濟問題，更視之為道德問題。反之，奢侈則是不合道理，有違世俗禮教。他說：「侈則多欲：君子多欲，則貪慕富貴，枉道速禍；小人多欲，則多求妄用，敗家喪身。是以居官必賄，居鄉必盜。故曰：『侈，惡之大也。』」司馬光的說法代表了傳統文人的主流思想，上至國家，下至平民，大多深信奢侈與道德掛鈎。

文學曰：「孟子云：『不違農時，穀不可勝食；蠶麻以時，布帛不可勝衣也；斧斤以時[1]，材木不可勝用；田漁以時[2]，魚肉不可勝食。』若則飾宮室，增臺榭梓匠斫巨為小[3]，以圓為方，上成雲氣，下成山林，則材木不足用也。男子去本為末，雕文刻鏤，以象禽獸，窮物究變，則穀不足食也。婦女飾微治細，以成文章，極伎盡巧[4]，則絲布不足衣也。庖宰烹殺胎卵，煎炙齊和[5]，窮極五味，則魚肉不足食也。當今世，非患禽獸不損，材木不勝，患僭侈之無窮也[6]。非患無旃罽橘柚，患無狹廬糠糟也[7]。」

注釋

1斤：古代砍伐樹木的工具，與斧相似，比斧頭小並且刃是橫着的。2田：通「畋」，打獵。3增：增加，擴建。4伎：通「技」，技巧之意。5齊和：酸、甜、苦、辣、鹹五味調和。6僭侈：奢侈過度。7糠糟：泛指粗劣的食物。糠，糠麩；糟，酒渣。

譯文

文學說：「《孟子》上說：『不違背農業節氣時令，稻子是吃不完的；按照時令養蠶種麻，衣服是穿不完的；適宜的時節進山砍伐，木材是用不完的；適宜的時候打撈，魚肉是吃不盡的。』若修飾宮殿房屋，擴建亭台房舍，木匠將巨木砍成小木，把圓的製成方的，在房子上刻劃雲紋，在地上製造假山林木，那麼木材就不夠用了。男子放棄農業，從事工商業，雕鏤刻劃獸紋，並力求和活物一般，那麼糧食就不夠食用。女子細緻地刺繡，做成各種各樣的花紋，用足了各種技巧，那絲綢布料就不夠穿。廚師殺害幼小動物，油煎火烤，追求五味調和的美味，那樣魚和肉類就不夠食用。現在，不用擔心不殺禽獸，不擔心木材用不完，而應該擔心過度奢侈造成的無盡禍患，不擔心沒有毛氈和水果，而應該擔心沒有狹小的茅草屋，沒有粗糙的穀糠酒渣。」

賞析與點評

當代西方學者提出可持續發展觀（sustainable development），這思想在已發展地區漸漸流行，香港、台灣等地當然也不例外。根據聯合國環境與發展世界委員會的報告，可持續發展是：「既能滿足我等現今的需求，又不損害子孫後代能滿足他們的需求的發展模式。」（《我們的共同未來》，1987 年）上面的引文大意是對自然資源之運用必須謹慎，要順其自然，不可強求，更不可竭澤而漁，反對粗放式發展。如此人民的生活水平才能真正改善，這就是仁政的開始。上世紀中共大搞三面紅旗，處處違反自然，與天比高，最後帶來災難。今天，人類不斷「發展社會」，又會帶來多少反饋（feedback）呢？

禁耕第五

本篇導讀——

「禁」，限制、損害之意。本章主要討論鹽鐵官營的利弊問題。桑弘羊認為，鹽鐵等產業交由私人經營會導致豪門大族壟斷物產資源、獨佔市場、傾軋百姓、危害朝廷，一旦將鹽鐵鑄造等政策收歸國有，就可以實現平衡物價、避免百姓相互傾軋，促進社會穩定。文學則提出反對意見，他們認為朝廷應該藏富於民，鹽鐵私營可讓百姓自給自足，促進農業生產。鹽鐵官營給百姓帶來很多困擾，增加他們的徭役，加重百姓負擔。

大夫曰：「家人有寶器[1]，尚函匣而藏之[2]，況人主之山海乎？夫權利之處，必在深山窮澤之中[3]，非豪民不能通其利。異時，鹽鐵未籠，布衣有朐邴[4]，朐

邴人君有吳王，皆鹽鐵初議也[5]。吳王專山澤之饒，薄賦其民，賑贍窮乏，以成私威。私威積而逆節之心作。夫不蚤絕其源而憂其末[6]，若決呂梁[7]，沛然[8]，其所傷必多矣。太公曰[9]：『一家害百家，百家害諸侯，諸侯害天下，王法禁之。』今放民於權利，罷鹽鐵以資暴強[10]，遂其貪心[11]，眾邪群聚，私門成黨，則強禦日以不制[12]，而并兼之徒奸形成也[13]。」

注釋

1家人：指百姓。2函匣：盛物的盒子。此處應指把東西放到盛放物品的盒子裏。3窮澤：極其偏遠的海邊和沼澤地區。4布衣：穿布衣服的人，常常代指平民百姓。5鹽鐵初議：朐邴和吳王劉濞因為私營鹽鐵致富，危害國家，導致鹽鐵官營等政策最初被提出來。6蚤：早。7決：決口。呂梁：呂梁山，在山西省西部。8沛然：水勢很大的樣子。9太公：姜太公呂望，周朝開國功臣。10資：資助。11遂：滿足。12強禦：強暴的人。13并兼：吞併兼併別人的東西成為自己的。

譯文

御史大夫說：「百姓有寶貝，尚且把寶貝放在盒子裏收藏好，何況君主擁有山河這樣的珍寶呢？可以培育私威、開發鹽鐵資源的地方一定在深山和偏遠的海邊地區，不是豪強根本沒有辦法開發利用。過去，鹽、鐵沒有收歸官營的時候，平民中有朐地的邴氏，諸侯中有吳王劉濞，這些都是開始討論鹽鐵收歸官營時候的原因。吳王劉濞壟斷山海資源，減輕賦稅，賑濟贍養窮困的百姓，籠絡人心，提高自己的威望。個人威望提高後就產生了謀逆叛亂的心思，不早早堵塞叛亂的根源而只是發展到後來才開始憂慮，這就像掘開呂梁山，洶湧的黃河水就會湧過來，危害巨大，損傷慘重。姜太公說：『一家人不擇手段追求私利就會損害一百家人的利益，一百家不擇手段追求私利就會損害諸侯的利益，諸侯不擇手段追求私利就會損害國家的利益。天子頒佈法令禁止這些人的不法行為。』如今，若把鹽鐵經營的權力和財利放歸給百姓，取消鹽鐵官營的法令資助那些富豪暴徒為非作歹，成全他們貪婪的本性，各種邪惡的人聚集在一起，結成幫派。這樣，愈發不能制止強暴之徒，并兼之徒為非作歹的條件就成熟了。」

賞析與點評

西漢初年，天下一統，政府又開放關卡、山林、川澤，故此商業仍然發達。《漢書・食貨志》記晁錯於文帝初年的情況：「當具有者半賈而賣，亡者取倍稱之息，於是有賣田宅鬻子孫以償責者矣。而商賈大者積貯倍息，小者坐列販賣，操其奇贏，日遊都市，音居宜反。乘上之急，所賣必倍。故其男不耕耘，女不蠶織，衣必文采，食必粱〔梁〕肉；亡農夫之苦，有仟佰之得。因其富厚，交通王侯，力過吏勢，以利相傾；千里遊敖，冠蓋相望，乘堅策肥，履絲曳縞。此商人所以兼併農人，農人所以流亡者也。」此時期具代表性的商業發達，商賈因而坐大，政府未有以行政措施來作財富二次分配，令貧富懸殊愈來愈嚴重，社會問題日益嚴峻，此道理在今天仍然適用，尤其反映在堅尼系指數最嚴重的地區。

文學曰：「民人藏於家，諸侯藏於國[1]，天子藏於海內。故民人以垣牆為藏閉[2]，天子以四海為匣匱[3]。天子適諸侯[4]，升自阼階[5]，諸侯納管鍵[6]，執策而聽命[7]，示莫為主也。是以王者不畜聚，下藏於民，遠浮利，務民之義。義禮立，則民化上。若是[8]，雖湯、武生存於世，無所容其慮。工商之事，歐冶之任，何奸之能成。三桓專魯[9]，六卿分晉[10]，不以鹽鐵。故權利深者，不在山海，在朝廷。一家害百家，在蕭牆[11]，而不在胸邪也。」

注釋

1國：諸侯封地。2藏閉：指私藏之處。3匱：存放貴重物品的保險箱子。「匱」這種箱子一般存放的都是一家人的最貴重的物品。4適：到某個地方去。5阼階：大堂東面的台階。古時候賓主相見，賓客要從西面台階登階梯入室，主人走東面台階。6管鍵：指鑰匙和鎖。管，鑰匙；鍵，鎖簧。7策：策書。古代君主對臣下封土、授爵、免官發佈敕令的文件，具有法律效力。8是：這樣。9三桓：春秋時，孟孫氏、叔孫氏、季孫氏這三個魯桓公的後裔控制着魯國政權。10六卿：春秋時，晉國的大夫范氏、中行氏、智氏及韓、趙、魏三家世卿，他們分掌晉國大權。11蕭牆：面對國君宮門的小牆，又稱「塞門」。「蕭牆」一般引申為「內部」之意，此處當指朝廷內部。

譯文

文學說：「百姓把財物藏到家裏面，諸侯把財物藏到自己的封地中，皇帝把財富藏在天下之中。因此，百姓把院牆作為自己藏寶貝的保障，天子把整個天下作為自己藏寶貝的箱子。天子到諸侯的封地去，登上東邊的台階；諸侯交出城門鑰匙和鎖，手捧着策書聽候天子的命令，以此來顯示這裏是屬於天子的，自己不敢以主人自居。所以，帝王不積蓄利潤，而把財富藏在百姓手裏。遠離工商業的浮利，而注重用禮義引導人民。建立了禮義，百姓就會被上面所感化。若是這樣，即便商湯王、周武王仍活在世上，也沒有什麼好憂慮的。辦工商業和冶鐵業，奸邪怎麼能夠形成呢？春秋時，孟孫氏、叔孫氏、季孫氏這三個魯桓公的後裔控制魯國的政權；春秋時，晉大夫范氏、中行氏、智氏及韓、趙、魏三家世卿分掌晉國大權，憑藉的並不是鹽鐵。因此，權利深藏的地方不在深山湖海之中，而是在朝廷裏面。一個人就能剝奪一百家人的利益，這樣的事情出在朝廷內部權貴身上，而非朐地邴氏那樣的人身上。」

賞析與點評

這些文人不知西漢已經進入了經濟發展的新階段，人民不再是自給自足的自然經濟時代，他們口中經常說古人如何節儉，如今人心不古云云。因此，他們才會認為古人對天子生活奢侈的譏諷，在當代對於平民百姓也非常適用，殊不知西漢已進入市場導向（marketing direction）的消費性社會，而不再是自給自足的「自然經濟」社會。當時社會對奢侈品的需求大增，即成了賈誼所說的奢靡不堪的社會。簡而言之，當時不只是達官貴人才可以過着奢華的生活，即連「匹夫」之人也同樣可以，上下富足，反映了整個社會已超越了小康的階段，達到藏富於民的境界。

大夫曰：「山海有禁而民不傾。貴賤有平而民不疑[1]。縣官設衡立準[2]，人從所欲，雖使五尺童子適市[3]，莫之能欺。今罷去之，則豪民擅其用而專其利。決市閭巷[4]，高下在口吻[5]，貴賤無常，端坐而民豪[6]，是以養強抑弱而藏於跖也[7]。強養弱抑，則齊民消[8]。若眾穢之盛而害五穀[9]。一家害百家，不在胸邲，如何也？」

注釋

1平：標準。2衡：稱。此處泛指各種衡量工具。3五尺童子：小孩子。五尺大約為一米出頭。4決：決定。閭巷：小的巷道，泛指民間。5高下：指價格高低。6端坐：安穩地坐着，指不用操勞。7跖：古時的一名大盜。8齊民：平民。消：減少。9穢：田裏的野草。

譯文

御史大夫說：「禁止開發深山湖海的資源，百姓就不會相互傾軋。平衡物價漲跌，百姓就不會對價格產生懷疑。政府設置各種衡量工器，規定價格標準，百姓可以想買什麼就買什麼。即便是一米高的小孩子到集市上去，也沒有人可以欺騙他。現在若取消了這些措施，那麼豪強就會霸佔山海的資源，壟斷商業利益。他們在家中遙控市場，決定行情，物價高低全憑他們一句話來決定。時高時低，變化無常，他們安然地坐收漁利，成為了人民中的豪強，這就等於滋養豪強、抑制弱小，並把財富藏在富強手裏。助長豪強，抑制弱小，那麼善良的百姓就會逐漸減少。就像荒草茂盛危害莊稼生長一樣。一家人剝奪百家人的利益的事情不是出在胸地邴氏那樣的人身上，又出在哪些人身上呢？」

賞析與點評

在漢武帝的新經濟政策下，不獨鹽鐵收歸國有，更把涉及民之所依的山林池澤也一同納入國家體制之中，使人民的生計受到衝擊，故在鹽鐵會議中，當代的民間知識分子對此嚴加批評。長遠而言，山林收歸國有，令人民沒法享用天然資源，更抑止了工商業發展的潛力，付出了沉重的代價。現代新自由主義者一般相信，因沒有合理的制衡，凡是在專制下的官僚干涉到商業經濟，則弊端叢生，當時也是商賈出身的卜式也察覺到問題所在，並進言說：「式既在位，見郡國多不便縣官作鹽鐵，鐵器苦惡，賈貴，或彊令民賣買之。而船有算，商者少，物貴，乃因孔僅言船算事。上由是不悅卜式。」（《史記．平準書》）

文學曰：「山海者，財用之寶路也[1]；鐵器者，農夫之死士也[2]。死士用，則仇讎滅[3]，仇讎滅，則田野闢，田野闢而五穀熟。寶路開，則百姓贍而民用給，民用給則國富。國富而教之以禮，則行道有讓[4]，而工商不相豫，人懷敦樸以相接[5]，而莫相利。夫秦、楚、燕、齊，土力不同[6]，剛柔異勢[7]，巨小之用，居句之宜[8]，黨殊俗易[9]，各有所便。縣官籠而一之[10]，則鐵器失其宜，而農民失其便。器用不便，則農夫罷於壄而草萊不辟[11]。草萊不辟，則民困乏。故鹽冶之處，大傲皆依山川[12]，近鐵炭，其勢咸遠而作劇。郡中卒踐更者[13]，多不勘[14]，責取

庸代[15]。縣邑或以戶口賦鐵，而賤平其準[16]。良家以道次發僦運鹽、鐵[17]，煩費，百姓病苦之。愚竊見一官之傷千里[18]，未睹其在朐邴也。」

注釋

1路：來源。2死士：此處指重要工具。3仇讎：敵人。這裏指雜草。4讓：謙讓。5相接：相互交往。6土力：土地的生產能力。7剛柔：指土壤的軟硬程度。8居：通「倨」，直。句：彎曲。9黨：古時民間五百家為一黨。10一：統一。11罷：疲憊，疲勞。12大傲：大抵。13卒踐更：卒更和踐更。漢代徭役制度規定，男子二十三歲至五十六歲之間，每年必須在本郡縣服役一個月。本人親自去服役叫做卒更，出錢二千僱人服役，收錢代人服役的行為就叫做踐更。14勘：通「堪」，忍受。15取庸：花錢僱人。16賤平其準：壓低價格收進。17道：漢代縣級行政區，多在地區偏遠的少數民族聚集區。僦（粵：就；普：jiù）：運送。18愚：對自己的謙稱。

譯文

文學說：「山川湖海是財物的寶貴來源，鐵器是農夫的得力工具。得力工具的使用能夠消滅雜草，雜草消滅了，農田就會被開闢出來，開闢出農田，糧食就可以豐收。財物的來源擴開了，百姓們就能得到足夠的供給和贍養。百姓供給充足，國家就會富裕。國家富裕了就可以用禮義來教化人民。這樣一來，人民在街道上行走就懂得禮讓，商人和工匠也就不會欺詐。懷着敦厚樸實的感情去交往，就沒有人相互爭利。秦、楚、燕、齊等地生產能力有差別，土地的肥沃程度也有不同，農具的大小和彎曲度也根據當地的實際情況有所差異。現在朝廷要按照統一標準製造，鐵質的農具就可能不適應當地的情況，農民用起來也不順手。農具不順手，農民耕作就會疲憊不堪，野草就不能根除。野草不除，莊稼不長，百姓就會挨餓。煮鹽鑄鐵的地方大都靠近深山大川。鐵礦、森林大都偏遠且作業辛苦。郡裏面服役的人忍受不了辛苦往往出錢僱人服役。有的縣按照戶口收生鐵，還壓低價格。偏遠地區的普通百姓被徵發轉運鹽鐵，按照各縣的遠近次序，順次運輸，費時費力，百姓們往往痛苦不堪。我私下裏看到一個官員就能夠損傷千里百姓，沒有看到傷害是由朐地邴氏這樣的人造成。」

復古第六

本篇導讀——

復古，即恢復古代的治國道路。本書中，文學、賢良一直提倡的就是效法三王、五帝，恢復過去依靠仁義治理國家、致力發展農業生產的治國方略，而非一味征戰討伐，依靠武力奪取土地。

本篇中，文學、賢良們和桑弘羊大夫初步就應否興兵討伐外族的問題進行了辯論，並接着討論了上一章提出的鹽鐵官營問題。文學們認為經過漢武帝常年征戰後，百姓甚為疲憊，當務之急是安定百姓，而非持續對外征戰。桑弘羊則指責文學「燕雀不知天地之高」，並批駁他們只會空談，發表不切實際的話語。桑弘羊認為應該繼承並發揚漢武帝沒有完成的功業，收服各少數民族，實現漢朝霸業。

大夫曰：「故扇水都尉彭祖寧歸[1]，言：『鹽、鐵令品，令品甚明[2]。卒徒衣食縣官[3]，作鑄鐵器，給用甚眾，無妨於民。而吏或不良，禁令不行，故民煩苦之。』令意總一鹽鐵，非獨為利入也，將以建本抑末，離朋黨[4]，禁淫侈，絕并兼之路也。古者，名山大澤不以封，為下之專利也。山海之利，廣澤之畜，天地之藏也，皆宜屬少府[5]。陛下不私[6]，以屬大司農，以佐助百姓。浮食奇民[7]，好欲擅山海之貨，以致富業，役利細民，故沮事議者眾[8]。鐵器兵刃，天下之大用也，非庶眾所宜事也。往者，豪強大家，得管山海之利，采鐵石鼓鑄[9]，煮海為鹽。一家聚眾，或至千餘人，大抵盡收放流人民也。遠去鄉里，棄墳墓，依倚大家，聚深山窮澤之中，成奸偽之業，遂朋黨之權，其輕為非亦大矣[10]！今者，廣進賢之途，揀擇守尉[11]，不待去鹽、鐵而安民也[12]。」

注釋

1故：前任。扇水都尉：扇水地方的武官。寧歸：為辦理父母喪事請假回家。2令品：法律條文。3衣食縣官：衣食由朝廷供給。4離：離散，分開。5少府：官名，始於戰國。秦漢相沿襲，為九卿之一。掌管山海地澤的收入和皇室手工業製造，為皇帝的私府。6不私：不據為己有。7浮食奇民：依賴商賈浮利為食的奇詭不正的人。8沮：阻撓。9鼓鑄：鼓風煽火的工具。10輕：輕易。11守尉：郡守和都尉。12不待：用不着。

譯文

御史大夫說：「卸任的扇水都尉彭祖辦理父母喪事後回來說：『鹽鐵法令條文，內容明確清晰，冶鐵的人穿衣吃飯都靠國家，鑄造鐵器，能充分供給農用，根本不妨礙百姓的利益。可是有的官吏不好，不認真執行國家的禁令，給百姓帶來了煩惱和痛苦。』國家發佈命令使鹽鐵官營，並非僅僅為了獲得利潤，也是為了抑制工商業、發展農業，禁止結黨營私，杜絕驕奢淫逸，杜絕相互兼併的道路。古時，不把名山大川分封給諸侯，是因為分封之後諸侯就會獨斷這些資源。山海的寶藏，湖海的財產都是大自然豐富的寶藏，都應該由朝廷少府管理。陛下不把這些當做私有財產而交予大司農管理，用來補助百姓賦稅的不足。那些依賴商貸浮利為食的奇詭不正的人，喜歡壟斷山川湖海的貨物，以便發家致富，奴役和收買百姓，因此想阻撓鹽鐵官營等政策、非議鹽鐵政策的人很多。鐵質農器和兵器對國家大有益處，並非普通百姓適合私營。過去，豪門大戶獨佔山海的利潤，採礦鑄鐵，從事冶煉，用海水煮鹽。有的豪門大戶甚至聚集數千人，這些被收留的人大多都是流放的犯人。他們背井離鄉依附依賴豪強大族，聚集在深山大澤中，促成了豪門大戶奸詐非法之事，助長了奸黨的勢力，他們隨便為非作歹，危害不小啊！現在，朝廷廣泛選拔賢人，謹慎挑選地方官吏，不用取消鹽鐵官營等政策也能使百姓安居樂業。」

賞析與點評

《漢紀．孝文皇帝紀下》，文帝十三年六月，「詔除民田租」條：「古者什一而稅，以為天下之中正也。今漢民或百一而稅，可謂鮮矣。然豪強富人佔田逾侈，輸其賦太半。官收百一之稅，民收太半之賦。……是上惠不通，威福分於豪強也。」荀悅把文景之治中，最為後世稱道的減免田租政策，說成是「上惠不通」，不切實際。他認為漢初的十五而稅、三十而稅，甚至於文帝十二年減收半租，及於文帝十三年免收全國田租的恩惠政策，不能夠直接下達一般農民手中。反而，減除田租，只會「適以資富強」，有利於富人。荀悅解釋，這是因為「今豪民佔田，或至數百千頃」之緣故。這表示，他認為早在漢初，土地兼併的情況已經極之嚴重，社會財富（土地）由一小撮「豪民」控制，他們成了恩惠政策與農民之間的絕緣體。情況一如今天香港的地產商，他們所囤土地，比政府官地還要多，導致地價飛漲，百姓置業無望。

文學曰：「扇水都尉所言，當時之權[1]，一切之術也[2]，不可以久行而傳世，此非明王所以君國子民之道也。《詩》云[3]：『哀哉為猶[4]，匪先民是程，匪大猶是經，維邇言是聽。』此詩人刺不通於王道，而善為權利者。孝武皇帝攘九

夷[5]，平百越，師旅數起[6]，糧食不足。故立田官[7]，置錢[8]，入穀射官[9]，救急贍不給。今陛下繼大功之勤，養勞倦之民，此用糜鬻之時[10]。公卿宜思所以安集百姓，致利除害，輔明主以仁義，修潤洪業之道[11]。明主即位以來，六年於茲，公卿無請減除不急之官[12]，省罷機利之人[13]。人權縣太久[14]，民良望於上[15]。陛下宣聖德，昭明光[16]，令郡國賢良、文學之士，乘傳詣公車[17]，議五帝、三王之道，《六藝》之風，冊陳安危利害之分[18]，指意粲然[19]。今公卿辨議，未有所定，此所謂守小節而遺大體，抱小利而忘大利者也。」

注釋

1權：權宜之計。2一切：一時。3《詩》：指《詩經．小雅．小旻》。4為猶：制定謀略。猶通「猷」。5孝武皇帝：漢武帝劉徹。謚號為孝。6師旅：軍隊。7田官：主管吞田的官員。8置錢：設立錢幣統一鑄造制度。9入穀射官：繳納一定數量的糧食換取官職。這是漢武帝時期的一項政策。射，獲取。10糜鬻：煮得很爛的粥。用糜鬻指讓百姓安定下來。11修潤：修飾潤色，此處指發揚光大。12不急：不必要。13機利：投機謀利。14權縣：把持大權。15良：很。16昭：顯示。17傳：傳車。古時驛站為來往的官員提供交通工具，其車就叫傳車。18陳：陳述。19指意：意旨。

譯文

文學說：「扇水都尉說的話是當時權宜之計，不能夠作為長久之計延續下來。這不是賢明的君王治理國家、統治人民的好辦法。《詩經》說：『這種策略制定得真可悲啊，既不遵守古代的法式，又不經營遠大的計劃，只是聽信身邊親信之徒。』這就是詩人諷刺那些不懂得為王之道又喜歡玩弄權勢的人。漢武帝征伐東方少數民族、掃平百越，頻繁出兵，糧食不夠用。因此設立了管理屯田的官員，統一鑄造錢幣，讓商人用錢幣購買官爵，以解決軍隊糧草燃眉之急。現在皇上繼承了漢武帝時期勤勞征戰後的巨大事業，供養着疲憊的百姓，正是安定百姓的好時候，你們應該好好思考該如何讓百姓安定下來，興利除害，用仁義輔佐陛下，發揚光大宏圖大業。陛下從繼位到如今已有六年了，你們卻沒有上書請求裁減不需要的官員、罷免投機取巧的官員。人民盼望輕重平等已經很久了，對朝廷寄予厚望。陛下行聖賢之德行、廣佈恩澤，命令郡國賢良、文學乘坐官車到京城討論五帝、三王治國方法、《六藝》的教化。講述安危利害關係，用意明確。可是現在你們辯論沒有抓住主題，正是守住了小節而忽略了大體，只顧着小利卻忽略了大利。」

大夫曰：「宇棟之內[1]，燕雀不知天地之高。坎井之蛙，不知江海之大。窮夫否婦[2]，不知國家之慮。負荷之商[3]，不知猗頓之富。先帝計外國之利，料胡、

越之兵[4]，兵敵弱而易制，用力少而功大，故因勢變以主四夷[5]，地濱山海，以屬長城，北略河外，開路匈奴之鄉，功未卒[6]。蓋文王受命伐崇[7]，作邑於豐[8]。武王繼之，載屍以行[9]，破商擒紂，遂成王業。曹沫棄三北之恥[10]，而復侵地；管仲負當世之累[11]，而立霸功。故志大者遺小[12]，用權者離俗。有司思師望之計[13]，遂先帝之業，志在絕胡、貉，擒單于[14]，故未遑扣扃之義[15]，而錄拘儒之論[16]。」

注釋

1宇：屋簷。棟：房樑。2窮夫否婦：不識大體的人。3負荷：肩挑背扛。4胡、越：匈奴和百越。5因：因循，根據。6卒：完成。7文王伐崇：崇，崇侯虎。據說崇侯虎污蔑兄長、不敬長老、分配不均，因此周文王討伐他。文王討伐他時，對軍隊下令，讓士兵不殺人、不破壞房子、不填井、不砍樹木、不動牲畜，不聽命令的人殺無赦。8邑：都城。9載屍以行：周文王死後，周武王用車載着周文王牌位征戰。10曹沫：又名曹劌，春秋時魯國大夫，與齊軍作戰，三戰三敗，但他忍辱負重，在魯國和齊國的盟會上劫持齊桓公收回三戰喪失的土地。11管仲負當世之累：因管仲先後侍奉公子糾和公子小白，所以飽受當時人們的非議和鄙視。12遺小：不考慮小細節。13望：即呂望，姜子牙。14單于：匈奴對部落聯盟首領的專稱。15遑：閒暇。扣扃：敲門。16錄：

採取、任用。拘：拘泥、死板。

譯文

御史大夫說：「屋簷房樑下的麻雀、燕子不知道天地距離多遠，土井裏面的青蛙也不知道長江大海到底有多大，不識大體的人不知道治國的憂慮，肩背挑擔的小商人不知道大商人猗頓到底有多富有。漢武帝考慮到外族的財利物產，認為匈奴和百越兩地的兵力弱，容易制服。不用太多兵力就能獲得大勝利，因此根據形勢的變化，攻打四方侵擾我們的少數民族，以求獲得宗主地位，在國內邊界連接山海的地方都連接了長城，北過黃河直至匈奴的老家，但武帝的功業沒有完成。過去，周文王受天命討伐崇侯虎，在豐地建立國都。武王繼承了文王的功業，用車載着文王牌位征戰，打敗商王朝活捉了紂王，終於成就帝王大業。曹劌用威脅齊桓公的手段，奪回被侵佔的土地；管仲蒙受世俗的批評卻幫助齊桓公成就霸業。所以說，志向遠大的人不拘泥於小節，善用權力的人不同於世俗的看法。官員們應該考慮如何學習姜子牙的計策完成漢武帝沒有完成的功業，立志消滅少數民族，捉拿少數民族的頭領。因此，我們沒有時間考慮你們這些門外漢不切實際的空談，不可能採納你們這些拘泥於舊俗的儒生言論。」

文學曰：「燕雀離巢宇而有鷹隼之憂[1]，坎井之蛙離其居而有蛇鼠之患，況翱翔千仞而遊四海乎[2]。其禍必大矣。此李斯所以折翼[3]，而趙高沒淵也[4]。聞文、武受命，伐不義以安諸侯大夫，未聞弊諸夏以役夷、狄也。昔秦常舉天下之力以事胡、越，竭天下之財以奉其用，然衆不能畢[5]。而以百萬之師，為一夫之任，此天下共聞也。且數戰則民勞，久師則兵弊，此百姓所疾苦，而拘儒之所憂也。」

注釋

1鷹隼：兇猛的飛禽。2千仞：形容極高。仞，古代計量單位，一仞（周尺八尺或七尺。周尺一尺約合二十三厘米。）3李斯：曾任秦國宰相，輔佐秦始皇，後被秦二世五馬分屍。4趙高：秦朝宦官。秦始皇死後與李斯密謀，偽造詔書，殺害公子扶蘇，立胡亥為秦二世。最終被子嬰殺害。5衆：通「終」。

譯文

文學說：「麻雀、燕子遠離屋簷就會擔心鷹隼的侵擾，土井裏的青蛙離開居所就會擔心被蛇鼠捕食，更如何談企圖在高空飛翔，在宇宙四方自在遊歷呢。這個禍患必定非常大。這就是李斯、趙高被殺死的原因。聽說過周文、武王受天命，討伐商湯的不仁義來安撫諸侯大夫，沒有聽過敗壞中原去攻打夷、狄的事情。過去，秦王朝數次發動國內的兵力討伐匈奴、百越，竭盡全國的財力來供給戰爭的費用，還不能做到，只是以百萬人的軍隊為秦始皇一人驅使，這件事全國人都聽說了。而且多次戰爭後百姓就會勞累，經常打仗官兵就會疲憊，這些都是百姓所痛恨和苦惱的，也是我們這些拘泥舊法的儒生所憂慮的。」

賞析與點評

歷史學家黃仁宇在《中國大歷史》指出，以「大歷史觀」（macro-history）來説明中國素有不用「數目字管理」（mathematically manageable）的傳統，黃氏説：「資本主義社會，是一種現代化的社會，它能夠將整個的社會以數目字管理。因之社會裏的成員，變成了很多能相互更換（interchangeable）的零件；更因之社會上的分工可以繁複。法律既以私人財產權之不可侵犯作宗旨，也能同樣以數目字上加減乘除的方式，將權利與義務，分割歸併，來支持這樣的分工合作。這在推進科技的發展中，產生了一個無可比擬的優勢條件……以農業組織作國家基幹，注重凡事維持舊有的均衡；以商業組織作國家基幹，則注重加速交換（exchange）。時代愈進化，後者愈能掌握科技，而前者的弱點更為暴露，其國民對其政府之無能益抱不滿。」[2] 簡單來説，就是用道德來維持社會秩序，因為當時的技術難於用層層監管的政策，如秦代不斷征伐，並用

2 黃仁宇：〈我對「資本主義」的認識〉，《食貨》復刊，頁46—47。

強大的國家機械來管理臣民，付出極大的交易成本，這種情況一如漢武帝的新政，難以長期維持，最後必然因成本過高而人亡政息，甚至像秦朝般速亡。

卷二

非鞅第七

本篇導讀——

本篇名叫〈非鞅〉。非，即批評之意；鞅，指商鞅。商鞅是法家的代表人物之一，他主持的變法，為秦國統一六國，成就霸業奠定了基礎。本書的作者桓寬應該是站在文學、賢良的立場上面，認為商鞅變法違背了傳統儒家的仁義治國方略，因此取名〈非鞅〉。

本篇，桑弘羊首先指出：商鞅輔佐秦國時，在政治方面改革制度、嚴明刑罰，在經濟方面使山川物產國有壟斷，使得秦國富強。如今，漢朝施行的鹽鐵官營等政策也是想效法商鞅進行改革，達到對國家和百姓有利的目的。文學則拿鹽鐵官營等政策施行前後百姓由富足變困乏的現狀進行駁斥。甚至拿商鞅變法失敗卒於車裂，秦朝僅二世之後就覆亡的下場來譴責設置嚴苛刑罰、將財物收歸國有的治國策略。

大夫曰：「昔商君相秦也[1]，內立法度，嚴刑罰，飭政教[2]，奸偽無所容。外設百倍之利，收山澤之稅，國富民強，器械完飾[3]，蓄積有餘。是以征敵伐國，攘地斥境[4]，不賦百姓而師以贍。故利用不竭而民不知，地盡西河而民不苦[5]。鹽、鐵之利，所以佐百姓之急，足軍旅之費，務蓄積以備乏絕，所給甚眾，有益於國，無害於人。百姓何苦爾[6]，而文學何憂也？」

注釋

1商君：即商鞅，又稱公孫鞅或衞鞅，戰國時衞國人，輔佐秦孝公，實行變法，使秦國強大。孝公死後，商鞅被貴族陷害，五馬分屍而死。相：作丞相。2飭：休整，整頓。3器械：指農具和兵器。完飾：完備精美。4攘：奪取。斥：開拓。5西河：黃河以西。6爾：語氣詞。

譯文

御史大夫說：「過去商鞅擔任秦國丞相的時候，政治方面設置制度法規，嚴明刑罰，整頓政治教化，奸邪虛偽的人無法存活。經濟方面採取增加國庫收入的措施，徵收山川河流開發業的稅收，國家富裕人民富強，農具、兵器齊全精美，物資積蓄充足，因此可以征服敵人，討伐外國，奪取土地，開拓邊疆，不用增加百姓的賦稅就能夠供養軍隊。物資用不完所以百姓感覺不到疲憊。邊疆擴大到黃河以西而百姓不覺得勞苦。鹽鐵官營的好處就是幫助解決百姓的急需，滿足軍隊的軍費，努力地儲蓄物資防止儲備不足。鹽鐵官營的好處很多，即對國家有利，又對百姓沒有損害。百姓何必痛苦，文學何必憂慮呢？」

賞析與點評

上文談到商鞅變法，為中國歷史上鮮有成功的改革運動，而大多數變法必受到保守勢力的反對而以失敗告終。教科書中提及的改革運動，不是遭到猛烈的批判，就是受到保守勢力攻擊而擱置。王莽變法如斯，北宋王安石變法如斯，明代張居正改革也惹來很頑強的反擊，晚清數次改革運動也不見得很成功，這可能與中國的人格特質有關。反觀中國歷史上較有成績的改革運動，首推秦國商鞅變法，以及北朝西魏宇文泰的改革運動。何以他們屬異數？當然，答案殊不簡單，用人格特徵的角色，秦國人受中原文化影響不深，沒有太大的文化包袱，推行變法時遭到的阻力自然較少。及後隋、唐代之而起，楊氏、李氏正是當年西魏開國元勛「八柱國」的後人，具有少數民族特質，故施政每每能夠大膽革新，例如隋文帝革除數百年以來的地方行政制，唐太宗開設「政事堂」議政制云云都可見一斑。一八六〇年代晚清推行改革。與此同時，日本也發生了明治維新，最終日本一躍而成世界大國，而中國繼續寫出了百年衰弱史，其也與日本文化好創新，中國文化尚穩定的人格特徵不無關係。鹽鐵會議在大統一時代舉行，文化根基深厚，推行改革必遇到強大的反抗，一如當代中國，一九七〇年代末推行改革，反對力量與既得利益者必不如如今盤根錯節，實不可同日而語。

文學曰：「昔文帝之時[1]，無鹽、鐵之利而民富[2]。今有之而百姓困乏，未見利之所利也[3]，而見其害也。且利不從天來，不從地出，一取之民間[4]，謂之百倍，此計之失者也[5]。無異於愚人反裘而負薪[6]，愛其毛，不知其皮盡也。夫李梅實多者，來年為之衰。新穀熟而舊穀為之虧[7]。自天地不能兩盈[8]，而況於人事乎？故利於彼者必耗於此，猶陰陽之不並曜[9]，晝夜之有長短也。商鞅峭法長利[10]，秦人不聊生，相與哭孝公[11]。吳起長兵攻取[12]，楚人搔動[13]，相與泣悼王。其後楚日以危，秦日以弱。故利蓄而怨積，地廣而禍構[14]，惡在利用不竭而民不知[15]，地盡西河而人不苦也。今商鞅之冊任於內，吳起之兵用於外，行者勤於路[16]，居者匱於室，老母號泣，怨女歎息。文學雖欲無憂，其可得也[17]？」

注釋　1文帝：漢文帝劉恆。之：代詞，代指鹽鐵官營等政策。2利：利益，好處。3所利：

對……有好處。4一：一一，全部。5計：計算方法。6反裘：把皮草有毛的那一面翻到裏面去，外面露出有皮的一面。7虧：損耗。8兩盈：兩全其美。9陰陽：指月亮和太陽。曜：照耀。10峭：嚴厲。長：增長。11孝公：秦孝公，姓嬴，名渠梁，戰國時秦國國君，為秦統一中國奠定了基礎。12吳起：戰國初期著名的政治改革家、軍事家，曾在魯、魏、楚三國做官，在內政、軍事上有很高成就，與孫武並稱為「孫吳」。在楚國為官的時候，施行變法，楚悼王死後，被貴族亂箭射死。13搔動：通「騷動」。動蕩，不安寧。14構：形成。15惡（粵：烏；普：wū）：疑問詞，哪，何。16行者：在外服兵役的人。17其：通「豈」，難道。

譯文

文學說：「從前，漢文帝時期，沒有實行鹽鐵官營等一系列政策，百姓富裕。如今實行這些政策後百姓貧困不足，沒有看到鹽鐵官營的好處到底好在哪裏，只看到它的害處了。況且利潤不會天然生成，全部都來自於百姓，還說它有百倍的好處，這種算法是錯誤的。就像愚昧無知的人擔柴時反穿皮草，把內裏露在外面，以為這樣可以保護皮草的毛不受損害，卻不知道很快就把皮都磨壞了。李子、梅子果實一年豐收，第二年就會減產。新稻穀熟舊稻穀也要吃完了。天地間都沒有兩全其美的事情，何況人世間呢？因此，對一方面有利，必定會對另一方面有損害，就像太陽、月亮不能同時照耀大地，白天和黑夜有長短的區分。商鞅制定嚴厲的法律來增加利潤。秦王朝的人民不能夠維持生活，一起相伴到秦孝公那裏痛哭。吳起興兵攻打，楚國人心不安，一起跑到楚悼王那裏悲泣。之後，楚國漸漸地危急，秦王朝逐漸地衰弱。所以既積攢了利潤也積攢了百姓的怨恨，擴大了領土也形成了禍患。哪裏能説物資用不完並且百姓感覺不到疲憊，邊疆擴大到黃河以西而百姓不覺得勞苦呢？如今對內採取商鞅那樣的計謀策略，任用吳起那樣的人抵禦外來侵犯，服兵役的人往來奔波，居家的百姓衣食匱乏，老年人哀嚎哭泣，戍守邊關士兵的妻子哀歎。我等文學不想擔憂，難道可能麼？」

賞析與點評

西漢初年，政府保持了克制，奉行類近自由主義的經濟政策，休養生息，也沒有一元的意識形態左右知識分子的思想，《史記・呂太后本紀》云：「太史公曰：孝惠皇帝、高后之時，黎民得離戰國之苦，君民俱欲休息乎無為。故惠帝垂拱，高后女主稱制，政不出房戶，天下晏然，刑罰罕用，罪人是希。民務稼穡，衣食滋殖。」司馬遷認為因漢初政府奉行無為而治，寬減了秦代的嚴刑峻法，故對漢初政府的評價甚高，他認為此一政策增加了商人投資的意慾，使到虞農工商百業並興，人民生活水平上升，人民富足、社會繁榮安定，其描寫出來的景象，實在是人類生活最幸福的模式，政府連刑罰也不常用，就是代表人民懂得自律，懂得自律的原因是當時社會經濟已相當富足，比起秦代人民懼法，過着惶惶不可終日的生活，漢初是歷史上少見的盛世。上文具強烈的反戰思想和人文精神，值得主張富國強兵的野心家引以為鑑。

大夫曰：「秦任商君，國以富強，其後卒并六國而成帝業[1]。及二世之時，邪臣擅斷[2]，公道不行[3]，諸侯叛弛，宗廟隳亡[4]。《春秋》曰：『末言爾，祭仲亡也[5]。』夫善歌者使人續其聲，善作者使人紹其功。椎車之蟬攫[6]，相土之教也[7]。周道之成，周公之力也[8]。雖有裨諶之草創[9]，無子產之潤色[10]，有文、武之規矩[11]，而無周、呂之鑿枘[12]，則功業不成。今以趙高之亡秦而非商鞅，猶以崇虎亂殷而非伊尹也。」

注釋

1六國：指戰國時的齊、楚、燕、韓、趙、魏六個國家。2邪臣：指趙高。擅斷：獨斷，專權。3公道：正道，指仁義之道。4隳（粵：揮；普：huī）：毀壞。5祭（粵：債；普：zhài）仲：又名祭足，字仲，又稱祭仲，春秋時代鄭國大夫、政治家、謀略家。他在鄭國擔任大夫六十四年，輔助過六位君王。6椎車：原始的車子，用一整塊圓木做車輪。**蟬攫**（粵：霍；普：jué）：車輪的外圈。7 **相土**：契之孫，殷人先公之一。相傳相土用槽餵、圈養之法飼養馬匹，將馬馴服，再加訓練，於是馬能拉車馱物，成為重要工具之一。8 **周公**：姬旦。周文王之子，周武王之弟，輔佐幼年周成王，鞏固周朝政權。9 **裨諶**（粵：皮岑；普：pí chén）：春秋時期鄭國的大夫。10 **子產**：春秋時鄭國大夫，姓公孫，名僑。11 **規矩**：此處應指治國方針。12 **周、呂**：指周公和呂望。**鑿枘**（粵：dzɔk8 銳；普：zuò ruì）：榫眼和榫頭。此處應指相互配合實施。

譯文

御史大夫說：「秦國任用商鞅，國家日益變得富裕強大，最後終於吞併六國而成就帝王之業，等到秦二世胡亥的時候，奸臣趙高獨斷專權，不施行仁義之道，諸侯國叛亂，使得秦王朝滅亡。《春秋》上說：『不說這個了，因為祭仲已經去世了。』擅長歌唱的人會讓人接着他的歌聲一起唱，善於製作的人會讓別人繼承他的事業。原始的椎車變成有輻條的車子，是相土逐漸改良的結果。周王朝的建立，是周公出力的結果。雖然有裨諶為鄭國起草政令，沒有子產來修飾潤色；有周文王、周武王的治國方針，沒有周公、呂望相緊密配合實施這些方針，周朝的功業就沒有辦法建立。如今用趙高篡權使秦王朝滅亡來指責商鞅，如同以崇侯虎亂政來指責伊尹一樣。」

賞析與點評

大夫把國家的興亡歸咎於人事因素，這種思維是相當表面的。物先腐而後蟲生，必然是制度決定國家的興亡。客觀因素是主，主觀因素是輔。

文學曰：「善鑿者建周而不拔[1]，善基者致高而不蹶[2]。伊尹以堯、舜之道為殷國基，子孫紹位，百代不絕。商鞅以重刑峭法為秦國基，故二世而奪。刑既嚴峻矣，又作為相坐之法[3]，造誹謗[4]，增肉刑[5]，百姓齋栗[6]，不知所措手足也。賦斂既煩數矣[7]，又外禁山澤之原，內設百倍之利，民無所開說容言。崇利而簡義，高力而尚功，非不廣壤進地也，然猶人之病水，益水而疾深，知其為秦開帝業，不知其為秦致亡道也。狐刺之鑿[8]，雖公輸子不能善其枘。畚土之基[9]，雖良匠不能成其高。譬若秋蓬被霜，遭風則零落，雖有十子產，如之何？故扁鵲不能肉白骨，微、箕不能存亡國也[10]。」

注釋

1周：牢固。2基：打地基。蹶：倒塌。3相坐之法：即連坐制。內容是：禁止父子兄弟同室而居，有兩個男勞動力以上的家庭必須分居，獨立編戶，同時按照軍事組織把全國的吏民編制起來，五家為「伍」，十家為「什」，不准擅自遷居，相互監督，相互檢舉，若不揭發，十家連坐。4造誹謗：制定處罰誹謗罪的法令。5肉刑：指摧殘罪犯肉體的刑罰。6栗：戰慄，因恐懼而發抖。7煩數：繁多。8狐剌（粵：辣；普：lá）：寬窄不一，不合規矩。9畚（粵：奔；普：běn）土：一畚土，形容數量極少。畚，用木、竹、鐵片做成的撮垃圾、糧食的器具。10微：微子。周代宋國的始祖。名啟，殷紂王的庶兄，封於微（今山東梁山西北）。因見紂王淫亂將往，屢次進諫規勸失敗後，微子離開殷王朝。箕：紂王的叔父，官太師，封於箕（今山西太谷、榆社一帶）名胥余，和微子一樣屢次勸諫商紂王，未被採納。

譯文

文學說：「善於鑿孔的人使榫頭插得牢固不動搖，善於夯地基的人壘砌的牆高而不會倒塌。伊尹用堯、舜的仁義之道為殷朝奠定了基礎，殷朝子子孫孫繼承王位，延續數百代。商鞅用嚴酷的刑罰和法令來奠定秦王朝的根基，因此秦朝天下只延續了兩代，政權就被奪走了。刑罰制度已經很嚴厲了，還要實行一人犯罪，十家連坐的法令，訂立懲罰誹謗罪的法令、增加肉烙的酷刑，百姓們嚇得發抖，不知怎麼辦。朝廷賦稅種類多且頻繁徵收，又禁止私自開發山海資源，將能獲得百倍的利潤的行業收歸國營，百姓沒有地方哭訴。崇尚財利輕視禮義，提倡武力獎勵軍功。這樣一來國土疆域並非沒有擴寬，然而就像人患了水腫病，水喝得愈多病就愈重。人們只知道商鞅為秦始皇開創了帝業，卻不知道這才是招致秦王朝滅亡的原因。卯眼兒鑿的寬窄不一，不符合規範，就算是魯班都不能安上規範的榫頭；一簸箕土的基礎，再好的匠人都不能將它築成高牆。就像秋天遭霜打的蓬草，風一吹就凋零。即便有十個像子產那樣的人，又能怎麼樣呢？因此扁鵲不能夠讓枯骨上面長肉，微子、箕子這樣的賢能也不能挽救商朝的滅亡。」

賞析與點評

此段反映中國傳統的崇古傾向，即是社會學家金耀基說的「民族的崇古心理」。批評時政，每每借用古代先王的模範為利器。

大夫曰：「言之非難，行之為難。故賢者處實而效功[1]，亦非徒陳空文而已。昔商君明於開塞之術[2]，假當世之權[3]，為秦致利成業，是以戰勝攻取，并近滅遠，乘燕、趙，陵齊、楚，諸侯斂衽[4]，西面而向風。其後，蒙恬征胡，斥地千里，

逾之河北，若壞朽折腐。何者？商君之遺謀，備飭素修也。故舉而有利，動而有功。夫畜積籌策，國家之所以強也。故弛廢而歸之民，未睹巨計而涉大道也。」

注釋

1處實：腳踏實地。2開塞之術：指通過國家的相應政策開通對國家有利的事、堵塞不利之事。4假：借，憑藉。4斂衽（粵：飪；普：rèn）：整飭衣襟，表示恭敬。

譯文

御史大夫說：「說起來容易做起來難。所以，賢良的人都是腳踏實地建功立業，並不是只會說空話。以前，商鞅對於國家政治和經濟政策懂得該如何放開和控制，憑藉當時秦孝公給他的權利，為秦始皇增長財利成就功業，因此征戰討伐就能勝利地吞併近處的國家，消滅遠處的國家，燕、趙，齊、楚都恭敬地臣服於西面的秦國。之後，蒙恬征討匈奴，開闢了千里的疆域，把匈奴趕到黃河以北，就像摧毀腐朽的木頭一樣，這是為什麼呢？這是因為商鞅留下來的治國謀略得到很好的整治並一直被遵守的原因。因此一有舉動就會獲利，一發兵就能夠打勝仗。物資儲備，運籌策劃是一個國家強大的原因。所以廢除既定的鹽、鐵官營等制度而交給百姓私自經營，你們是沒有看到國家大計、沒有參與過治國大道的一種表現。」

賞析與點評

大夫批評文學空談誤國，不懂為政者的考量。在分工的社會，知識分子負責監督政府，官員則處理政務，二者各擅勝場，身為學者，不用事事為政府着想，而應維持獨立的思考。理想主義反而更有效地把極端現實主義拉到均衡點之上，不致失中和之道。

文學曰：「商鞅之開塞，非不行也。蒙恬卻胡千里，非無功也。威震天下，非不強也。諸侯隨風西面，非不從也。然而皆秦之所以亡也。商鞅以權數危秦國，蒙恬以得千里亡秦社稷[1]：此二子者，知利而不知害，知進而不知退，故果身死而眾敗。此所謂戀朐之智[2]，而愚人之計也，夫何大道之有。故曰：『小人先合而後忤[3]，初雖乘馬，卒必泣血[4]。』此之謂也。」

注釋

1 社稷：本意是古代帝王、諸侯所祭祀的土地神和穀神。後來引申為國家之意。2 戀朐：貪戀肉食，引申為目光短淺之意。3 合：迎合。4 初雖乘馬，卒必泣血：語出《易》：「上六，乘馬班如，泣血漣如」。

譯文

文學說：「商鞅開塞之術，並非沒有得到實行。蒙恬將北方匈奴驅趕到千里之外，並非沒有功勞。秦王朝威震六國，並非不強大。六國都歸附西面的秦國，並非不順從。但是這也正是秦王朝滅亡的原因。商鞅玩弄權謀使得秦王朝瀕危，蒙恬得到了千里土地使得秦王朝滅亡。這兩個人，知道功利卻不知道禍害，知道前進不知道後退，最後以自己死去、眾人失敗而告終。這就是所謂的淺薄人的智慧和愚鈍人的計謀，哪裏是什麼大道？所以說：『小人開始是迎合的，後來結果卻不合人意。開始是得勢得意的，最終必定結局悲涼。』說的就是他們兩個。」

大夫曰：「淑好之人[1]，戚施之所妒也[2]。賢知之士，闒茸之所惡也[3]。是以上官大夫短屈原於頃襄[4]，公伯寮愬子路於季孫[5]。夫商君起布衣，自魏入秦，期年而相之[6]，革法明教，而秦人大治。故兵動而地割，兵休而國富。孝公大說[7]，封之於、商之地方五百里，功如丘山，名傳後世。世人不能為，是以相與嫉其能而疵其功也[8]。」

注釋　1淑：善、美。2戚施：蟾蜍。又因蟾蜍沒有脖子，不能仰視，所以用來指貌醜駝背的人。3闒（粵：榻；普：tà）茸：指地位卑微或品格卑鄙的人。4上官大夫：指戰國時楚國大夫。頃襄：楚頃襄王，昏庸無能。5公伯寮：字子周，春秋末年魯國人，與子路同是季氏家臣。愬（粵：訴；普：sù）：通「訴」，講壞話。子路：孔子學生。6期年：一整年。7說：通「悅」，高興之意。8疵：誹謗，非議。

譯文

御史大夫說：「善良美好的人，常常受到醜陋駝背的人嫉妒；賢良智慧的人，總會受到卑賤能力低的人厭惡。因此，上官大夫靳尚在頃襄王那裏誹謗屈原，公伯寮向季孫氏說子路壞話。商鞅出身平民，從魏國來到秦國，一年後就被任命為宰相，變革法令，嚴明政教，就把秦國治理得很好。因此出兵打仗能夠擴大領土，罷兵修整就能讓國家富強。秦孝公大喜，把於、商一帶方圓五百里的土地封給商鞅。商鞅的功勞就像丘山一樣巨大，他的美名也流傳後世。後代的人做不到商鞅那樣的功績，所以一起嫉妒他的才能，詆毀他的功勞。」

文學曰：「君子進必以道[1]，退不失義[2]，高而勿矜，勞而不伐[3]，位尊而行恭，功大而理順[4]。故俗不疾其能[5]，而世不妒其業。今商鞅棄道而用權，廢德而任力，峭法盛刑，以虐戾為俗，欺舊交以為功[6]，刑公族以立威，無恩於百姓，

無信於諸侯，人與之為怨，家與之為讎，雖以獲功見封，猶食毒肉愉飽而罹其咎也。蘇秦合縱連橫[7]，統理六國，業非不大也。桀、紂與堯、舜並稱，至今不亡，名非不長也。然非者不足貴[8]。故事不苟多，名不苟傳也。」

注釋

1進：做官。2退：辭官。3伐：自誇。4理順：通情達理。5疾：忌恨。6欺舊交以為功：商鞅為了成就自己的功業，將自己的朋友公子卬（魏國將領）騙來會盟時將他俘虜。7蘇秦：戰國時人，開始時以連橫政策游說秦王，不被採納，後以合縱政策游說六國，掛六國相印。8非者：壞名聲。

譯文

文學說：「君子做官要憑藉正道，辭官後也不能夠違背禮義，位高也不自大，有功勞也不自誇，地位尊貴卻行動恭敬，功勞大卻通情達理。所以世俗的人不會忌恨他的成就，不會妒忌他的功業。商鞅放棄了正道卻用權謀，廢棄仁德而使用暴力，嚴厲法令並實行殘酷的刑罰，習慣了暴力，為了建立功績，不惜欺騙老朋友，對貴族施加刑法來樹立自己的威望，對百姓沒有恩德，對諸侯不講信用。人人都怨恨他，家家都視他為仇人，雖然他因為功勞大被封地，但如同吃了有毒的肉，只能得到片刻的享受，最終還是會被毒死一樣。蘇秦憑藉合縱政策，聯合六國抵抗秦國，功業不能說不大。夏桀、商紂王和堯、舜名聲同樣流傳至今，但以惡名流傳的人沒有什麼值得誇耀的。所以事業不在於苟且做了多少，名聲並不在於苟且地流傳得很久。」

賞析與點評

本章表面上是討論商鞅的功過，實質上是意識形態之爭，通過建立歷史觀來決定當代國家政策的未來。近現代史上發生多次類似的事件，如一九七八年五月十一日，《光明日報》刊登題為《實踐是檢驗真理的唯一標準》，藉闡述馬克思主義與毛澤東思想，意圖製造執政的合法性，文章一開始便說：「檢驗真理的標準是什麼？這是早被無產階級的革命導師解決了的問題。但是這些年來，由於「四人幫」的破壞和他們控制下的輿論工具大量的歪曲宣傳，把這個問題搞得混亂不堪。為了深入批判「四人幫」，肅清其流毒和影響，在這個問題上撥亂反正，十分必要。」此得到中共領導人胡耀邦的大力支持，為中國共產黨的十一屆三中全會的召開準備了思想條件。正式開展改革開放的新時代。鹽鐵會議就是以討論商鞅來為武帝新政應否維持來辯論攻錯，雙方爭奪話語權。

大夫曰：「縞素不能自分於緇墨[1]，賢聖不能自理於亂世。是以箕子執囚，比干被刑[2]。伍員相闔閭以霸[3]，夫差不道[4]，流而殺之。樂毅信功於燕昭[5]，而見疑於惠王。人臣盡節以徇名[6]，遭世主之不用。大夫種輔翼越王[7]，為之深謀，卒擒強吳，據有東夷，終賜屬鏤而死[8]。驕主背恩德，聽流說，不計其功故也，豈身之罪哉？」

注釋

1縞（粵：稿；普：gǎo）素：縞與素都是白色的生絹。緇（粵：之；普：zī）墨：黑色燃料。2比干：商紂王的叔父，相傳因屢次進諫紂王，被剖心。3伍員：春秋末期吳國大夫，名員，字子胥，因受費無忌讒害，成了吳王闔閭的重臣，後來被吳王夫差殺害。闔閭（粵：盒驢；普：hé lǘ）：春秋末期吳國國君。4夫差：吳王夫差，闔閭之子，因聽信奸臣，被勾踐殺死。5樂毅：子姓，樂氏，名毅，字永霸。戰國後期傑出的軍事家，是燕國的大將，受封昌國君，輔佐燕昭王振興燕國。6徇名：為名而死。徇通「殉」。7大夫種：春秋時越國大夫文種。輔佐越王勾踐滅掉吳國，後因勾踐聽信讒言，被夫差刺劍自刎而死。8屬鏤：寶劍名。

譯文

御史大夫說：「白色的生絹染上了黑色的墨就不可避免地被染黑，賢良的聖人也不能在亂世中保全自己。因此箕子被囚禁，比干被剖心。伍子胥輔佐闔閭成就霸業，然而吳王夫差不仁道，將他殺害並把屍體裝到皮口袋扔進江中。樂毅曾被燕昭王信任，為燕國建立功業，卻被燕惠王懷疑。做臣子甘願以死來保全自己的名節，卻得不到當時君王的任用。大夫種輔佐越王，為他出謀劃策，最終拿下強大的吳國，佔據了東邊的少數民族地區，最後得到被勾踐賜寶劍『屬鏤』自刎的下場。這都是驕橫的君主背棄恩情仁德，聽信讒言，不考慮人臣的功勞的緣故，難道是人臣自身的過錯麼？」

文學曰：「比干剖心，子胥鴟夷[1]，非輕犯君以危身，強諫以干名也[2]。憯怛之忠誠[3]，心動於內，忘禍患之發於外，志在匡君救民，故身死而不怨。君子能行是不能禦非，雖在刑戮之中，非其罪也。是以比干死而殷人怨，子胥死而吳人恨。今秦怨毒商鞅之法，甚於私仇，故孝公卒之日，舉國而攻之，東西南北莫可奔走，仰天而歎曰：『嗟乎，為政之弊，至於斯極也！』卒車裂族夷，為天下笑。斯人自殺，非人殺之也。」

注釋

1 鴟（粵：痴；普：chī）夷：革囊。伍子胥死後，吳王夫差派人將他的屍體裝到皮袋子裏面，扔到江中。2 干：追求。3 憯怛（粵：慘笪；普：cǎn dá）：憂傷，悲痛，傷痛。

譯文

文學說：「比干被商紂王挖去心臟，伍子胥屍體被裝進皮囊投江，並不是輕易冒犯君主給自己帶來危害，也不是極力勸諫來追求好名聲。發自內心的忠誠和悲痛讓他們忘記了外面的禍患。他們的志向在輔佐君主、拯救百姓，因此即便為此犧牲也不會怨恨。君子能夠做正確的事情卻不能抵抗別人的非議，雖然遭到刑罰和殺戮，也不是他們自身的過錯。因此比干死去後，殷朝百姓埋怨紂王，伍子胥死了，吳國人怨恨夫差。當時秦國人怨恨商鞅變法超過了私人恩怨，所以秦孝公一死，全國百姓都群起而攻之，使他四面八方無路可逃，只有仰天歎息說：『唉！實行變法的弊病產生的禍害竟然到了這個地步！』商鞅最終被車裂，家族成員被殺害，被天下人恥笑。商鞅的死屬於自尋死路，並不是別人要殺他。」

鼂錯第八

本篇導讀——

鼂錯在漢景帝時任御史大夫，曾是漢景帝的得力助手，他主張加強中央集權，削減地方諸侯勢力，並主張擴充邊防、抗擊匈奴。因為他觸犯了很多諸侯的利益，因此吳王劉濞等七國諸侯認為應該誅殺鼂錯，並以此為借口發動叛亂。受形勢所迫，漢景帝下令將鼂錯腰斬。

鼂錯和商鞅經歷甚為相似，二人都曾住持過變法，並最終因變法觸犯權貴勢力導致身首異處。因此桑弘羊認為，鼂錯之死源於諸侯王的叛亂，至於鼂錯本身是沒有過錯的，借此指出商鞅之死並非變法本身有錯。同時借文學之士幫助淮南王、衡山王謀反一事諷刺參會的文學和賢良不講仁義。而文學則認為臣子應該為自己的君主效命，鼂錯死得其所。同時，文學表明真正的君子絕對不會犯上作亂，由此表明自己的心跡。

大夫曰：「《春秋》之法，君親無將，將而必誅[1]。故臣罪莫重於弒君，子罪莫重於弒父。日者，淮南、衡山修文學[2]，招四方遊士，山東儒、墨咸聚於江、淮之間，講議集論，著書數十篇。然卒於背義不臣，使謀叛逆，誅及宗族。鼂錯變法易常，不用制度，迫蹙宗室[3]，侵削諸侯，蕃臣不附，骨肉不親，吳、楚積怨，斬錯東市[4]，以慰三軍之士而謝諸侯[5]。斯亦誰殺之乎？」

注釋

1「君親無將」二句：語出《春秋公羊傳．昭公元年》，意為：在殺害君王和父母這個問題上，將要殺害和已經殺害沒有區別，只要動了這個念頭，就應該被誅殺。2淮南：指漢代淮南王劉安，漢武帝時因陰謀叛亂被殺。衡山：漢代衡山王劉賜，漢武帝時因陰謀叛亂被殺。文學：經術學問。3蹙：縮小。4斬：腰斬。東市：城東邊的菜市場。5謝：謝罪。

譯文

御史大夫說：「《春秋》規定：對於皇帝和父母親，不能夠起殺害之心，只要起了這樣的心就應該被殺死。因此臣子犯的罪沒有重過弒君的，子女犯罪沒有重過殺父母的。以前，淮南王、衡山王喜歡研究經術學問，招徠各地的遊學之士，山東的儒生、墨生都在長江、淮河一帶聚集，講學議論，纂集編寫，著《淮南子》一書共幾十篇。然而他們最終背信棄義，不再臣服，謀反叛逆，連累了宗親家族。

晁錯變革法令，改革常規，廢棄舊制度，威脅到宗親皇室勢力，削減諸侯封地，諸侯離心，封地大臣不依附，以吳、楚為首的七國諸侯怨恨累積，要求『清君側』，迫使漢景帝下令在城東的菜市場腰斬晁錯，以安慰三軍的將士，向七國諸侯謝罪。這又是誰殺害了晁錯呢？」

賞析與點評

大夫藉吳楚七國之亂來說明中央集權的好處，並指地方勢力過大導致主張維護中央威權的晁錯被殺。故此，他們認為威權政府的形成具有其合理性。

文學曰：「孔子不飲盜泉之流[1]，曾子不入勝母之閭[2]。名且惡之，而況為不臣不子乎。是以孔子沐浴而朝，告之哀公。陳文子有馬十乘[3]，棄而違之。《傳》曰：『君子可貴可賤，可刑可殺，而不可使為亂。』若夫外飾其貌而內無其實，口誦其文而行不由其道[4]，是盜，固與盜而不容於君子之域。《春秋》不以寡犯眾，誅絕之義有所止，不兼怨惡也。故舜之誅，誅鯀[5]。其舉，舉禹。夫以璵璠之玭

而棄其璞，以一人之罪而兼其眾，則天下無美寶信士也。鼂生言諸侯之地大，富則驕奢，急即合從。故因吳之過而削之會稽，因楚之罪而奪之東海，所以均輕重，分其權，而為萬世慮也。弦高誕於秦而信於鄭[6]，鼂生忠於漢而讎於諸侯。人臣各死其主，為其國用，此解揚之所以厚於晉而薄於荊也[7]。」

注釋

1盜泉：水名。據說孔子覺得盜泉名字不好就不喝那裏的水。2勝母：村民。因勝母意思為勝過母親，因此曾子不願意進村。3陳文子：齊國大夫，名虛無。十乘：四十匹馬。古時每乘車要四匹馬來拉。4誦：談話。5鯀：傳說是夏禹的父親，因治水不力被舜殺死。6誕：說謊話。7解揚：戰國時晉國人，字子虎，人稱霍虎。他武功高強、能言善辯。楚國攻打宋國時，宋國向晉國求救。晉國派解揚去宋國傳達晉國已經出兵，要宋人堅守陣地的命令。可是，解揚在途中被楚人抓獲，楚王威迫解揚誆騙宋人說晉國不會搬救兵。解揚佯裝同意但當他登上車就大聲說自己假意逢迎楚王，晉國救兵馬上就到。楚王大怒，認為解揚不守信用，要斬解揚。解揚認為自己只要對自己的國家和君主守信即可，最後楚王深感解揚大義，赦免了他，放他回國。

譯文

文學說：「孔子不喝盜泉流出的水，曾子不進勝母村。名字不好尚且討厭，何況是不臣不子這樣的人呢？因此，孔子沐浴齋戒過後才上朝，勸諫魯哀公討伐殺害齊簡公的陳成子。崔杼殺了齊莊公，陳文子拋棄了四十匹馬拉車的家財，離開齊國。《禮記》上說：『君子可以使他富貴也可以使他貧賤，可以讓他受刑也可以殺他，但是不可以讓他犯上作亂。』那些外表修飾得華美內心卻沒有什麼實在的才能美德，嘴上說一套仁義道德，實際卻不這麼做的人如同強盜，所以和強盜一樣不能列為君子。《春秋》規定：不允許以少數人去冒犯多數人，誅殺無義的人應該適可而止，不能夾雜怨恨。因此舜殺了鯀，卻推舉鯀的兒子大禹。認為美玉有瑕疵就拋棄了含玉的石頭，因為一人有罪就牽連眾人，那麼天下就不會有寶玉和忠臣了。晁錯認為諸侯的封地過大，富裕就會驕縱奢侈，形勢緊急的時候就想着聯合起來謀反。因此吳王犯錯被削去了會稽的封地，楚王有了罪過就會被剝奪東海的領土。這樣一來朝廷和地方在權利大小分配上均衡得當，削弱了諸侯王的權利，這些是為皇上子孫萬代考慮的。商人弦高欺騙秦國卻對鄭國忠實，晁錯忠於漢室卻被諸侯視為仇敵。臣子為各自的君主效命，各自為不同的國家賣力，這就是為什麼解揚厚待晉國而薄待楚國的原因。」

賞析與點評

文學迴避了大夫提問的重點，即中央集權的合理性，一旦認為合理，就需要強化經濟干預來維持中央的權威。然而，文學只讚揚晁錯的忠義，此與齊宣王「顧左右而言他」，漢景帝「食肉不食馬肝」的故事大同小異。

刺權第九

本篇導讀——

在本篇中，文學抨擊當權者拋棄了古時聖賢及聖王以天下為己任、不顧一己之私、全心為百姓謀福利的仁義之心。自從將鹽鐵等產業收歸國營後，便利用手中權勢牟取私利，讓家人過着奢靡的生活，敗壞了百姓淳樸的風氣。桑弘羊則認為：將鹽鐵等產業收歸國有正是為了加強中央集權，防止私人佔有大量資源從而給國家和百姓帶來災難。同時，桑弘羊還為當權者辯解，他認為：「官尊者祿厚，本美者枝茂」，這是自古不變的道理，普通百姓想如同公卿、丞相的子孫後代那樣富貴是不可能的。

大夫曰：「今夫越之具區[1]，楚之雲夢[2]，宋之鉅野[3]，齊之孟諸[4]，有國之富而霸王之資也。人君統而守之則強，不禁則亡。齊以其腸胃予人，家強而不制[5]，枝大而折幹，以專巨海之富而擅魚鹽之利也。勢足以使眾，恩足以恤下，是以齊國內倍而外附[6]。權移於臣，政墜於家，公室卑而田宗強[7]，轉轂遊海者蓋三千乘[8]，失之於本而末不可救。今山川海澤之原，非獨雲夢、孟諸也。鼓鑄煮鹽，其勢必深居幽谷，而人民所罕至。奸猾交通山海之際，恐生大奸。乘利驕溢[9]，散樸滋偽，則人之貴本者寡。大農鹽鐵丞咸陽、孔僅等上請[10]：『願募民自給費，因縣官器[11]，煮鹽予用，以杜浮偽之路。』由此觀之：令意所禁微[12]，有司之慮亦遠矣。」

注釋

1 具區（粵：歐；普：ōu）：具區湖，即太湖。2 雲夢：雲夢澤，古代大澤的名稱，在今湖北潛江縣一帶。3 鉅野：古代大澤名稱，又稱大野，已經乾涸，故址約在今天山東省鉅野縣北。4 孟諸：古大澤名，在今河南商丘東北、虞城西北。5 家：大夫的封地。6 內倍：背叛君主。內，君主。倍通「背」，背叛。7 田宗：齊國的田氏家族。戰國初年齊國田氏取代姜姓成為齊侯。公元前三七九年齊康公去世，姜姓絕祀，姜姓齊國完全被田氏齊國所取代。8 轂：車輪。9 乘：憑藉。10 大農：大司農，漢代官職，為國家財政長官，與管理皇帝私財的少府並列。屬下的官有太倉、均輸、平準、都內、籍田五令、丞、斡官、鐵市兩長、丞，即郡國諸倉農監、都水共六十五長、丞。咸陽、孔僅：咸陽即東郭咸陽，本是大鹽商；孔僅本是大鐵商，漢武帝時，二人被推舉為鹽、鐵丞。11器：煮鹽的工具。12微：精深。

譯文

大夫說：「如今，越地的具區湖，楚地的雲夢湖，宋地的鉅野湖，齊地的孟諸湖，是國家的富強和稱霸的資本。君主統一掌握就能夠實現國家富強，否則就會滅亡。過去，齊國就像把腸胃給了別人一樣，隨便讓私人開發資源，諸侯強大了就無法控制，如同樹枝過大就折損了樹幹，諸侯大夫控制了湖海資源獨斷了魚鹽的利潤，勢力強大到足夠奴役驅使民眾，恩惠足以撫恤百姓，因此齊國百姓背叛君王而依附權臣。大權旁落在人臣手中，政道墮落在宗室中，君主權力衰弱而田氏家族勢力強大，運輸魚鹽的車輛都達到三千多輛，國家既丟失了農業，又沒有辦法挽救工商業。現在山川湖海的資源豐富，並非僅有雲夢湖、夢諸湖而已。煉鐵、煮鹽的地方都在深山之中，普通的百姓很少去那裏。作奸犯科的人往來於山川湖海之間，恐怕會產生大禍害。憑藉財力、過度驕橫使社會失去了樸實的風氣，滋長了虛偽的習氣，那麼重視農業的人就會減少。大司農下面管理鹽、鐵丞咸陽、孔僅等人向朝廷上書說：『希望招募百姓，自己帶足費用，因循各地提供的生產工具煮鹽，並由國家統一收購，用於杜絕虛浮利潤的產生。』從這件事情可以看出：法令的本意極之精深，相關人員是謀慮深遠的。」

賞析與點評

《史記．平準書》：「於是以東郭咸陽、孔僅為大農丞，領鹽鐵事；桑弘羊以計算用事，侍中。咸陽，齊之大煮鹽，孔僅，南陽大冶，皆致生累千金，故鄭當時進言之。弘羊，雒陽賈人子，以心計，年十三侍中。故三人言利事析秋豪矣。」元狩五年（前一一八），打破了商人子弟不得為官的傳統，馬上任命鹽鐵巨賈東郭咸陽、孔僅為大農丞，領鹽鐵事務，儼如招安政策，負責鹽鐵的官員多數是商賈出身[1]，把最大的反對勢力納入建制之內，實行以商制商，由他們推行專賣政策，一改漢初以來，民間自由買賣的做法，人民必須使用官方提供的製鹽工具，由政府收購、運輸、出賣，並且嚴刑懲罰私鑄鐵器煮鹽的人。鐵的官營則全由政府壟斷，由採礦、冶煉、製作、銷售都是由官員一手包辦，中央由大司農直接統領，地方則設置鹽官、鐵官，再於無礦山的縣內設小鐵官，由上而下管理全國鹽鐵事務。鹽鐵是生活的必需品，需求彈性極低，官營以後，供應減少勢必使價格上升，即等於增加了間接稅收，大大加重人民的負擔。

1《史記．平準書》：「吏道益雜，不選，而多賈人矣。」（頁1429）

文學曰：「有司之慮遠，而權家之利近[1]。令意所禁微，而僭奢之道著[2]。自利官之設[3]，三業之起，貴人之家，雲行於塗[4]，轂擊於道[5]，攘公法[6]，申私利[7]，跨山澤，擅官市[8]，非特巨海魚鹽也[9]。執國家之柄，以行海內，非特田常之勢[10]、陪臣之權也[11]。威重於六卿，富累於陶、衛，輿服僭於王公，宮室溢於制度，並兼列宅，隔絕閭巷，閣道錯連，足以遊觀，鑿池曲道，足以騁騖[12]，臨淵釣魚，放犬走兔，隆豺鼎力[13]，蹋鞠鬥雞，中山素女撫流徵於堂上[14]，鳴鼓巴俞作於堂下[15]，婦女被羅紈[16]，婢妾曳絺紵[17]，子孫連車列騎，田獵出入，畢弋捷健[18]。是以耕者釋耒而不勤[19]，百姓冰釋而懈怠。何者。己為之而彼取之，僭侈相效，上升而不息，此百姓所以滋偽而罕歸本也。」

注釋

1權家：掌握鹽、鐵大權的官員。2僭：超過。指享受超過自己身份地位享受不該享受的規格。3利官：指鹽鐵官、均輸官、酒榷官。4雲行：比喻人馬眾多。5擊：碰撞。6攘：擾亂。7申：擴張。8官市：官營市場。9特：只，僅僅。10田常：即田成子。曾為齊相，後立為齊平公。11陪臣：諸侯之臣。12騁騖：騎馬奔馳。13隆：當做「降」，降服。14素女：傳說中為黃帝彈瑟的女子，此處應指精通樂器的女子。徵：五音之一，即宮、商、角、徵、羽中的徵音。15巴俞：古樂舞名。16婦女：妻子和女兒。

17絺紵：麻織物；細葛布。18畢：古代用以捕捉鳥、兔的長柄小網，此處引申為用網捕捉。弋：用帶繩子的箭射鳥。19釋耒（粵：淚；普：lěi）：放下農具。

譯文

文學說：「相關人員謀慮深遠，但是有權有勢的人家很容易獲得私利。法令的意義是杜絕牟利，過分奢侈的行為卻更加明顯了。自從設置了利官，鹽鐵業、酒榷業、均輸業興起之後，富貴的人家像雲朵一樣擁擠在道路上，許多車輛擁擠碰撞，擾亂公法，謀求私利。跨越地區，獨斷國家市場，不僅僅是壟斷大海裏的魚、鹽之利了。執掌國家的大權，在國內橫行，其權勢高於當年的田成子和諸侯，他們的威風超過了六卿這樣的大官，累積的財富多於陶朱公、子貢，衣服、車輛規格超過了王宮貴族，房屋建築逾越了朝廷制度規定。房屋連接成一片，把街巷都隔絕了。亭台樓閣、道路交錯相連，足以用來遊覽觀光，人工開鑿的水池、彎曲的道路足夠騎馬馳騁、水邊垂釣、放狗捉兔、鬥獸舉鼎、踢球鬥雞了。廳堂上，中山美女彈奏樂器，廳堂下，和着鼓聲跳巴渝歌舞，妻子和兒女穿着絲質的衣服，婢女披着葛衣，子孫乘車一起進進出出，矯健地用網和箭獵取山林飛禽走獸。因此農民放棄了農耕工具不願意勞動，意志像冰水消融一樣渙散。為什麼呢？農民辛苦耕作的成果被商人輕鬆地剝奪了，於是人們爭相效仿比拼奢侈，這種歪風邪氣出現了就不容易消失，這就是百姓增長了虛偽的風氣不願意回去從事農業生產的原因。」

賞析與點評

司馬遷在〈貨殖列傳〉中，明確記下漢代巨賈而載明行業的共有九人，其中從事鹽業者一人，鐵業者四人，約佔一半以上，可見在漢初之時，鹽鐵工業是何等旺盛。由於經營者眾，再由業界直接或間接僱用的人數定必以千萬計，是農業以外最具規模的行業。鹽鐵實行官營以後，鹽鐵富豪當然徹底絕跡，更造成大量的失業。雖然政府有限度吸納了一些勞動力，但在失去競爭下，職位減少是必然的趨勢，迫使他們（工、虞）重回農業，可是漢武帝之時，土地兼併已經很嚴重，忽然有大量勞動人口湧入，勢必造成嚴重的生活壓力，加上戰事連連，雖然國家軍費充足，不用向人民徵收直接稅，但經濟收縮，加上間接稅繁重，使到民不聊生，文景之世社會物阜民豐的盛況不再，只因專賣政策確定有利於國家財政，故一直延續至後世不斷，成為了傳統。今天中國被稱為萬稅萬稅萬萬稅，許多人認為政府與民爭利比當年有過之而無不及。

大夫曰：「官尊者祿厚，本美者枝茂。故文王德而子孫封，周公相而伯禽富。

水廣者魚大，父尊者子貴。《傳》曰[1]：『河、海潤千里』。盛德及四海，況之妻子乎。故夫貴於朝，妻貴於室，富曰苟美[2]，古之道也。《孟子》曰[3]：『王者與人同，而如彼者，居使然也。』居編戶之列[4]，而望卿相之子孫，是以跛夫之欲及樓季也[5]，無錢而欲千金之寶，不亦虛望哉？」

注釋

1傳：指《公羊傳》。2苟美：差不多算美好了。3《孟子》：此處指《孟子．盡心上》。4編戶：指平民。5樓季：戰國時魏國善於騰跳的人。

譯文

大夫說：「官職高的人俸祿就豐厚，根好的樹木樹枝就茂盛。因此文王有德，他的子孫就得以受封土地；周公位居相位，他的兒子伯禽就能富甲一方。廣闊的水域才有大魚；父居高位，子孫就尊貴。《公羊傳》上說：『大河和海洋可以滋潤數千里的土地。』隆重的美德遍佈四海，況且是自己的妻子兒女呢？所以丈夫在朝尊貴，妻子就在家裏享受富貴，富貴就意味着美好，自古以來都是這個道理。《孟子》上說：『國王和普通人一樣，他處的地位高才有那樣的氣派。』位居普通百姓行列，卻想像公卿、丞相的子孫後代那樣富貴，就像跛腳的人想要和樓季那樣善於騰跳。沒有錢財卻想購得價值千金的寶貝，不是妄想麼？」

文學曰：「禹、稷自布衣，思天下有不得其所者，若己推而納之溝中，故起而佐堯，平治水土，教民稼穡[1]。其自任天下如此其重也，豈云食祿以養妻子而已乎[2]。夫食萬人之力者，蒙其憂，任其勞[3]。一人失職，一官不治[4]，皆公卿之累也[5]。故君子之仕，行其義，非樂其勢也。受祿以潤賢，非私其利。見賢不隱[6]，食祿不專，此公叔之所以為文[7]，魏成子所以為賢也[8]。故文王德成而後封子孫，天下不以為黨[9]，周公功成而後受封，天下不以為貪。今則不然。親戚相推，朋黨相舉，父尊於位，子溢於內，夫貴於朝，妻謁行於外[10]。無周公之德而有其富，無管仲之功而有其侈，故編戶跛夫而望疾步也。」

注釋

1稼穡：春耕為稼，秋收為穡，即播種與收割，泛指農業勞動。2妻子：妻子和兒女。3任：擔任，分擔。4不治：沒有盡職盡責。5累：使疲勞。6不隱：不隱瞞，此處應指舉薦。7公叔：春秋時衞國大夫。死後謚號為「貞惠文子」。8魏成子：戰國時期魏國人，魏文侯的弟弟，駒駒之子。據說曾拿出自己俸祿的十分之九招徠天下賢士。9黨：拉幫結派，結成私人勢力。10謁：拜見。

譯文

文學說：「大禹、后稷出身平民，他們認為天下有人沒有得到溫飽就像將他們推到溝裏不讓他們出來一樣難受。所以，他們出來輔佐唐堯，平定水患、治理水土，教百姓播種收穫。他們以天下為己任，又怎麼會是想享用俸祿來養活妻子兒女呢？受萬人供養的人，應該為他們擔憂，分擔他們的勞苦。一個人流離失所，一個官員辦事不力，都是作為公卿應當勞累，應當去解決的事情。所以，君子入朝為官，就是為了推行仁義，而不是享受權勢。享受俸祿來培養賢良，不是私自享受利益。發現賢良就應該舉薦他們，不獨自享受俸祿，這就是公叔文子謚號為『文』，魏成子被稱為賢人的原因。因此，周文王修大德得到天下後，子孫封地稱侯，天下人不認為他培養私人勢力，周公輔佐周武王建功立業然後接受分封，天下人不會認為他貪婪。如今卻不是這樣，外親、內戚、朋友、同黨之間相互推舉。當父親的地位高，當兒子的就在家中驕奢淫逸；做丈夫的在朝廷中做官，妻子就在外面接受他人拜訪，收受賄賂。沒有周公那樣的德行卻擁有他那樣的財富，沒有管仲的功勞卻像他那麼奢侈，所以就連平民都想得到公卿宰相子孫那樣的財富，跛腳的人也期望能夠像樓季那樣大步快跑。」

刺復第十

本篇導讀——

經過一輪的辯論後，桑弘羊內心不快，他覺得自己熱切地盼望人才來分擔政事、解決國家的困難，但是從全國精挑細選的六十多位文學和賢良沒有一個是真正的人才，只會空口說白話而沒有實際用途、只會一味硬搬古時陳舊不合時宜的條文來指導現實的國事。

文學則認為這些官員根本沒有誠信選拔人才，不懂得禮賢下士，甚至憑藉自己的官位淩駕於賢良之上。並指出，只有一個公孫弘憑藉仁義治國這樣的人才，崇武輕文、逐利尚刑的官員卻有一大堆，這種情況下，人才根本沒有辦法施展自己的能力。

大夫為色矜而心不懌[1]，曰：「但居者不知負載之勞[2]，從旁議者與當局者

異憂。方今為天下腹居，郡諸侯並臻，中外未然[3]，心憧憧若涉大川[4]，遭風而未薄[5]。是以夙夜思念國家之用[6]，寢而忘寐，饑而忘食，計數不離於前[7]，萬事簡閱於心[8]。丞史器小，不足與謀，獨鬱大道[9]，思睹文學，若俟周、邵而望子高[10]。御史案事郡國[11]，察廉舉賢才，歲不乏也。今賢良、文學臻者六十餘人[12]，懷六藝之術，騁意極論，宜若開光發蒙。信往而乖於今，道古而不合於世務[13]。意者不足以知士也？將多飾文誣能以亂實邪[14]。何賢士之難睹也！自千乘倪寬以治《尚書》位冠九卿[15]，及所聞睹選舉之士，擢升贊憲甚顯[16]，然未見絕倫比[17]，而為縣官興滯立功也[18]。」

注釋

1矜：莊重、拘謹。懌：歡喜。2居：只居住在家中之意。3然：確定、形成。4憧憧：心不定貌。5薄：逼近。6夙夜：早晚，日夜。7計數：計算、謀劃。8簡閱：思量、查看。9鬱：積聚、凝滯。此處應指想不明白。10俟：等待。周、邵：周公和邵公。子高：柏（伯）成子高。堯時立為諸侯。大禹時，子高歸隱，是古時的大賢。11案事：考察情況。12臻：至，到。13道：以……作為正道，引申為效仿。14飾文誣能：裝出有學問的樣子，無能卻裝作很有能力。15倪寬：字仲文，千乘（今山東廣饒縣）人。漢武帝時期，奉詔與司馬遷等人共定《太初歷》，精通經學和歷法。16贊憲：

協助法令的執行。17倫比：倫輩，即同輩之意。18興滯：振興廢弛的事業。

譯文

大夫神色嚴肅，心裏很不高興，說：「呆在家裏不勞動的人不知道肩挑背扛的辛勞，在一邊發表議論的人和當事人的憂慮不一樣。如今京師位於天下中心位置，各郡縣和諸侯國的人員和事情都在這裏匯聚。國內外的政策還沒有完全確定，我等心中惴惴不安，就像要穿過大河，遭受狂風還沒到靠近彼岸一樣。所以，日思夜想怎樣才能為國家出力，廢寢忘食，時刻不忘思慮國家大計，凡事小心謹慎、念念不忘。協助工作的丞史才識疏淺，沒有辦法跟他們商量國家大計，獨自一個人又想不明白國家大事。我們心裏想着你們這些文學之士，就好像期待周公、邵公，盼望子高一樣。御使考察了國內各個地方，考察廉潔之人，推舉賢良之才，每年都不少。現在你們六十多個賢良、文學聚集在這裏，個個都有六藝之才，盡情地發表議論，應該多提好的建議用來啓發我們。誰知你們一味迷信過去而違背現在的需要，一味遵循古制而和現實相衝突。使我們不能夠識別人才呢，還是你們修飾外表、弄虛作假、掩蓋了真實情況呢？怎麼這麼難遇到一個真正的賢士呢？自從千乘官倪寬靠研究《尚書》得到超過九卿的位子，到現在看到你們這些被選舉出來的賢良，雖然也有選拔出來參與政事，但是沒有看到超凡出眾，能夠為朝廷振興廢弛的事業並建立功業的人。」

賞析與點評

當辯論爭持不下，大夫向文學作人身攻擊，犯了「因人廢言」的謬誤，孔子也說「君子不以言舉人，不以人廢言。」

文學曰：「輪子之制材木也[1]，正其規矩而鑿枘調[2]。師曠之諧五音也[3]，正其六律而宮商調[4]。當世之工匠，不能調其鑿枘，則改規矩，不能協聲音，則變舊律。是以鑿枘剌戾而不合，聲音泛越而不和[5]。夫舉規矩而知宜，吹律而知變，上也。因循而不作，以俟其人，次也。是以曹丞相日飲醇酒[6]，倪大夫閉口不言[7]。故治大者不可以煩，煩則亂。治小者不可以怠，怠則廢。《春秋》曰：『其政恢卓，恢卓可以為卿相。其政察察[8]，察察可以為匹夫。』夫維綱不張，禮義不行，公卿之憂也。案上之文，期會之事，丞史之任也。《尚書》曰：『俊乂在官，百僚師師，百工惟時[9]。』『庶尹允諧[10]。』言官得其人，人任其事，故官治而不亂，事起而不廢，士守其職，大夫理其位，公卿總要執凡而已[11]。故任能者責成而不勞，任己者事廢而無功。桓公之於管仲，耳而目之。故君子勞於求賢，逸於用之，豈云殆哉？昔周公之相也，謙卑而不鄰[12]，以勞天下之士，是以俊乂滿朝，賢智充門。孔子無爵位，以布衣從才士七十有餘人，皆諸侯卿相之人也，況處三公之尊以養天下之士哉[13]？今以公卿之上位，爵祿之美，而不能致士，則未有進賢之道。堯之舉舜也，賓而妻之。桓公舉管仲也，賓而師之。以天子而妻匹夫，可謂親賢矣。以諸侯而師匹夫，可謂敬賓矣。是以賢者從之若流，歸之不疑。今當世在位者，既無燕昭之下士，《鹿鳴》之樂賢[14]，而行臧文、子椒之意[15]，蔽賢妒能，自高其智，訾人之才，足己而不問[16]，卑士而不友，以位尚賢[17]，以祿驕士，而求士之用，亦難矣！」

大夫繆然不言[19]，蓋賢良長歎息焉。

注釋

1輸子：公輸子，即魯班。2規矩：直尺和圓規。調：契合。3師曠：春秋時著名樂師。他生而無目，故自稱盲臣、瞑臣。五音：宮、商、角、徵、羽五個音極。4六律：十二律。律，定音管（竹管）。共有十二個，各有固定的音高和名稱：一、黃鐘，二、大呂，三、太簇，四、夾鐘、五、姑洗，六、中呂，七、蕤賓，八、林鐘，九、夷則，十、南呂，十一、無射，十二、應鐘，合稱十二律。區分開來，奇數（陽）稱為六律，偶數（陰）稱為六呂，合稱律呂。古書所說的六律通常指陰陽各六的十二律。

5泛越：繁雜散亂。6曹丞相：指曹參。7倪大夫：指倪寬。8察察：苛察，煩細。9「俊乂在官」三句：語出《尚書．皋陶謨》。俊乂：有德有才的人。師師：相互效法。10庶尹允諧：引自《尚書》的〈益稷〉篇。11總要執凡：執掌大政方針。12鄰：通「吝」，吝嗇。13三公：西漢時，以丞相、御史大夫、廷尉為三公，執掌軍政大權，位列百官之上。14《鹿鳴》：源於《詩經．鹿鳴》篇，講述宴請群臣嘉賓。15臧文：臧文仲。子椒：柳下惠。16足己：自以為了不起。17尚：通「上」。18繆然：嚴肅沉思的樣子。

譯文

文學說：「魯班用木材製作器具時，準確地使用了圓規矩尺等工具，加工出來的卯眼和榫子才能夠完美契合；師曠奏樂時，善於修正音節的音笛，樂曲十二律就能夠協調。如今國內的工匠樂師，卯眼和榫子不能契合就去改圓規矩尺，不能夠調和聲音就去修改過去的音笛。所以卯眼和榫子相衝突而不契合，音樂雜亂無章，不能協調。一拿起工具就知道怎麼做，一吹奏音樂就知道怎麼變化，這才是上等的工匠和樂師。按照老規矩不知道革新創作的工匠和樂師，就差一點。因此曹參每日飲甘醇美酒，倪寬閉口不言，是因為他們知道該怎麼做。所以，做大事的人不可以繁雜，繁雜就會造成混亂。做小事時不可以怠倦，怠倦就會荒廢。《春秋》上說：『辦理政事寬廣、高遠的人可以位居公卿宰相。辦理政事苛刻、繁瑣的人可以當一個凡夫。』國家的法律制度得不到貫徹實行、禮義得不到實行，這才是公卿應該擔憂的事。辦理公文、召集會議，這些都是丞史的任務。《尚書》上説：『有才能的人在朝廷做官，下屬效仿，各自按時做好自己的工作，上下級得到良好協作。』這就是説當官的人稱職。因此要想有條不紊，各方面處理妥當而不荒廢，就要每個人忠於職守，大夫管好自己的事情，公卿執掌重要的事情，掌握大略就可以了。所以任用有能力的人，只需要交代事情的責任即可，並不會覺得勞累；自己去做事就會耽誤公務而幹不成事情。齊桓公對管仲，既親自看着他，又親耳聽他説話。所以一定要在選拔賢良的時候多下功夫，使用人才的時候就可以一勞永逸，難道君子這樣就是懶惰麼？以前，周公做丞相時，謙虛卻不吝嗇，從天下選拔賢良的人才，所以滿朝都是有德有才的人。孔子沒有爵位，只是平民身份就有七十多個有才德的人跟隨他，這些人最後都是可以做諸侯、公卿、宰相的人才。更何況三公這樣高官，若真心招攬天下的有德有才的人，哪裏會招不到呢？現在你們位列公卿，有優厚的俸祿，卻不能招攬有才德的人，是你們沒有選拔賢良的誠意。唐堯舉薦夏禹，將他奉為座上賓，並把自己的女兒嫁給他。齊桓公推舉管仲，把他當做老師。以天子的身份把自己的女兒嫁給一個平民，可算得上是親近賢良了。以諸侯的身份把一個百姓當做老師，可算得上是尊敬賓客了。因此士人真心誠意地歸順他們，如同水流一樣連綿不絕。現在在朝廷當官的，既沒有像燕昭王那樣禮賢下士，又沒有《詩經．鹿鳴》上說的樂於親近賢良，反而像臧文仲、子椒那樣埋沒、嫉妒有才能的人，高估自己的智慧，詆毀別人的才華，自足自滿不虛心向別人請教，鄙視文人不願意跟他們做朋友，以自己的官位凌駕於賢良之上，向士人炫耀自己的俸祿，還想要求士人被自己所用，實在太困難了！」

賞析與點評

文學不甘示弱，引經據典，類比推論來諷刺大夫其身不正，不能服人。若要得天下人材，必須要以德服人，而非只以金錢利誘，否則「管治班子」必會是狐朋狗黨之輩，一個又一個被公眾發現他們的醜聞。

大夫沉思不說話，賢良們長久歎息。

御史進曰[1]：「太公相文、武以王天下，管仲相桓公以霸諸侯。故賢者得位[2]，猶龍得水，騰蛇遊霧也。公孫丞相以《春秋》說先帝[3]，遽即三公，處周、召之列，據萬里之勢，為天下準繩，衣不重彩，食不兼味，以先天下[4]，而無益於治。博士褚泰[5]、徐偃等，承明詔，建節馳傳[6]，巡省郡國[7]，舉孝、廉，勸元元[8]，而流俗不改。招舉賢良、方正、文學之士，超遷官爵[9]，或至卿大夫，非燕昭之薦士，文王之廣賢也？然而未睹功業所成。殆非龍蛇之才，而《鹿鳴》之所樂賢也。」

注釋

1御史：御史大夫的屬官。進：向前抖了幾步。2得位：居於合適的位置上。3公孫丞相：公孫弘。漢武帝時升為丞相，封平津侯。4先天下：為天下人做表率。5博士：古代學官名。漢武帝以後博士官掌管經學傳授。6節：古代出師的憑證。馳傳：駕馭驛站車馬馳行。7巡省：巡迴視察。8勸：勉勵。元元：老百姓。9超遷：破格錄取。

譯文

御史向前走了幾步說：「姜子牙輔佐周文王、周武王取得天下，管仲輔佐齊桓公稱為諸侯的霸主。所以有才德的人處於合適的官位上，就像蛟龍遇到了水，騰蛇興雲駕霧一般施展才能。公孫弘因向漢武帝講述《春秋》，升為御史大夫，最後又做了宰相，處於周公、召公那樣的行列，掌握國家大權，為天下制定法律法令。他不穿樣式繁雜的衣服，不吃口味多樣的飯菜，簡樸堪稱天下第一，但是對於治理國家卻沒有多大幫助。博士官褚泰、徐偃等人，遵照皇帝的旨意，以使者的身份被派到全國各地巡遊，駕馭驛站車馬馳行，選拔孝廉，勉勵百姓，但是社會風氣並沒有改變。選拔來的賢良、方正、文學儘管有的破格錄用，官至公卿大夫，難道還不是像燕昭王、周文王那樣廣泛提拔、推薦士人麼？然而這樣選拔的才德之人卻看不到他們為國家所做的功績。恐怕他們並沒有什麼非凡的才能，也不是《詩經．鹿鳴》裏面說的賢良吧。」

文學曰：「冰炭不同器，日月不並明。當公孫弘之時，人主方設謀垂意於四夷[1]，故權譎之謀進[2]，荊、楚之士用，將帥或至封侯食邑，而勉獲者咸蒙厚賞[3]，是以奮擊之士由此興。其後，干戈不休，軍旅相望，甲士糜弊[4]，縣官用不足，故設險興利之臣起，磻溪熊羆之士隱[5]。涇、渭造渠以通漕運[6]，東郭咸陽、孔僅建鹽、鐵，策諸利，富者買爵販官[7]，免刑除罪，公用彌多而為者徇私，上下無求，百姓不堪，抏弊而從法[8]，故憯急之臣進[9]，而見知、廢格之法起[10]。杜周、咸宣之屬[11]，以峻文決理貴，而王溫舒之徒以鷹隼擊殺顯[12]。其欲據仁義以道事君者寡，偷合取容者眾。獨以一公孫弘，如之何？」

注釋

1垂意：留意。四夷：四方少數民族。2權譎：權術欺詐。3獲：俘獲。4糜弊：損耗凋敝。5磻溪：《水經注》記載，磻溪水注入渭水之右，溪中有泉，叫做茲泉，泉水彙集成潭。《呂氏春秋》記載姜太公曾在茲泉垂釣。熊羆之士：指姜太公。6涇、渭：水名。漕運：古代由官方督管的水道調運糧食（主要是公糧）的運輸。7買爵販官：漢代為了解決財政困難，實行允許用糧食買取官爵和減免刑罪的政策。8抏（粵：完；普：wán）弊：貧窮困乏。抏，損耗，消耗。從：通「縱」，放縱。9憯急：嚴酷。10見知：漢代罪名之一。官吏看到或知道犯罪行為不舉報的話要接受懲處。廢格：擱置皇帝詔令，拒不執行。這是漢代侵犯皇帝權利及尊嚴的一種罪名。11杜周：漢代人，以執法嚴苛著稱，官至御史。咸宣：漢代的酷吏。12王溫舒：與前文咸宣都是漢代的酷吏。《漢書．酷吏傳》記載了他們的事跡。

譯文

文學說：「冰河燃燒的炭火不裝在同一個器皿裏，太陽和月亮也不一起照耀。當公孫弘做丞相時，皇帝正留意攻打四境之外的少數民族，因此詭詐的計謀得以採納，荊、楚地區的勇士得以任用，有的將士甚至得以領地封侯，攻克敵城俘獲敵軍的人都得到了豐厚的賞賜，因此努力殺敵的人愈來愈多。後來，征戰不斷，軍隊多得可以相互觀望，穿盔甲的士兵疲憊不堪，朝廷費用不夠用，所以設置險阻關卡，主張鹽、鐵官營的官員當政，姜太公那樣的賢人就隱居了。在涇河和渭河製造水渠以便通船運輸，任用東郭咸陽、孔僅建立鹽、鐵官營，謀劃了多收財利的辦法。富有的人用錢買官進爵，免除刑罰。國家用的費用很多，執法者就從中謀取私利，上下兼徵，百姓不能忍受痛苦，還不得不遵守法令規定。所以殘暴的大臣得以任用，並且『見知』、『廢格』這樣的法令也建立起來了。杜周、咸宣這類人以嚴厲的法律條文來獲得富貴，王溫舒之流像老鷹一樣兇殘而出名。根據仁義道德輔佐君主的人少，採用不正當手段迎合君主的人多。只有公孫弘一個人，又能夠怎麼樣呢？」

憂邊第十二

本篇導讀——

本篇圍繞邊防問題展開討論，並由邊防問題擴展到鹽鐵官營等政策上來。篇中，大夫狠狠抓住「忠孝」二字來指責文學。大夫認為，為人臣子要替君王分憂，目前國家憂慮的就是邊境受到騷擾，如何能夠拯救百姓於危難之中。鹽鐵官營等政策對於支持邊境防守、征討各方少數民族等方面起到了重大的作用。他們認為在漢武帝去世後，文學竟然不懂發揚漢武帝時期的功業，反而紛紛提議廢除鹽鐵官營等政策，簡直就是不忠不孝。

針對大夫的指責，文學提出了反駁。他們認為天下已經統一，少數民族不值得多慮。只要依靠仁德感化就能解決邊境和國內一切問題。他們又認為漢武帝時期的鹽鐵官營等政策已經不適用於目前的現實情況了，而固守着當時的政策不是忠孝。正是因為自己忠孝，才提議廢除鹽鐵官營等政策。

大夫曰：「文學言：『天下不平，庶國不寧，明王之憂也。』故王者之於天下，猶一室之中也，有一人不得其所，則謂之不樂。故民流溺而弗救[1]，非惠君也[2]。國家有難而不憂，非忠臣也。夫守節死難者，人臣之職也。衣食饑寒者[3]，慈父之道也。今子弟遠勞於外，人主為之夙夜不寧，群臣盡力畢議，冊滋國用[4]。故少府丞令請建酒榷[5]，以贍邊，給戰士，拯民於難也。為人父兄者，豈可以已乎？內省衣食以恤在外者，猶未足，今又欲罷諸用，減奉邊之費，未可為慈父賢兄也。」

注釋

1流溺：沉到水裏。2惠：仁慈。3衣食饑寒：寒冷的時候提供衣服，飢餓的時候提供飲食。4滋：增加。5少府：秦漢時期管理皇帝私人財產的官員，是九卿之一。

譯文

大夫說：「文學說：『天下不太平，諸國不安寧，是賢明君主所憂慮的。』因此君主對於天下就像一個家庭的家長，有一個人得不到安置，心中就感覺到不快樂。所以百姓處於困境卻不拯救，就非仁慈的君主。國家有災難而不憂慮，不是忠誠的臣子。為守節操而死於國家危難，是為人臣子的職責。寒冷的時候給予衣服，飢餓的時候提供飲食，這才是慈祥的父親應該做的。如今，戰士們在遙遠的邊境勞累，君主日夜不安，大臣們盡力出謀劃策，提出計劃增加國庫費用。所以少府丞請求建立酒類專賣，用以贍養邊疆國防，補給戰士，拯救災難中的百姓。身為百姓的父母兄弟，怎麼可以要求撤銷這些政策呢？即便是省吃儉用來撫恤外面的將士都不夠，如今又要廢除這些好的經濟政策，減少邊防的費用，太沒有作為慈父和賢兄的樣子了。」

賞析與點評

增加軍費來防衛國家，雖然是有其必要，然而單靠硬實力是絕不足夠的，還是用強大的軟實力來使四夷臣服，遠人來朝，否則以農業民族之短來攻遊牧民族之長，必然事倍功半。

文學曰：「周之季末[1]，天子微弱，諸侯力政，故國君不安，謀臣奔馳。何者？敵國眾而社稷危也。今九州同域[2]，天下一統，陛下優遊巖廊[3]，覽群臣極言至論，內詠《雅》、《頌》，外鳴和鑾[4]，純德粲然，並於唐、虞，功烈流於子孫。夫蠻、貊之人，不食之地，何足以煩慮，而有戰國之憂哉？若陛下不棄，加之以德，施之以惠，北夷必內向，款塞自至[5]，然後以為胡制於外臣[6]，即匈奴沒齒不食其所用矣。」

注釋　1**季末**：末世。2**同域**：同一片領地，引申為統一之意。3**巖廊**：宮殿裏面高峻的走廊。4**和鑾**：古代車上的鈴鐺。掛在車前横木上叫「龢」，掛在車軛首或車架上稱「鑾」。5**款塞**：叩塞門，即外族前來通好。6**胡制於**：三字無實意，可刪除。

譯文　文學說：「周王朝末期，天子勢力逐漸弱小，諸侯把持政權，所以國君感到不安，謀臣四處奔走。這是為什麼呢？是因為敵國眾多使周王朝國家處於危險之中。如今天下統一，陛下可以在高大的走廊裏面悠閒地遊覽，傾聽、查閱群臣的言論、奏摺，朝內演奏《雅》、《頌》這樣的盛世之音，朝廷外面鳴響着和諧悦耳的車鈴聲。皇帝美德光輝燦爛，可以和唐堯、虞舜相提並論了，功績可以流芳百世。又何必擔憂北方、南方少數民族居住的不毛之地出現戰亂的情況呢？若陛下不想拋棄他們，就對他們施加仁德，給他們一些恩惠，北方少數民族必定心向中央，敲開邊塞大門前來朝拜，然後他們保持自己的體制又身為漢朝的藩臣，這樣他們永遠不會為歸順大漢朝而感到後悔了。」

賞析與點評

文學的言論完全不切實際，無視軍事強大的重要性，只談王道理想，惟他們卻道出本重於末的道理。

大夫曰：「聖主思中國之未寧[1]，北邊之未安，使故廷尉評等問人間所疾苦[2]。拯恤貧賤，周贍不足。群臣所宣明王之德，安宇內者[3]，未得其紀，故問諸生。諸生議不干天則入淵[4]，乃欲以閭里之治[5]，而況國家之大事[6]，亦不幾矣！發於畎畝[7]，出於窮巷，不知冰水之寒，若醉而新寤[8]，殊不足與言也。」

注釋

1中國：指國中，內地。2評：通「平」，此處應指王平。3宇內：指天下。4不干天則入淵：指談話過於浮誇，不合實際。干，接觸。5閭里：鄉里，平民聚居之處。6況：比擬。7畎（粵：犬；普：quǎn）畝：田間溝和田中高處。8寤：睡醒。

譯文

大夫說：「聖明的君主考慮到國內沒有安定，北方邊境禍患沒有平定，派當時任廷尉的王平等人到民間了解百姓疾苦。安撫、周濟貧困的百姓。大臣們宣揚皇帝的聖明仁德，安撫天下的百姓，還不得要領，所以向你們這些文學諮詢求教。你們議論的不是過於離譜就是太守舊，一點都不切合實際，還想用治理小片地方的方法來治理國家大事，不是有點癡心妄想了麼？你們來自於鄉村，出入於窮鄉僻巷中，不知道結冰的水面有多寒冷，就像酒醉後才醒過來，根本不值得與你們辯論。」

文學曰：「夫欲安民富國之道，在於反本，本立而道生[1]。順天之理，因地之利，即不勞而功成。夫不修其源而事其流，無本以統之，雖竭精神，盡思慮，無益於治。欲安之適足以危之[2]，欲救之適足以敗之。夫治亂之端，在於本末而已，不至勞其心而道可得也。孔子曰：『不通於論者難於言治，道不同者，不相與謀』。今公卿意有所倚，故文學之言，不可用也。」

注釋

1道：途徑。2適：恰恰。

譯文

文學說：「使百姓安定國家富強的途徑在於讓百姓回歸到農業上去，農業發達了，百姓安定國家富強的大道就自然而然出現了。順應自然的時令，根據土地的條件進行農業耕作，不用勞累就能實現豐收。不從源頭上解決問題而只改善水流，沒有從根本上解決問題，即便耗盡精力，想盡辦法，也不會成功。想要安定國家，恰恰給國家帶來了危險，想要解救國家，恰恰卻敗壞了國家。治理混亂的源頭就在於處理好本末之間的關係。不用勞心勞力就可以治理好國家。孔子說：『不懂仁政理論的人，沒有辦法與他交流治國之道；政治主張不同的人，不能夠在一起謀劃。』現在你們當官的看法有偏差，所以覺得我們的言論沒有用。」

賞析與點評

漢文帝曾下旨說：「農，天下之本，其開籍田，朕親率耕，以給宗廟粢盛。」漢代及往後歷代，君主及士人多視農業為天下之本，認為農業發達就可以使國家豐足，而農業的定義亦相當狹隘，指的是主糧生產，而不包括農業副產品。《漢書．食貨志》說：「食謂農殖嘉穀可食之物。」可見他對農業的定義不過為糧食生產而已。《清世宗憲皇帝實錄》載雍正五年五月初四日諭：「朕觀四民之業，士之外，農為最貴。凡士工商賈，皆賴食於農。故農為天下之本務，而工賈皆其末也。」可見二千年來這觀念大抵不變。

大夫曰：「吾聞為人臣者盡忠以順職，為人子者致孝以承業。君有非，則臣覆蓋之。父有非，則子匿逃之[1]。故君薨[2]，臣不變君之政，父沒[3]，則子不改父之道也。《春秋》譏毀泉臺[4]，為其隳先祖之所為，而揚君父之惡也。今鹽、鐵、均輸，所從來久矣，而欲罷之，得無害先帝之功[5]，而妨聖主之德乎？有司倚於忠孝之路，是道殊而不同於文學之謀也。」

注釋

1匿逃：掩蓋。2薨：古代國君去世，叫「薨」。3沒（粵：末；普：mò）：死。4《春秋》譏毀泉臺：指《春秋》一書諷刺魯文公拆了泉臺的事情。5得無：難道沒有。

譯文

大夫說：「我聽說做臣子的要對君主忠心盡責，做兒子的要孝敬長輩、繼承家業。君主有過錯，臣子應該幫他掩蓋；父親有過失，兒子應該幫他掩蓋。所以，君王去世後，臣子不能更改君主的統治方法；父親死了，兒子不能改變父親的做法。《春秋》諷刺魯文公拆了泉臺，因為他毀了先人魯莊公建造的東西，宣揚了他父親做的罪惡。鹽鐵官營、均輸制度是從漢武帝時期就制定的，現在想要廢除他們，難道不會損害漢武帝的功績、妨礙漢昭帝的聖德麼？我們這些官員偏向的是忠孝之路，這確實是政治主張和你們有別，所以和你們這些文學之士的主張大不相同。」

賞析與點評

中國人常常強調祖宗之法不可變，表面上是閉固性人格（constricted personality）的表現，實際上是說人是建制的代表者，而反建制者卻會說祖宗不足法，根本是兩大勢力的政治角力而已。

文學曰：「明者因時而變，知者隨世而制。孔子曰：『麻冕[1]，禮也，今也純[2]，儉，吾從眾。』故聖人上賢不離古，順俗而不偏宜。魯定公序昭穆[3]，順祖禰[4]，昭公廢卿士，以省事節用，不可謂變祖之所為，而改父之道也。二世充大阿房以崇緒，趙高累秦法以廣威，而未可謂忠臣孝子也。」

注釋

1麻冕：麻布製成的禮帽。2純：絲綢。3魯定公：春秋時候，魯國君主之一。序昭穆：排定昭穆的次序。昭穆，古代宗廟制度，宗廟或宗廟中神主的排列次序，始祖居中，以下父子（祖、父）遞為昭穆，左為昭，右為穆。4順祖禰：擺順禰的先後。祖禰分別指祖廟和父廟。魯文公祭祀時，改變了以往的祖禰位置，將他的父親僖公排在閔公前面。魯定公時候，重新將閔公的位置擺在僖公之前。

譯文

文學說：「聰明的人，時代變了就跟着改變；有智慧的人跟隨世俗的變化來制定相應的制度。孔子說：『過去的禮帽由麻布製成，符合周禮。現在用絲綢製作禮帽，因為節儉，所以我也跟隨大家這麼做。』所以聖人崇尚賢人而不違背古代的禮節，順應世俗而不偏執於任何一點。魯定公依照昭穆時期的制度。按照祖訓安排好閔公和僖公的位置，把顛倒了的位置再顛倒過來。魯昭公廢除了卿士來節約開支，不算是改變祖訓，背離父輩的規定。秦二世胡亥擴建阿房宮，繼承了先世的業績，趙高增加秦朝的制度來擴大私威，也不能算得上是忠臣孝子。」

賞析與點評

文學之說是藉孔子之口道出歷史應運動地發展，而不能一成不變，墨守成規，足見反建制者思想的進步。《論語》的原文是：「子曰：『麻冕，禮也；今也純，儉。吾從眾。拜下，禮也；今拜乎上，泰也。雖違眾，吾從下。』」此可一改文人迂腐的印象式描述。

卷三

輕重第十四

本篇導讀——

本篇接着上一篇繼續討論鹽鐵官營政策的利弊。御史和文學都廣泛發言，御史認為鹽鐵官營等一系列政策好處多多：支持邊防守衛、未增加百姓賦稅而費用依然充足、劫富濟貧使得百姓貧富平均等等，而這些好處僅僅依靠農業是遠遠不夠的。文學則認為這些政策都是為了以權詐謀利，不會給國家帶來什麼好處，反而是國家的禍害。他們又指出不崇尚仁義就無法教化百姓，不努力發展農業就無法使國家富足，因此這些政策必須廢除。

御史進曰：「昔太公封於營丘[1]，辟草萊而居焉。地薄人少，於是通利末之道[2]，極女工之巧。是以鄰國交於齊[3]，財畜貨殖，世為強國。管仲相桓公，襲

先君之業，行輕重之變，南服強楚而霸諸侯。今大夫君修太公、桓、管之術[4]，總一鹽、鐵，通山川之利而萬物殖。是以縣官用饒足，民不困乏，本末並利，上下俱足，此籌計之所致，非獨耕桑農也。」

注釋

1營丘：古地名。在今山東省淄博市臨淄北。2利末：即末利，工商之利。3交：做交易。4大夫君：對桑弘羊的尊稱。修：奉行。

譯文

御史移步上前說：「從前姜太公被封在營丘，開闢荒地並居住在那裏。當時那一帶，土地貧瘠，人口稀少，於是姜太公開通發展工商業的道路，充分發揮婦女手工製作的技巧。因此臨近各國都與齊國互通貿易，齊國財富積累，貨物增加，世世代代都是強國。管仲輔佐齊桓公，沿襲上代君王的事業，實行輕重變化的策略，南面降服強大的楚國，最終齊國在諸侯國中稱霸。如今桑弘羊大夫奉行姜太公、齊桓公、管仲的治國方法，統一控制鹽、鐵，開通了將山川的財利收歸國有的政策，使得各種貨物大幅度增加。所以，朝廷財用充足，百姓不貧窮匱乏，農業和工商業都能夠獲利，國家和人民都很富裕，這些都是由籌劃制定一系列官營政策所導致的，而並非只是依賴農耕養蠶的農業生產獲得的。」

賞析與點評

司馬遷《史記．貨殖列傳》：「故太公望封於營邱，地潟鹵，人民寡；於是太公勸其女功，極技巧，通魚鹽，則人物歸之，繈至而輻湊。故齊冠帶衣履天下，海岱之間，斂袂而往朝焉。其後齊中衰，管子修之，設輕重九府，則桓公以霸，九合諸侯，一匡天下；而管氏亦有三歸，位在陪臣，富於列國之君。是以齊富彊至於威、宣也。』」大夫指齊國之強盛在於政府的經濟管制，而桑弘羊正是效法古人，令國家強大起來。然而，大夫忽略了亂世與治世有異，嚴格經濟管制會對於治世民間經濟造成打擊，影響百姓生計。

文學曰：「禮義者，國之基也，而權利者，政之殘也[1]。孔子曰：『能以禮讓為國乎？何有[2]？』伊尹、太公以百里興其君[3]，管仲專於桓公，以千乘之齊而不能至於王[4]，其所務非也。故功名隳壞而道不濟。當此之時，諸侯莫能以德，而爭於公利，故以權相傾。今天下合為一家，利末惡欲行？淫巧惡欲施？大夫君以心計策國用，構諸利[5]，參以酒榷，咸陽、孔僅增以鹽、鐵，江充[6]、楊可之等[7]，各以鋒鋭[8]，言利末之事析秋毫[9]，可為無間矣。非特管仲設九府，徼山海也[10]。然而國家衰耗，城郭空虛。故非特崇仁義無以化民，非力本農無以富邦也。」

注釋

1殘：禍害。2「能以禮讓為國乎」兩句：語出《論語．里仁》。3百里：方圓百里的封地。4千乘：有一千輛戰車。千乘一般指大的諸侯國。5構諸利：設立了各項謀利項目。6江充：西漢趙國邯鄲（今河北邯鄲）人，在漢武帝時期擔任繡衣使者，行事果決，鐵面無私，對皇親國戚也不徇私。7揚可：西漢漢武帝時人，被任命為告緡長官，主管全國告緡事。8鋒銳：為人尖銳苛刻。9秋毫：秋天鳥獸身上新長出的細小絨毛。秋毫比喻細微。10徼：管理，此處應指統一控制。

譯文

文學說：「禮義是國家的根本。而以權詐謀利是國家的禍害。孔子說：『能夠用禮義來治理國家麼？若能夠這樣，那還有什麼困難呢？』姜太公、伊尹以他們君王百里見方的封地作為依託，讓他們的國君興盛起來，管仲得到齊桓公的專信，憑藉着有一千輛戰車的強大齊國，卻不能讓齊桓公稱王天下，這是因為他的所作所為不正確。因此他的功名毀壞，政治主張不能成功。在那個時候，各國諸侯沒有一個用仁德治理國家，而全部關注財利爭奪，所以相互發動戰爭。如今，天下都合併為漢朝一家，工商末利的追求還有什麼必要呢？婦女的奇技何必繼續施展呢？桑大夫憑藉着高超的心計謀劃國家財用，設立了各項謀利項目，又實行了酒類專賣，東郭咸陽、孔僅二人又增加了鹽、鐵官營，江充、楊可之輩，辦事尖刻嚴厲，這些人談起工商末利都分析得甚為仔細，可以說是毫無漏洞。這已經不像管仲只是設置九卿掌管財務貨幣的機構，而是統一控制了山海資源。然而國家衰落貧窮，城市貨物空虛。由此看來，不崇尚仁義就無法教化百姓，不努力發展農業就無法使國家富足。」

賞析與點評

文學駁斥大夫之言，指出齊國雖稱霸一時，卻未能長治久安，是因為沒有以仁德來治國。《史記．平準書》載孔僅、咸陽之言：「山海，天地之藏也，皆宜屬少府，陛下不私，以屬大農佐賦。願募民自給費，因官器作煮鹽，官與牢盆。浮食奇民欲擅管山海之貨，以致富羨，役利細民。其沮事之議，不可勝聽。敢私鑄鐵器煮鹽者，鈦左趾，沒入其器物。郡不出鐵者，置小鐵官，便屬在所縣。使孔僅、東郭咸陽乘傳舉行天下鹽鐵，作官府，除故鹽鐵家富者為吏。」由上可見，在新經濟政策下，不獨鹽鐵收歸國有，更把涉及民之所依的山林池澤也一同納入國家體制之中，使得人民的生計受到衝擊。長遠而言，山林收歸國有，令人民沒法享用天然資源，抑止了工商業發展的潛力，這付出了沉重的代價。

御史曰：「水有猵獺而池魚勞[1]，國有強禦而齊民消[2]。故茂林之下無豐草，大塊之間無美苗[3]。夫理國之道，除穢鋤豪，然後百姓均平，各安其宇。張廷尉論定律令[4]，明法以繩天下[5]，誅奸猾，絕并兼之徒，而強不凌弱，眾不暴寡。大夫君運籌策，建國用，籠天下鹽、鐵諸利[6]，以排富商大賈[7]，買官贖罪，損有餘，補不足，以齊黎民[8]。是以兵革東西征伐，賦斂不增而用足。夫損益之事，賢者所睹，非眾人之所知也。」

注釋

1猵獺：一種食魚獸。2強禦：豪強。齊民：善良的平民。3塊：硬土塊。4張廷尉：即張湯，西漢杜陵人。曾任長安吏、內史掾和茂陵尉，後補侍御史。著名的酷吏。論定：整理修訂。5繩：約束。6籠：壟斷。7排：排擠。8齊：平均。

譯文

御史說：「池塘裏有了猵獺，池塘中的魚就不得安生；國家有了豪強惡霸，善良的百姓就會吃苦頭。因此茂盛的樹林下面沒有繁茂的青草，巨大的硬土塊裏長不出好的禾苗。治理國家的道理就是除去奸邪和豪強，這樣一來，百姓就會貧富平均、生活平和、安居樂業。張湯整理修改法令，嚴明法律用以治理天下，誅滅奸邪狡猾之徒，消滅兼併土地之人，使力強的不敢欺負力氣弱小的，人多的不敢欺負人少的。大夫君想方設法籌集國家費用，壟斷天下鹽、鐵等謀利行業，用來排擠富商勢力，用買官贖罪的方法，削弱有錢的人，補給窮人，以使得百姓貧富平均。因此，用兵東西討伐，沒有增加百姓的賦稅而費用依然充足。損益之道，聰明人都看得清清楚楚，而不是你們這些一般的儒生能看明白的。」

文學曰：「扁鵲撫息脈而知疾所由生[1]，陽氣盛，則損之而調陰[2]，寒氣盛，則損之而調陽，是以氣脈調和，而邪氣無所留矣[3]。夫拙醫不知脈理之腠[4]，血氣之分，妄刺而無益於疾，傷肌膚而已矣。今欲損有餘，補不足，富者愈富，貧者愈貧矣。嚴法任刑，欲以禁暴止奸，而奸猶不止，意者非扁鵲之用鍼石，故眾人未得其職也[5]。」

注釋

1扁鵲：戰國時期著名醫家。2調陰：以補充陰氣來調節。3邪氣：陰陽不調和產生的過剩的陽氣或陰氣。4脈理之腠：脈象與疾病的具體關係。5職：此處意為「識」，認識，懂得。

譯文

文學說：「扁鵲通過把脈觀察病人氣息就知道疾病產生的原因，陽氣過盛，就使之削弱以補充陰氣來調理；陰氣過盛，就使之削弱以補充陽氣來調理，因此氣象和脈象都得以調和，陰陽不正之氣就不會停留在人體內讓人生病了。拙劣的醫生不知道脈象與疾病的具體關係、不知道血和氣的分別，胡亂針刺，不僅對治病沒有益處，還會損傷肌肉和皮膚。如今想要削弱那些富人，補給那些窮人，而實際上富人更加有錢，窮人更加貧窮。想要靠嚴峻的刑罰制止暴徒和奸邪，但實際上奸邪和強暴之徒並沒有止息。也許是你們既不是扁鵲，你們的做法又無法與扁鵲治病方法相比，所以一般的人都不能理解。」

御史曰：「周之建國也，蓋千八百諸侯[1]。其後，強吞弱，大兼小，並為六國[2]。六國連兵結難數百年[3]，內拒敵國[4]，外攘四夷。由此觀之：兵甲不休，戰伐不乏，軍旅外奉，倉庫內實。今以天下之富，海內之財，百郡之貢，非特齊、楚之畜，趙、魏之庫也。計委量入，雖急用之，宜無乏絕之時。顧大農等以術體躬稼[5]，則后稷之烈，軍四出而用不繼，非天之財少也。用鍼石，調陰陽，均有無，補不足，亦非也。上大夫君與治粟都尉管領大農事[6]，灸刺稽滯[7]，開利百脈，是以萬物流通，而縣官富實。當此之時，四方征暴亂，車甲之費，克獲之賞[8]，以億萬計，皆贍大司農[9]。此者扁鵲之力，而鹽、鐵之福也。」

注釋

1蓋：大概，大約。2六國：疑應為七國，下一句的「六國」也應為「七國」。七國即戰國時的秦國、燕國、趙國、鄭國、魏國、楚國、韓國。3連兵結難：連續打仗，戰禍不斷。4拒：抵擋。5顧：只是。大農等：指桑弘羊以前的歷任大司農。6上：對別人地位尊貴的稱謂。治粟都尉：即搜粟都尉。掌軍糧，不常設，歸大司農管轄。7稽滯：氣血瘀滯。8克獲之賞：打勝仗和俘擄敵軍所支付的賞賜。9皆贍大司農：全部由大司農供應。

譯文

御史說：「周朝建立國家時，大概有八百多近一千個諸侯。後來，強的吞併弱的，大的兼併小的，總共合併成了七個國家。這七個國家興兵打仗，延續了數百年，他們對內抵抗敵國，對外抵禦四方少數民族的侵略。由此可見：雖然不斷興兵、戰爭不斷，但是軍糧不曾欠缺，國庫也還充實。如今我們憑藉全天下的財富、海內的資源、百郡的貢奉，不僅僅只是擁有齊國、楚國那樣的牲畜，趙國、魏國的財用。根據收入，計劃支出，就算是有緊急的支出，也不會產生缺少供給的困難。歷任大司農等官員大力發展農業，並親自參加勞動，以后稷為榜樣，但是四方出兵國家財用無以為繼，並非天下財富少的原因。就像用鍼石亂刺一通還想調節陰陽，如今我們搞平均有無，補給不足的時候出現了錯誤。桑大夫做治粟都尉，管理大農事的時候，大加整頓，就像用鍼灸治療氣血瘀滯，使全身血脈流通一樣，因此各地物品流通暢通無阻，國家庫府充足。在那個時候，國家四方征討動亂和暴徒，軍費的開支，戰功的賞賜，數量以億萬計算，都靠大司農供應。這就是扁鵲那樣的本領，也是仰仗鹽、鐵官營等政策帶來的幸福。」

文學曰：「邊郡山居谷處，陰陽不和，寒凍裂地，衝風飄鹵[1]，沙石凝積，地勢無所宜[2]。中國，天地之中，陰陽之際也，日月經其南，斗極出其北[3]，含眾和之氣，產育庶物。今去而侵邊，多斥不毛寒苦之地[4]，是猶棄江皋河濱[5]，而田於嶺阪菹澤也[6]。轉倉廩之委[7]，飛府庫之財[8]，以給邊民。中國困於徭賦，邊民苦於戍禦。力耕不便種糴[9]，無桑麻之利，仰中國絲絮而後衣之，皮裘蒙毛，曾不足蓋形，夏不失複[10]，冬不離窟，父子夫婦內藏於專室土圜之中[11]。中外空虛，扁鵲何力？而鹽、鐵何福也？」

注釋

1衝（粵：銃；普：chòng）風：暴風；猛烈的風。鹵：本指製鹽時剩下的黑色汁液，味苦有毒。此處指鹽鹼地。2地勢：土地的情況。3斗極：北極星。4斥：開拓。5皋：水邊的高地。6嶺阪：山坡，亦作「嶺坂」。菹澤：水草繁茂的沼澤地。7轉：

運輸。廩：糧食。8飛：飛快運輸。9糴（粵：笛；普：dí）：買進糧食。10複：複衣，有內裏可以裝入棉絮的衣服。11專室：小房子。土圜：土洞。

譯文

文學說：「邊境的郡縣，地處高山低谷間，氣候不正常，寒冷的冰把土地都凍裂了，狂風將鹽鹼土刮得滿天飛，砂石凝聚成堆，沒有一塊適合人類居住的地方。中原地區，位於天地正中心位置，氣候適宜，太陽和月亮從南方運行，北極星從北方升起，四季温和，萬物繁殖。如今離開這麼好的地方去侵略邊境那個寸草不生的寒冷貧瘠之地，就像是放棄河邊肥沃的土地，而去耕種山坡和沼澤地一樣。運輸庫存糧食，加快遞送錢財給邊境的居民。國內百姓受困於徭役負擔，邊疆百姓受累於戍守和防禦的折磨。邊疆寒冷貧瘠之地，即便用力耕種也長不出莊稼，又不適合桑麻種植，依靠國內供給絲綢和棉花才能有衣服穿，穿的皮襖亂蓬蓬的，都不能夠遮蔽身體，夏天和冬天，都呆在窯洞裏面。父親、兒子、丈夫、妻子一家老小全都擠在狹小的土房子裏面。中原和邊境的空虛，扁鵲又有什麼能力呢？鹽鐵官營又帶來了什麼幸福呢？」

未通第十五

本篇導讀——

本篇爭論的焦點是擴充邊境及相關的徭役問題。御史認為文學不懂國家大計，邊疆擴大後，百姓都會享受由此帶來的福利。漢武帝制定田地二百四十步為一畝，又制定百姓得三十，國家得一的稅率，減輕百姓的負擔，同時放寬了服勞役、兵役的規定。而文學認為在沒有討伐少數民族之前，徭役和賦稅都很輕，百姓富足，但是自從開始擴展邊境，百姓的徭役和賦稅甚為繁重，百姓陷於水深火熱之中。

「未通」是不通曉道理之意。在此，桓寬引用了御史的發言，諷刺御史不通曉治國道理，只懂得追求領土擴張、追逐財利。

御史曰：「內郡人眾，水泉薦草，不能相贍，地勢温濕，不宜牛馬。民蹠耒而耕[1]，負檐而行[2]，勞罷而寡功。是以百姓貧苦而衣食不足，老弱負輅於路[3]，而列卿大夫，或乘牛車。孝武皇帝平百越以為園圃[4]，卻羌、胡以為苑囿[5]，是以珍怪異物，充於後宮，騊駼、駃騠[6]，實於外廄[7]，匹夫莫不乘堅良[8]，而民間厭橘柚。由此觀之：邊郡之利亦饒矣！而曰『何福之有』。未通於計也。」

注釋

1耒：古代指耕地用的農具。2檐：通「擔」，用肩挑。3輅（粵：路；普：lù）：古代車轅上用來挽車的橫木。4園圃：種植果木菜蔬的田地。5苑囿：古代蓄養禽獸供帝王玩樂的園林。6騊駼（粵：圖圖；普：táo tú）：良馬名。駃騠（粵：決提；普：jué tí）：古書上説的一種駿馬。7廄：馬棚，泛指牲口棚。8堅良：堅固的車子和良馬。

譯文

御史説：「內地人口眾多，水源牧草不能夠滿足需求，地處温暖濕潤地帶，不適合飼養牛馬。百姓踩着耒耕地，肩挑背扛走路，精疲力盡卻沒有太多收穫。因此百姓生活貧困貧苦，吃穿不夠用，年老和體弱的都在路上拉車子，諸位公卿大夫有的卻乘坐着牛車。漢武帝平定閩廣地區把他們作為菜園子，打平西域地區將之作為動物園，因此那些奇珍異獸都儲備在後宮，各種名馬在宮外馬棚中飼養。一般人都乘坐了馬車，騎上良馬，民間都吃夠了柚子和橘子。由此可見：邊境郡縣的財利也很富饒。而你們卻說『帶來了什麼幸福』，你們真是不懂國家大計啊！」

文學曰：「禹平水土，定九州[1]，四方各以土地所生貢獻[2]，足以充宮室，供人主之欲，膏壤萬里[3]，山川之利，足以富百姓，不待蠻、貊之地[4]，遠方之物而用足。聞往者未伐胡、越之時，繇賦省而民富足，温衣飽食，藏新食陳[5]，布帛充用，牛馬成群。農夫以馬耕載，而民莫不騎乘。當此之時，卻走馬以糞[6]。其後，師旅數發，戎馬不足，牸牝入陣[7]，故駒犢生於戰地[8]。六畜不育於家，五穀不殖於野，民不足於糟糠，何橘柚之所厭？《傳》曰[9]：『大軍之後，累世不復。』方今郡國，田野有隴而不墾[10]，城郭有宇而不實，邊郡何饒之有乎？」

注釋

1定：劃定。2貢獻：指上貢，獻給朝廷。3膏壤：肥沃的土地。4待：依靠。蠻：中國古代對南方各少數民族的稱呼。貊：中國古代對北方各少數民族的稱呼。5藏新食陳：新糧食吃不完還可以儲存起來，陳糧經常存起來，可以提供食用。6卻：棄而不用。走馬：跑得快的馬。7牸牝：母牛、母馬。8駒犢：小馬和小牛，泛指幼畜。9《傳》：指《老子》，但引文內容與《老子》原文有出入。10隴：通「壟」，畦，田塊。

譯文

文學說：「大禹平定水患，治理土地，劃定天下為九個州，四面八方都拿本地的特產進貢給天子，這些東西足夠充實宮殿，供應天子的需求，當時肥沃的土地有上萬里，加上山川林澤的財力足以讓百姓過上富裕的生活，不用依靠偏遠少數民族地區的土地和遠方的貨物，財用就很充足。聽說本朝沒有討伐匈奴、百越之前，徭役和賦稅都很輕，百姓生活富足，吃得飽，穿得暖，新糧食吃不完還可以儲存起來，陳糧經常存起來，可以提供食用。麻布和絲帛都夠用，牛馬成群。農民使用馬來耕地載物，百姓沒有不乘車騎馬的。在那個時候，跑得快的馬沒有用武之地，都是用來生產糞肥料的。之後，軍隊屢次發動戰爭，戰馬不足，只好讓母牛母馬都參加戰鬥，因此小牛小馬都出生在戰場上。牲畜不在家裏畜養，糧食不生長在田野裏，百姓連酒渣和糠麩都吃不飽，哪裏還有什麼橘子和柚子可以飽腹呢？《傳》書說：『大戰之後，幾代人都不能恢復。』如今內地郡國田野裏面有田埂卻得不到耕種，城市有房屋卻很少有人居住，邊境各郡縣哪裏又有什麼豐富的財利呢？」

御史曰：「古者，制田百步為畝[1]，民井田而耕[2]，什而籍一。義先公而後

己，民臣之職也。先帝哀憐百姓之愁苦[3]，衣食不足，制田二百四十步而一畝，率三十而稅一[4]。墮民不務田作，饑寒及己，固其理也。其不耕而欲播，不種而欲穫，鹽、鐵又何過乎？」

注釋

1步：長度單位。周朝以八尺為一步，秦以六尺為一步。2井田：井田制。古時候，土地作成「井」字形，一井有九百畝，中一區一百畝為公田，餘下八百畝為私田：私田分八家耕種，每家百畝，公田由八家共同耕種，收穫全部上繳國家，私田不再納稅。3先帝：指漢武帝。4率：土地稅的比率。

譯文

御史說：「古時候規定田地一百步為一畝，百姓按照井田制耕種，實行百姓得十，交納國家一的力役地租形式。按照道義先耕種公田再耕種私田，這是百姓的職責。漢武帝憐憫百姓生活憂愁艱苦，吃穿不能自足，就制定田地二百四十步為一畝，又制定百姓得三十，國家得一的稅率。懶惰的百姓不才從事農業生產，飢餓寒冷禍及自己，這是理所當然的。那些不耕地卻想要播種，不播種卻想要收穫的，這又怎麼會是鹽鐵官營的過錯呢？」

賞析與點評

大夫把飢餓問題歸咎於人民懶惰，這當然是因他不知人類有追求美好生活的天性。與他們同時代的司馬遷在《史記・貨殖列傳》說：「能薄飲食，忍嗜欲，節衣服，與用事僮僕同苦樂，趨時若猛獸摯鳥之發。」他認為人類為了滿足追求富貴的慾望，可以甘於勞動筋骨、忍受嗜慾、冒着風險，甚至赴湯蹈火。他又指出人性本來就有享樂的本能，本來就是人類為求精神或肉體的滿足，如權力、口腹、耳目之慾等等。為了達到目的，人類往往不惜一切，勇往直前。求利致富的原始本能，是因財富而起，促使人類致力謀取通貨；享樂慾望的本能是要犧牲財富，以換取生理、心理上的物慾與快感，兩者是相輔相成的。由此觀之，官員對於經濟所知不多。

文學曰：「什一而籍，民之力也。豐耗美惡[1]，與民共之。民勤[2]，己不獨衍；民衍，己不獨勤。故曰：『什一者，天下之中正也[3]。』田雖三十，而以頃畝出稅，樂歲粒米狼戾而寡取之[4]，凶年饑饉而必求足[5]。加之以口賦更繇之役[6]，率一人之作[7]，中分其功。農夫悉其所得[8]，或假貸而益之[9]。是以百姓疾耕力作，而饑寒遂及己也。築城者先厚其基而後求其高，畜民者先厚其業而後求其贍。《論語》曰：『百姓足，君孰與不足乎[10]？』」

注釋

1豐耗美惡：豐年糧食質量好，歉收年景糧食質量壞。豐耗指年景好壞；美惡指糧食質量好壞。2勤：通「堇」，少。3「什一者」兩句：語出《春秋公羊・宣公十五年》。4狼戾：多而散亂的樣子。5足：足數，足額。6口賦：人頭稅。漢代有口賦、算賦之分。七至十四歲，每人每年出二十錢以供天子，為口賦。漢武帝時增至二十三錢，以補車騎馬匹之費。自十五歲至五十六歲，每人每年出錢百二十錢，為算賦。更繇之役：此處指更賦，亦指代役金。漢朝規定，男子二十三歲至五十六歲，每人每年必須到郡縣服役一個月，叫「更」，不親身去服役的要交錢三百作為代役金，叫做「過更」。7率：大概。8悉：全部，此處做動詞，指拿出全部。9益：補足。10「百姓足」兩句：語出《論語・顏淵》。

譯文

文學說：「農戶得十國家得一的地租形式，百姓出的是勞力。年成好糧食質量高，朝廷和百姓就共同得利；反之，共同受害。百姓收成差，君王不能獨自一人富足；百姓富足，君王不能獨自一人收入少。因此說：『什一的力役地租是天下最公正適中的制度。』現在田稅率雖然低到三十分之一，但按照天地的面積繳納賦稅，豐年糧食多卻不多徵收，荒年百姓不夠吃卻要按照規定硬性要求如數繳納。再加上百姓人頭稅、勞役及兵役的代役金，大約是一個人的勞動所得，要被佔去一半。有的農夫要把全部的勞動所得都拿出來完稅，有的還要向別人借債來彌補。因此百姓努力耕作，飢餓和寒冷還是會找到自己。修築城牆的必須先打好地基，然後才能修高城牆；畜養百姓也應該先讓百姓產業充足，然後才要求他們供應朝廷。《論語》上說：『百姓富足，又有哪個君王不富足呢？』」

賞析與點評

三十而一的稅率表面看是極低，但當時的間接稅繁多，人民生活壓力極大。文學與官員的意見相反，肯定百姓從事生產的動力。中國經濟思想史家趙靖指出，先秦諸子如管子、孔子、荀子等人亦認定求利是人類之本性。（見趙靖等：《中國經濟思想通史・卷一》（北京：北京大學出版社，2002），頁600。）可見文學之言是繼承傳統且有一定的道理。《管子・奢靡篇》的作者更明確提出「上侈下靡」的主張，即是富人大量消費以造就貧民、工匠、女工的就業機會，有衣食可得。孔子曰：「富與貴是人之所欲也，不以其道得之，不處也。」

御史曰：「古者，諸侯爭強，戰國並起[1]，甲兵不休，民曠於田疇[2]，什一而籍，不違其職。今賴陛下神靈[3]，甲兵不動久矣，然則民不齊出於南畝[4]，以口率被墾田而不足，空倉廩而賑貧乏，侵益日甚[5]，是以愈惰而仰利縣官也。為斯君者亦病矣[6]，反以身勞民。民猶背恩棄義而遠流亡，避匿上公之事[7]。民相仿效田地日蕪，租賦不入，抵扞縣官[8]。君雖欲足，誰與之足乎？」

注釋

1戰國：彼此作戰的國家。2曠：荒廢，耽誤。3陛下：指漢昭帝。4齊：都。5侵益：逐漸發展。6病：憂慮。7避匿：躲避，藏匿。上公之事：國家的賦稅傜役。8抵扞（粵：汗；普：hàn）：抗拒。

譯文

御史說：「古時候，諸侯之間爭強鬥勝，各國彼此交戰，戰爭不斷，他們荒廢了田地裏的農耕之事，但他們還是抽空去耕種，一如既往地履行十比一的力役地租，不逃避自己的職責。如今，我們仰仗陛下聖明，已經很久沒有戰爭了，但是百姓都還不到田地上耕種，按照人口與已經耕種的田地的比例，已經耕地的數量顯然不足。國家不得不掏空倉庫裏面的糧食來救濟貧乏，這種情況逐漸發展，愈來愈嚴重，因此一些百姓愈來愈懶惰，完全依賴朝廷的救濟過日子。因此，身為君王的非常憂慮，反過來親身替百姓操勞。百姓還背棄恩德，逃避國家的賦稅傜役，他們更相互效仿導致田地日益荒蕪，又不繳納租稅，和朝廷相抗拒。君王雖然想要富足，有誰幫他富足呢？」

賞析與點評

上文指當時有很多百姓依靠政府救濟，這種事是不能完全避免的，可是當社會有足夠的流動階梯，就會有更多的人民投入生產，若過多稅項，必然會減低生產的意慾，這點當時的官員仍未意識到。

文學曰：「樹木數徙則殘[1]，蟲獸徙居則壞[2]。故代馬依北風[3]，飛鳥翔故巢，莫不哀其生。由此觀之，民非利避上公之事而樂流亡也[4]。往者，軍陣數起，用度不足，以訾徵賦[5]，常取給見民[6]，田家又被其勞，故不齊出於南畝也。大抵逋賦皆在大家[7]，吏正畏憚，不敢篤責，刻急細民，細民不堪，流亡遠去。中家為之絕出，後亡者為先亡者服事。錄民數創於惡吏[8]，故相仿效，去尤甚而就少愈者多。《傳》曰[9]：『政寬者民死之[10]，政急者父子離。』是以田地日荒，城郭空虛。夫牧民之道，除其所疾，適其所安[11]，安而不擾，使而不勞[12]，是以百姓勸業而樂公賦。若此，則君無賑於民，民無利於上，上下相讓而頌聲作[13]。故取而民不厭，役而民不苦。《靈臺》之詩[14]，非或使之[15]，民自為之。若斯，則君何不足之有乎？」

注釋

1 萎：枯死。2 壞：生病。3 代馬：代地的馬。依：依戀。4 利：以之為利。5 以訾徵賦：按財產數量徵收稅款。6 見民：即「現民」，現在家中沒有逃亡的百姓。7 逋（粵：煲；普：bū）賦：逃避賦稅。8 錄民：安分守己的百姓。9 《傳》：指《韓詩外傳》。10 死之：省略了賓語，此處應為「死之於故地」。11 適：到某地去。12 使：役使。13 讓：謙讓。14 《靈臺》：《詩經．大雅》記載周文王修建靈臺的時候，百姓都自動前來參加工作。15 或：有人。

譯文

文學說：「樹木多次遷移就會枯萎，鳥獸遷離故居就會生病，因此來自代地的馬兒對北風有依賴之情，飛鳥也常圍繞着舊巢盤旋飛翔不忍離去，他們沒有不愛自己的出生地的。由此可見，百姓並非是為了躲避朝廷的賦稅而喜歡流浪逃亡的。過去，經常發動戰爭，軍費不足，就按照財產數量徵稅，經常到在家未逃亡的百姓那裏徵稅以供養軍需，加上在家農民還要承受耕地的勞苦，因此有些人便不願意到田地裏耕田。逃避賦稅的人，大都是有錢有勢的大家族，鄉村的官吏害怕他們，不敢嚴加督促，只能到那些貧窮的百姓家裏催促，小百姓不能忍受，就逃到遠方去。中等人家被迫代替大戶和逃跑的百姓交賦稅，後逃走的為先逃走的納稅服役。安分守己的百姓常受兇惡的官吏欺負，因此相互仿效逃離搜刮厲害的地方，投奔到搜刮較輕的地方去。《傳》書說：『政令寬容，百姓會至死不離開家鄉；政令嚴酷，父子會各自逃生。』因此田地日益荒蕪，城市逐漸空虛。管理百姓的道理在於剷除他們痛恨的事情，使他們安定而不會受到侵擾，役使他們卻不讓他們覺得疲勞。因此百姓會努力從事農業生產而且喜歡繳納賦稅。這樣，君王也用不着救濟百姓，百姓也不會依賴朝廷的救濟，上下相互禮讓，頌揚君主的聲音就會發出來。所以徵收百姓的賦稅百姓不厭惡，役使百姓，百姓不覺得痛苦。《靈臺》詩中描述的事情是：並沒有人驅使百姓來服役，是百姓自動來幫忙的。像這樣，君王怎麼會不富足呢？」

御史曰：「古者，十五入大學[1]，與小役[2]。二十冠而成人[3]，與戎。五十以上，血脈溢剛，曰艾壯[4]。《詩》曰：『方叔元老，克壯其猷[5]。』故商師若

烏[6]，周師若荼[7]。今陛下哀憐百姓，寬力役之政，二十三始傅[8]，五十六而免，所以輔耆壯而息老艾也[9]。丁者治其田里，老者修其唐園[10]，儉力趣時，無饑寒之患。不治其家而訟縣官[11]，亦悖矣。」

注釋

1**大學**：應指「太學」。太學，我國古代最高學府，即國學。2**與**：參與，參加。3**二十冠**：古代男子二十歲進行加冠儀式，表示已經成人。冠，加冠。4**艾壯**：稱年逾五十而身體強健者。5**「方叔元老」兩句**：語出《詩經．小雅．采芑》。猷：計算、謀劃。方叔：人名。西周周宣王時卿士，曾率兵車三千輛南征荊楚，北伐玁狁，為周室中興的大功臣。6**商師若烏**：商朝的軍隊大都由青年人組成，他們的頭髮烏黑，如同烏鴉的顏色一樣。7**周師若荼**：周朝的軍隊大都由老年人組成，他們的頭髮斑白，如同茅草上的白花一樣。荼，茅草上的白花。8**傅**：把名字寫進名冊。9**息**：讓他們休息。10**唐園**：園地。11**訟**：埋怨。

譯文

御史說：「古時候，人們十五歲到太學讀書，參加一些比較小的勞役；二十歲舉行加冠禮後就是成年人了，得服兵役；五十歲以上血氣充沛，身體剛強，稱作『艾壯』。《詩經》上說：『方叔年紀雖然很老，卻有莊偉的軍事謀略。』因此說商朝的軍隊由頭髮烏黑的青壯年組成，周朝的軍隊由白頭髮的老年人組成。如今皇上憐憫百姓，放寬了服勞役、兵役的規定，百姓二十三歲才開始服役，到了五十六歲就免除徭役，這樣做是為了幫助年老而身體尚且強壯的人，讓他們得到休息。壯年人耕種土地，老年人在園地幹活，節約勞力，不違農時，就沒有飢餓和寒冷的禍患。不好好治理家業卻埋怨朝廷，真是太違背道理了！」

文學曰：「十九年已下為殤[1]，未成人也。二十而冠。三十而娶，可以從戎事。五十已上曰艾老，杖於家，不從力役，所以扶不足而息高年也[2]。鄉飲酒之禮[3]，耆老異饌[4]，所以優耆耄而明養老也[5]。故老者非肉不飽，非帛不暖，非杖不行。今五十已上至六十，與子孫服輓輸[6]，並給徭役，非養老之意也。古有大喪者[7]，君三年不呼其門，通其孝道[8]，遂其哀戚之心也[9]。君子之所重而自盡者[10]，其惟親之喪乎。今或僵尸[11]，棄衰絰而從戎事[12]，非所以子百姓[13]，順孝悌之心也[14]。周公抱成王聽天下，恩塞海內，澤被四表[15]，矧惟人面[16]，含仁保德，靡不得其所[17]。《詩》云：『夙夜基命宥密[18]。』陛下富於春秋[19]，委任大臣，公卿輔政，政教未均，故庶人議也。」

御史默不答也。

注釋

1十九年已下：應為「十九年以下」。殤，未成年去世。古代十九歲以下去世被稱為「殤」。2扶不足：幫助未成年人。3鄉飲酒之禮：古代嘉禮的一種，也是漢代的一種宴飲風俗。起源於上古氏族社會之集體活動，以敬老為中心。4耆老：老年人。耆，六十歲以上的人。5耄：年老，八九十歲的年紀。6輓輸：通「挽輸」，運輸之意。7大喪：一指帝王、皇后、世子之死，還有一種是指父母去世。此處應指父母去世。8通：完成。9遂：滿足。10自盡：拿出自己的全部心力去做。11僵尸：指死去尚未埋掉的僵硬屍體。12衰絰（粵：迭；普：dié）：喪服。13子：以之為子。14孝悌：孝順父母，敬愛兄長。此處偏重指「孝」。15四表：四面邊境之地。16矧（粵：診；普：shěn）：況且。人面：原作「南面」。17靡：沒有。18夙夜基命宥（粵：右；普：yòu）密：語出《詩經・周頌・昊天有成命》。宥密，寬仁寧靜。19富於春秋：指人年輕。

譯文

文學說：「十九歲以下的人去世被稱為『殤』，這是因為他們還沒有成年。二十歲加冠，三十歲娶妻子，成年了才可以服兵役。五十歲以上稱為艾老，待在家裏，拄着拐杖走路，不再承擔徭役。這些規定是用來輔助未成年人、讓年事已高的人在家頤養天年。鄉村飲酒儀式上面，老年人飲食不同，年歲愈大菜餚愈多，這是為了優待老年人彰明奉養老人的旨意。所以對老年人一定要給肉讓他吃飽，給絲織品讓他穿暖，給他手杖讓他行走。現在百姓中五十歲以上到六十歲的人，還在和子孫一起拉車運輸，一起承擔徭役，這不是贍養老年人的旨意。古時候有父母喪事在身的人，君王三年都不會派人叫門召他來承擔差事，這樣是為了讓他盡孝道，成全他一片哀愁痛苦之情。君子特別重視而且盡心盡力去做的事情，大概是父母的喪事吧。如今有的人父親或者母親死了還沒有埋葬，就不得不脫下喪服而去服兵役，這並不是把百姓當成自己的孩子，順應他們孝順之心的正確做法。周公旦抱着成王上朝處理政事，恩德充滿天下，德澤惠及四面八方邊緣地區，何況是對百姓，只要有仁德，天下沒有不安居樂業的。《詩經》上說：『成王日夜操勞，積德承天命，實施寬仁安靜的政策。』如今的皇帝年紀很輕，把朝政交給大臣霍光，讓其主持大局，公卿們協助處理政事，可是政令和教化卻並不平均，所以百姓會議論責備。」

御史沉默，沒有回答。

賞析與點評

文學提到大將軍霍光的功績，而鹽鐵會議後一年，桑弘羊就因事而被霍光殺死，令人懷疑會議背後的政治陰謀，有人藉文學來打擊政敵。

卷四

地廣第十六

本篇導讀——

本篇重點討論漢武帝武力征討以及邊境地區擴張的策略。本篇裏面，大夫和文學針鋒相對，展開了三個回合的較量。

第一個回合中，大夫們一上來就提出邊境地區和內地一樣，漢武帝不忍邊境地區百姓受苦才出兵攻打匈奴和百越，壯大邊境實力是為了保證內地平安無事，而非純粹為了擴張領土。文學馬上拿過去天子領地和《尚書》的記載說明漢武帝時期進軍道路太長，百姓苦不堪言。即便把那些遙遠偏僻之地奪過來，也不容易駐守，還會加重國家和百姓的負擔。

既然文學拿出了古代的天子引發議論，第二個回合裏面，大夫就把漢武帝討伐四方各族與商湯和周武王出兵征戰相提並論，認為是英明的舉措。文學則拿秦朝不斷擴大疆域而最終悲劇收場作為開頭，引出漢武帝時期征戰不斷、邊境不斷擴張之事，指出戰爭給國家人民帶來巨大災害。這些征戰本質上是好事臣子的「傑作」。

文學的批評引起了大夫的強烈不滿，第三個回合裏面，大夫開始反攻，他嘲笑文學又窮又瘦，衣服破爛，愚昧無知，一竅不通，根本不懂得治理國家。文學也不甘示弱，轉過頭諷刺高官們放棄仁義追逐財富，假公濟私，讓百姓生活困頓，而他們這些追求仁義之人甘於清貧，自然破衣爛帽。

大夫曰：「王者包含并覆[1]，普愛無私，不為近重施，不為遠遺恩[2]。今俱是民也，俱是臣也，安危勞佚不齊，獨不當調邪？不念彼而獨計此，斯亦好議矣？緣邊之民，處寒苦之地，距強胡之難[3]，烽燧一動，有沒身之累。故邊民百戰，而中國恬卧者[4]，以邊郡為蔽扞也[5]。《詩》云：『莫非王事，而我獨勞。』刺不均也。是以聖王懷四方獨苦，興師推卻胡、越，遠寇安災，散中國肥饒之餘，以調邊境，邊境強，則中國安，中國安則晏然無事。何求而不默也？」

注釋

1包含并覆：容納一切，覆蓋所有。2遺恩：丟棄而不給予恩惠。3距：通「拒」，抵擋之意。4恬卧：安然入睡。5蔽扞：屏障。

譯文

大夫說：「帝王容納一切，覆蓋所有，博愛無私，不因為離得近就多多施恩，不會因為離得遠就不施恩澤。如今，內地和邊境的人都是皇上的百姓，都是皇上的屬臣，但是安危勞逸卻不等，難道不應該調劑一下麼？你們不考慮百姓待遇不等的情況，只計較內地老年人服勞役、居喪者從戎的事情，這也太喜歡發表議論了吧！邊境地區的百姓居住在寒冷貧瘠的地方，抵擋強大的匈奴的騷擾，烽煙一起，就有喪失性命的危險。因此，邊境百姓歷經多次戰爭，而內地的老百姓就安枕無憂。這是以邊境地區作為內地的屏障啊。《詩》說：『沒有一件不是天子的事情，但只有我一個人勞苦。』這就是在諷刺勞逸不均。因此漢武帝惦念四面邊境的百姓獨自忍受苦難，就興兵攻打匈奴和百越，將敵人趕到很遠的地方去，使災禍不再發生，並拿出內地多餘的財物來調劑支援邊境，邊境實力強大了，內地就能安定，內地安定國家就太平無事，你們還想求什麼，為什麼不能保持沉默呢？」

賞析與點評

《史記．酷吏列傳》：「會渾邪等降，漢大興兵伐匈奴，山東水旱，貧民流徙，皆仰給縣官，縣官空虛。於是丞上指，請造白金及五銖錢，籠天下鹽鐵，排富商大賈，出告緡令，鉏豪彊并兼之家，舞文巧詆以輔法。湯每朝奏事，語國家用，日晏，天子忘食。丞相取充位，天下事皆決於湯。百姓不安其生，騷動，縣官所興，未獲其利，奸吏並侵漁，於是痛繩以罪。」從引文得知武帝伐匈奴造成嚴重的經濟災難，絕非官員所言般偉大。

文學曰：「古者，天子之立於天下之中[1]，縣內方不過千里[2]，諸侯列國，不及不食之地，《禹貢》至於五千里[3]。民各供其君，諸侯各保其國，是以百姓均調，而徭役不勞也。今推胡、越數千里，道路迴避[4]，士卒勞罷。故邊民有刎頸之禍，而中國有死亡之患，此百姓所以囂囂而不默也[5]。夫治國之道，由中及外，自近者始。近者親附，然後來遠。百姓內足，然後恤外。故群臣論或欲田輪臺，明主不許，以為先救近務及時本業也。故下詔曰：『當今之務，在於禁苛暴，止擅賦[6]，力本農。』公卿宜承意，請滅除不任，以佐百姓之急。今中國弊落不憂，務在邊境。意者地廣而不耕，多種而不耨[7]，費力而無功，《詩》云：『無田甫田，維莠驕驕[8]。』其斯之謂歟。」

注釋　1立：建立國都。2縣：夏朝稱天子直接通知地區為縣，後世改成畿。3《禹貢》：《尚書》中的一篇，主要記載地理情況。4迴避：曲折偏遠。5囂囂：愁怨之聲沸騰的樣子。6擅賦：擅自設立的賦稅項目。7耨（粵：nau6；普：nòu）：除草。8「無田甫田」兩句：語出《國風・齊風・甫田》。

譯文

文學說：「古時候，天子都將都城建在國家的正中心位置，他直接控制的地方不超過一千里見方，所分封的各個諸侯國疆土也沒有延伸到不能耕種的偏遠地帶，《禹貢》談到當時的天下面積不過是五千里見方。百姓各自供養他們的君王，諸侯各自保衛自己的封國，因此百姓負擔均衡，公家的徭役不會令人勞累。如今把百越、匈奴打退了數千里，進軍的道路迂迴曲折，士兵勞苦疲憊。因此邊疆百姓遭受被殺的禍害，內地百姓免不了死亡的災難，這都是百姓紛紛口出怨言不能夠保持沉默的原因。治理國家的方法在於由國家內地推廣到邊境，從近處開始。近處的人都歸附了，遠處的人才會前來歸附。內地百姓能夠富足了，才會去救濟邊境百姓。所以大臣們一起議事的時候，有人提出要在輪臺實行屯田，聖明的君主便沒有同意，他認為應該解決近處的問題，集中精力振興農業。所以下詔說：『如今最重要的事情在於禁止苛刻殘暴的行為，取消擅自設立的賦稅項目，致力於振興農業。』你們這些公卿應該秉承皇帝的旨意，向皇上請求減免百姓不能夠承受的負擔，以幫助百姓解決他們的困難。如今，國內破敗衰落，你們卻把精力放在邊境地區。

料想這樣做的結果是：國家土地廣闊卻不能耕種，很多土地播種了卻沒有那麼多人力去拔草，費心費力又有什麼收穫。《詩經》上說：『不要去耕種大田，那裏只有野草長得非常茂盛。』大概說的就是這種情況吧。」

大夫曰：「湯、武之伐，非好用兵也。周宣王辟國千里，非貪侵也。所以除寇賊而安百姓也。故無功之師，君子不行。無用之地，聖王不貪。先帝舉湯、武之師，定三垂之難，一面而制敵，匈奴遁逃，因河、山以為防，故去砂石鹹鹵不食之地，故割斗辟之縣，棄造陽之地以與胡，省曲塞，據河險，守要害，以寬徭役，保士民。由此觀之：聖主用心，非務廣地以勞眾而已矣。」

譯文

大夫說：「商湯和周武王出兵征戰，並不是喜歡戰爭。周宣王將國土開闢到多達千里，並不是貪圖侵略國土。他們這樣做是為了除掉敵人，使百姓安定。因此沒有收效的戰爭，君子是不會發動的；沒有用處的土地，聖王不會貪圖。漢武帝用商湯、周武王那樣的正義之師平定了東、西、南三面邊境的禍亂，在北面制服匈奴，匈奴逃亡了。依靠黃河、陰山作為防禦，因此離開了沙石堆積鹽鹼遍地不能耕種的荒涼之地，因此將地處偏遠、孤立突入匈奴地界的縣中的造陽一地割讓給匈奴，減去邊塞的曲折不分，佔據黃河天險，扼守軍事要地，這樣一來，減少徭役，保護軍民。由此可見：漢武帝四處征伐的意圖不只是一心追求領土擴張而使百姓勞累受苦。」

文學曰：「秦之用兵，可謂極矣，蒙恬斥境[1]，可謂遠矣。今踰蒙恬之塞，立郡縣寇虜之地，地彌遠而民滋勞。朔方以西，長安以北，新郡之功，外城之費，不可勝計。非徒是也[2]，司馬、唐蒙鑿西南夷之塗[3]，巴、蜀弊於邛、筰。橫海征南夷[4]，樓船戍東越[5]，荊、楚罷於甌、駱，左將伐朝鮮[6]，開臨屯，燕、齊困於穢貉，張騫通殊遠，納無用，府庫之藏，流於外國。非特斗辟之費，造陽之役也。由此觀之：非人主用心，好事之臣為縣官計過也。」

注釋

1蒙恬：秦時名將，戰功顯著。2徒是：僅僅只是這些。3司馬：司馬相如。4橫海：橫海將軍韓說。5樓船：樓船將軍楊僕。6左將：左將軍荀彘。

譯文

文學說：「秦朝興兵作戰，可以稱得上達到了頂點，蒙恬擴展的疆土可以稱得上甚為偏遠。如今，我們越過了蒙恬曾經修築的關塞，在敵寇地界建立了郡縣，較之秦朝我們的邊境離國內更遠了，百姓也更加勞累。朔方郡以西，長安郡以北，新設立郡縣的建築工程，塞外諸多城市的建設費用，所得算也算不完。並且還不僅僅是這一項開銷，司馬相如、唐蒙開闢通往西南蠻夷之地的道路，使巴蜀地區人民因開路邛、筰等國疲憊不堪。橫海將軍韓說討伐南夷，樓船將軍楊僕出征南越，使荊、楚一帶的軍民因向兩越開戰而甚為疲憊；左將軍荀彘進軍朝鮮，新開臨屯等四郡，燕齊兩地因這次戰爭甚為困苦；張騫打通了通往西域各國的聯繫，引進的是一些沒有用處的東西，卻讓朝廷的國庫財物流向了國外。這些舉動花費的巨大人力財力遠非放棄造陽之地所剩下的那些可比的。由此可見：這些舉動並非出自皇上本人的意圖，而是那些好事的臣子為皇上籌謀劃策的過錯。」

賞析與點評

《史記・平準書》：「是以物盛則衰，時極而轉，一質一文，終始之變也。」由此觀之，上引《平準書》的贊語，司馬遷大力批評秦政府過猶不及，肆意開疆拓土，窮民自肥，最終成為歷史上最快滅亡的朝代。

大夫曰：「挾管仲之智者，非為廝役之使也；懷陶朱之慮者[1]，不居貧困之處。文學能言而不能行，居下而訕上，處貧而非富，大言而不從[2]，高厲而行卑，誹譽訾議，以要名采善於當世[3]。夫祿不過秉握者[4]，不足以言治，家不滿儋石者，不足以計事。儒皆貧羸[5]，衣冠不完，安知國家之政，縣官之事乎。何斗辟造陽也！」

注釋

1 陶朱：又稱陶朱公。本名范蠡，春秋末年政治家、實業家，富可敵國，自稱為「陶朱公」。2 大言：大話，冠冕堂皇的話。3 要名采善：求取名聲。采，獲取；善，別人的稱讚。4 秉握：指數量很少的糧食。秉，一束稻子；握，一捧糧食。5 羸：瘦弱。

譯文

大夫說：「懷有管仲那樣智慧的人，不會服從奴僕役夫這樣的差使；具有陶朱公深謀遠慮的人，不會在貧窮的地方居住。你們這些文學光會說不會做，身居下位卻喜歡誹謗居上位的官員，處於貧窮的地方就攻擊富人，口裏說得冠冕堂皇，實際卻不能按照所說的去做，外表清高莊嚴，實際行為卑污低下，破壞別人的聲譽、詆毀別人的計策用來沽名釣譽。俸祿不超過一束莊稼、一把糧食的人，沒有資格討論治理國家，家中存有的糧食還不滿一石的人，沒有資格參與政事討論。你們這些儒生一個個又窮又瘦弱，衣服冠帶都破破爛爛，怎麼會懂得國家的治理、天子的大事呢？還談什麼『斗辟造陽』呢！」

賞析與點評

從這段文字可知，大夫與文學不單立場相左，更是階級矛盾的對立，大夫根本看不起出身草根的文學，借管仲與陶朱公的成功來貶低書生百無一用，這種事在古今也沒有大的分別。

文學曰：「夫賤不害智，貧不妨行。顏淵屢空[1]，不為不賢。孔子不容，不為不聖。必將以貌舉人，以才進士，則太公終身鼓刀，寧戚不離飯牛矣。古之君子，守道以立名，修身以俟時，不為窮變節，不為賤易志，惟仁之處，惟義之行。臨財苟得，見利反義，不義而富，無名而貴，仁者不為也。故曾參、閔子不以其仁易晉、楚之富。伯夷不以其行易諸侯之位，是以齊景公有馬千駟，而不能與之爭名。孔子曰：『賢哉回也。一簞食，一瓢飲，在於陋巷，人不堪其憂，回也不改其樂[2]。』故惟仁者能處約[3]、樂，小人富斯暴，貧斯濫矣。楊子曰[4]：『為仁不富，為富不仁。』苟先利而後義，取奪不厭[5]。公卿積億萬，大夫積千金，士積百金，利己并財以聚。百姓寒苦，流離於路，儒獨何以完其衣冠也？」

注釋

1顏淵：姓顏名回，字子淵，又稱顏淵，孔子弟子之一。空：空乏，無錢無糧。2「賢哉回也」六句：語出《論語·雍也》。簞：古代盛飯的圓竹器。3約：貧困。4楊子：指陽虎，又名陽貨。春秋時魯國人，曾當過季孫氏的家臣。5厭：滿足。

譯文

文學說：「地位貧賤不影響智慧，貧窮不妨礙德行。顏淵經常無錢無糧，不能說他不是賢人。孔子不被天下各國接納，不能說他不是聖人。非要用外貌來推薦人才，用財富來進用大夫的話，那姜太公一生都只能操刀屠宰，寧戚也永遠擺脱不了餵牛的生活了。古時候的君子，堅守道義用來樹立自己的名譽，加強自身修養以等待時代清明的時機，不會因為貧窮就改變自己的氣節，也不因為身份卑微就改變自己的志向，只堅守仁德，只實行禮義。面對錢財，用不正當的手段獲取，看到禮義，就將禮義拋到了一邊，不守禮義而致富，沒有美名而顯貴，這是仁人不會去做的事情。因此，曾參、閔子騫不願用他們的仁義去換取晉、楚兩國的財富。伯夷不肯用他的高尚品性去換取諸侯王的位子，因此齊景公雖然有千輛戰車卻不能和他在影響力上相提並論。孔子說：『顏回真是賢人啊！只吃一勺飯，一瓢水，居住在簡陋的小巷子裏面，別人忍受不了這樣的困苦，他卻依然覺得很快樂。』因此，只有仁人才能夠在貧困、快樂時都不改常態，而小人一旦富有就驕橫無比，貧窮時就胡作非為。陽貨曾經說過：『追求仁義的人難以富有，追求富有就會拋棄仁義。』若把利益放在禮義前面，不斷地巧取豪奪追求財利永不知滿足。你們這些公卿積蓄的財富高達億萬金，大夫積累的財富高達千金，下屬官吏積累的財富也有百金，都是把公家的拿過來用了，吞併了別人的財產而獲得的。百姓們貧窮不堪，流離失所，我們儒生又怎麼會單獨有完好的衣帽呢？」

賞析與點評

文學的反駁頗有「山不在高，有仙則靈」之氣勢，這就是知識分子的傲骨。

貧富第十七

本篇導讀——

本篇是大夫和文學關於自身貧窮和富有的討論，因為上篇中文學指責位居高官的人假公濟私以至富裕。本篇一開始大夫便把自己的學習及為官歷程簡要剖析了一下，並以己推人，認為有智慧和賢能之人自然可以富有。文學這麼困窘，連自己的事情都管不好，更沒有能力管理國家事物。文學則認為為官者應該依靠仁德讓自己稱職，而不應該為自己謀私利；君子追求的是仁義，而不是苟且追求富有。寧可貧而有節，不可富而無禮。

大夫曰：「余結髮束脩年十三[1]，幸得宿衛[2]，給事輦轂之下[3]，以至卿大夫之位，獲祿受賜，六十有餘年矣。車馬衣服之用，妻子僕養之費，量入為出，儉

節以居之[4]，奉祿賞賜，一二籌策之[5]，積浸以致富成業[6]。故分土若一，賢者能守之。分財若一，智者能籌之。夫白圭之廢著[7]，子貢之三至千金[8]，豈必賴之民哉？運之六寸[9]，轉之息耗[10]，取之貴賤之間耳！」

注釋

1結髮：古時兒童將頭髮紮成髻。結髮泛指童年時期。束脩：十條乾肉。古代學生拜師時要送給老師的禮物，故代指入學讀書。2宿衛：在宮內值宿警衛。3給事：任職。4居：處，對待。5一二：一一地。6積浸：漸漸地。7白圭：戰國時期大商人，善於掌握時機低價購入高價賣出。廢：售出。著：買進。8三：指多次。9六寸：古代一種竹子製成的計算工具，寬一分，長六寸。10息：生長，指盈利。

譯文

大夫說：「我從兒童時期就入學讀了十三年書，幸運地得到了在宮中值警衛的差事，在京師地區任職。最終到了大司農以及御史大夫等職位，獲取朝廷俸祿受到朝廷賞賜，至今已經有六十餘年了。我在車馬衣服、養家糊口和僱用僕人的開支上面，都是根據收入籌劃支出，以節約簡樸為原則來處理，對俸祿和賞賜，我一一地謀劃安排，這樣逐漸地獲得了富足，建成了家業。所以分的土地面積相等，賢能的人才守得住。分的財產數量相同，智慧的人才能夠有計劃地使用。白圭善於掌握買進賣出的時機而發財，子貢多次富至千金，難道一定是靠掠奪百姓才取得的麼？他們不過是利用運算工具進行籌謀，在盈虧之間仔細分析權衡，賺取賤買貴賣之間的差價罷了。」

賞析與點評

《史記・平準書》說：「桑弘羊，洛陽商人子。以心計，年十三，侍中。」又說：「元封元年（前一一〇），桑弘羊為治粟都尉，領大農。」桑弘羊以自己成功的經歷說明成功乃靠個人的努力，非為僥倖，並以子貢為例。《史記・貨殖列傳》載：「子貢結駟連騎，束帛之幣以聘享諸侯，所至，國君無不分庭與之抗禮。夫使孔子名布揚於天下者，子貢先後之也。此所謂得埶而益彰者乎？」桑弘羊繼承了司馬遷的觀點，反映其現實主義的傾向，他們不把孔子視作不食人間煙火的聖人，而是客觀地承認名揚天下必須要有一定的經濟力量支持，若沒有子貢的支持，孔子也無法周遊列國弘揚他的學說，沒有家財萬貫的子貢，後人也未必能夠如此熟悉孔夫子的學說了。

文學曰：「古者，事業不二，利祿不兼，然諸業不相遠，而貧富不相懸也。夫乘爵祿以謙讓者[1]，名不可勝舉也[2]。因權勢以求利者，入不可勝數也。食湖

池，管山海，芻蕘者不能與之爭澤[3]，商賈不能與之爭利。子貢以布衣致之，而孔子非之，沉以勢位求之者乎？故古者大夫思其仁義以充其位，不為權利以充其私也。」

注釋　1乘：憑藉。2舉：稱讚。3芻蕘（粵：初搖；普：chú ráo）：割草打柴的人。

譯文　文學說：「古時候，一個人不能同時從事兩個職業，不能兼得兩個職業的收入，這樣一來，各種職業收入差距不大，貧富之間的懸殊也很小。憑藉着高官厚祿而能夠謙讓的人，他們的美名一定無法用語言形容。憑藉權勢而謀求私利的人，他們的收入簡直無法計算。如今官員限制湖泊池澤，統一控制山河湖海資源。割草打柴的人都不能和你們爭奪好處，商人都不能和你們爭奪利益。子貢憑藉着布衣的身份致富，孔子還批評他，何況你們這些憑藉着權勢地位致富的人呢？因此，古時候大夫考慮的是依靠仁德讓自己能夠稱職，不是以權利為自己謀取私利。」

賞析與點評

文學指政府把山林池澤也一同納入國家體制之中，使得人民的生計受到衝擊，他們又批評其把山林國有化，令人民沒法享用天然資源，抑止了工商業發展的潛力，付出了沉重的代價。

大夫曰：「山嶽有饒，然後百姓贍焉。河、海有潤，然後民取足焉。夫尋常之污[2]，不能溉陂澤，丘阜之木[2]，不能成宮室。小不能苞大，少不能贍多。未有不能自足而能足人者也。未有不能自治而能治人者也。故善為人者[3]，能自為者也，善治人者，能自治者也。文學不能治內，安能理外乎？」

注釋　1 污：小池塘。2 丘阜：小山丘。3 為人：替人辦事。

譯文　大夫說：「山川物產富饒，然後百姓可以得到供給。江河湖海有水產，百姓就可以從中得到滿足。平常那些小水坑裏的水不能灌滿大池澤，小山丘上的樹木不能夠用來建造宮室。小的無法包容大的，少的不能供給多的。沒有誰自己都無法獲得豐足卻能夠使別人豐足的，也沒有連自己都管不好卻能夠管理好別人的。因此那些善於替別人辦事的人也是能夠辦理好自己事情的人，善於管理別人的人也是能夠管好自己的人。你們這些文學都管不好自己的事情，又哪裏能夠管理好國家的事情呢？」

賞析與點評

大夫的言論反映其干預主義的立場，此與現代左派經濟學的主張有相類之處，均認為由政府控制資源比市場更有效，可事實卻說明官僚體制往往造成巨大的浪費，最終令民不聊生。

文學曰：「行遠道者假於車，濟江、海者因於舟。故賢士之立功成名，因於資而假物者也[1]。公輸子能因人主之材木，以構宮室臺榭，而不能自為專屋狹廬[2]，材不足也。歐冶能因國君之銅鐵，以為金爐大鐘，而不能自為壺鼎盤杅，無其用也。君子能因人主之正朝[3]，以和百姓，潤眾庶，而不能自饒其家，勢不便也[4]。故舜耕於歷山，恩不及州里，太公屠牛於朝歌[5]，利不及妻子，及其見用，恩流八荒，德溢四海。故舜假之堯，太公因之周，君子能修身以假道者，不能枉道而假財也。」

注釋

1資：資本，此處指客觀條件。2專屋：特別小的房子。3正朝：朝政。4勢不便：所處的地位不允許那樣。5朝歌：商朝都城。今在河南淇縣。

譯文

文學說：「到遠處去要依靠馬車，渡過江海需要用船。因此賢士建立功業成就美名，也要依靠一定的客觀條件。魯班能夠根據君主的木材建成宮室臺榭，卻不能為自己建立一個狹小的房屋，這是因為他的木材不夠。歐冶子能夠為國君冶煉金爐大鐘，卻不能為自己冶煉一些壺鼎盤盂，這是因為他沒有製造這些器具的材料。君子能夠依靠君主的朝政讓百姓和睦，讓民眾都獲得好處，卻不能讓自己家庭變得富饒，這是因為他處的位子要求他不能這麼做。所以，舜在歷山耕田種地，恩澤不能達到自己的家鄉，姜太公在朝歌宰牛，好處竟然落不到自己的妻子兒女身上，等到他們被重用以後，恩惠流佈到八方極遠之地，德澤充滿整個天下。因此舜只是借助了堯的力量，太公只是依靠了周朝的政權，身為君子，只能努力修養自身的德行，借助正道來立功成名，不能夠屈曲正道而依靠財利。」

大夫曰：「道懸於天，物布於地，智者以衍[1]，愚者以困。子貢以著積顯於諸侯、陶朱公以貨殖尊於當世。富者交焉，貧者贍焉。故上自人君，下及布衣之士，莫不戴其德，稱其仁。原憲、孔伋[2]，當世被饑寒之患，顏回屢空於窮巷，當此之時，迫於窟穴，拘於縕袍，雖欲假財信奸佞，亦不能也。」

注釋

1衍：富足。2原憲：字子思，孔子的學生之一，春秋時魯國人。他曾隱居在小巷中，過着貧窮的生活。孔伋：孔子的孫子，字子思，曾被困宋國，無法回家。

譯文

大夫說：「大道高懸於天，萬物散佈在大地，聰明的人憑藉這些條件致富，愚蠢的人免不了貧困。子貢憑藉着積累財富而名揚諸侯，陶朱公憑藉着經商位高當世。富人紛紛和他們交往，貧窮的人從他們那裏得到救濟。因此上至君王，下至平民百姓，沒有一個不感念他們的恩德，頌揚他們的仁義。原憲和孔伋醫生免不了遭受飢寒之苦，顏回居住在偏僻的小巷子裏經常陷入無錢無糧的境地，在那個時候，住在小土屋裏面受擁擠，穿着破衣服不自在，即使想藉助錢財施展奸詐諂媚，也是辦不到的啊！」

文學曰：「孔子云：『富而可求，雖執鞭之事[1]，吾亦為之。如不可求，從吾所好[2]。』君子求義，非苟富也。故刺子貢不受命而貨殖焉。君子遭時則富且貴，不遇，退而樂道。不以利累己，故不違義而妄取。隱居修節，不欲妨行，故不毀名而趨勢。雖付之以韓、魏之家[3]，非其志，則不居也。富貴不能榮，謗毀不能傷也。故原憲之縕袍，賢於季孫之狐貉[4]；趙宣孟之魚飧[5]，甘於智伯之芻豢[6]；子思之銀珮[7]，美於虞公之垂棘[8]。魏文侯軾段干木之閭[9]，非以其有勢也；晉文公見韓慶，下車而趨[10]，非以其多財，以其富於仁，充於德也。故貴何必財，亦仁義而已矣！」

注釋

1執鞭：拿着馬鞭，引申為趕車的車夫。2「富而可求」五句：語出《論語．述而》。

3韓、魏之家：春秋末年，晉國六卿中，韓、魏兩家最富有。4季孫：季孫氏，魯國大貴族。5趙孟宣：春秋時晉國大夫趙盾，生活節儉。魚飧（粵：孫；普：sūn）：一種粗劣的魚製食品。6智伯：又稱荀瑤，晉國執政六公卿之一，權傾一時，野心很大，後最終身敗名裂。芻豢：指牛羊豬狗等牲畜，泛指肉類食品。7子思：孔子之孫孔伋。8垂棘：晉國垂棘一代出產的美玉。9軾：車前橫木。此處應為動詞，指服在橫木上致敬之意。10趨：快步地走。

譯文

文學說：「孔子說：『富貴又符合仁義的事情，即便是讓我作拿馬鞭的車夫，我也願意。若依靠不符合仁義的手段獲取富貴，我還是幹我喜歡幹的事情。』君子追求的是仁義，而不是苟且地追求富有。因此孔子譏諷子貢不接受教導而去經商。君子遇到政治清明的時候就會當官致富，沒有遇上好時機就會退而堅守，研究聖人之道，以之為樂。不因逐利讓自己勞累，因此從來不違背仁義而非法求取。他們隱居起來修養自己的節操，不因貪慾妨礙自己修行，因此不會毀壞自己的名譽而去追逐權勢。即便把韓、魏兩家的巨額財產給他們，若不符合他們的志向，他們也不會接受的。富有和尊貴都不會使他們榮耀，詆毀也不能中傷他們。因此原憲穿着亂麻製成的長襖，比穿着狐狸狗獾毛皮製成大衣的季孫氏賢良；趙盾使用粗劣的魚肉製品，味道好過智伯的各種肉食；子思佩戴的銀飾品，比虞國國公佩戴的垂棘美玉更華美。魏文侯經過段干木的里巷時，總是伏在車前橫木上表示敬意，不是因為段干木有權有勢；晉文公看到韓慶，就下車快步走上前去，不是因為韓慶財產眾多，而是因為他們富有仁義，充滿美德。因此不是所有富貴的人都必須擁有很多財產，只要擁有仁義就足夠了！」

賞析與點評

文學引用孔夫子的話，其實是想說：「富而貴可求也，雖執鞭之士，吾亦求之。」夫子也覺得若富貴可求，那麼就算從事低賤的工作也無所謂。不過「不義而富且貴，於我如浮雲。」因此，當僭離於正道的魯國君臣沉溺酒色、不理朝政之時，孔子棄高官厚祿如蔽履，毅然離開自己的父母之邦，轉而周遊列國，希望可以復興周道，改變「禮崩樂壞」的社會。若道之不行，那麼寧願「一簞食，一瓢飲，在陋巷」，不如捨去物質生活，守住自己的精神世界，他認為只要精神滿足即足願矣。

毀學第十八

本篇導讀——

本篇取名為〈毀學〉，指的是李斯向秦始皇提出不准收藏和傳播儒術的建議。秦始皇採納了這個建議，實行了焚書坑儒的舉措。因此，用「毀學」代指李斯。篇中，大夫和文學圍繞李斯輔佐秦國之事引發了追求富貴和安貧守道兩種生活態度的討論。大夫認為李斯相秦，官拜三公，功勞和伊尹、呂望相比，名聲和泰山一樣巨大。尊貴榮耀是士人所期望獲得的，富裕顯貴也是士人所期待的。文學並非沒有追求富貴的願望，只是口是心非，並且能力不濟罷了。而文學則認為李斯貪圖富貴、追逐財利、迷戀權勢，車裂的下場是他罪有應得的。身為士人，要憑藉仁義獲得富貴，心懷仁德、安貧樂道。

篇中，文學開始以「鵷雛」自喻，將公卿比喻成吃腐敗老鼠肉的「鴟」，辯論雙方的關係更加緊張，也為後面篇目中文學遭斥責，大夫發怒埋下伏筆。

大夫曰：「夫懷枉而言正[1]，自託於無欲而實不從，此非士之情也？昔李斯與包丘子俱事荀卿[2]，既而李斯入秦，遂取三公，據萬乘之權以制海內，功侔伊、望[3]，名巨泰山；而包丘子不免於甕牖蒿廬[4]，如潦歲之蛙[5]，口非不眾也，卒死於溝壑而已。今內無以養，外無以稱，貧賤而好義，雖言仁義，亦不足貴者也。」

注釋

1 枉：彎曲，此處指歪門邪道。2 包丘子：即浮丘伯，是荀子的學生之一。3 侔：相比，相等。伊、望：商朝的伊尹和周朝的呂望。4 甕牖（粵：有；普：yǒu）蒿廬：用掉了底的破瓦罐做窗戶，用蒿草蓋房子。甕，瓦罐；牖，窗戶；蒿，蒿草；廬，屋子。5 潦歲：水患之年。潦，雨水過多。

譯文

大夫說：「你們心裏想的是歪門邪道，嘴上是大談正道，說自己沒有什麼私慾，實際上卻不照着做，這難道不是你們這些『士』的情況麼？過去李斯和包丘子都拜荀子為師，後來李斯到了秦國，做了三公這樣的高官，掌握着強大的統一國家的權勢，功勞能和伊尹、呂望相比，名聲像泰山一樣巨大；然而包丘子卻免不了要用破瓦罐做窗子，住蒿草搭成的草房，如同水災年頭的青蛙，雖然嘴巴不斷地哇哇叫，終究還是死在溝壑裏面罷了。如今你們這些儒生，在家裏面沒有辦法養活妻子孩子，在外面也沒有什麼善行值得稱道，貧窮下賤又喜歡發表議論，即便長期高談仁義，也不值得看重。」

賞析與點評

大夫認為李斯的功業可比伊尹、呂望，並藉身為讀書人李氏的成就來批評文學一事無成，是典型的以身份決定話語正確性的權威性人格思想，這種文化基因一直影響至今。

文學曰：「方李斯之相秦也，始皇任之，人臣無二，然而荀卿謂之不食，睹其罹不測之禍也。包丘子飯麻蓬藜，修道白屋之下，樂其志，安之於廣廈芻豢，無赫赫之勢，亦無戚戚之憂。夫晉獻垂棘[1]，非不美也，宮之奇見之而歎，知荀息之圖之也。智伯富有三晉，非不盛也，然不知襄子之謀之也。季孫之狐貉，非不麗也，而不知魯君之患之也。故晉獻以寶馬釣虞、虢，襄子以城壞誘智伯。故智伯身禽於趙，而虞、虢卒并於晉，以其務得不顧其後，貪土地而利寶馬也。孔子曰：『人無遠慮，必有近憂[2]。』今之在位者，見利不虞害，貪得不顧恥，以利易身，以財易死。無仁義之德，而有富貴之祿，若蹈坎阱，食於懸門之下，此李斯之所以伏五刑也。南方有鳥名鵷雛[3]，非竹實不食，非醴泉不飲，飛過泰山，泰山之鴟[4]，俯啄腐鼠，仰見鵷雛而嚇[5]。今公卿以其富貴笑儒者，為之常行，得無若泰山鴟嚇鵷雛乎？」

注釋

1晉獻垂棘：晉獻公派大臣荀息以屈地出產的良馬和垂棘出產的美玉為禮物，向虞國借道討伐虢國，虞國大夫宮之奇力勸國君不要同意，虞國國君不同意，結果荀息滅掉虢國後，回師路上又滅掉了虞國。2「人無遠慮」兩句：語出《論語．衛靈公》。3鵷（粵：冤；普：yuān）雛：古書上記載牠是一種像鳳凰般的鳥。4鴟（粵：痴；普：chī）：古書上指鷂鷹。5嚇：發出威嚇聲。

譯文

文學說：「李斯開始擔任秦國宰相的時候，秦始皇信任他，當時大臣裏面沒有人可以跟他相提並論的，但是荀子卻因此吃不下飯，就是因為料到他會遭遇不能夠預測的災禍。包丘子吃麻籽住草房，在茅屋下面研究聖道，以守志為樂趣，覺得這樣的生活比身居高大的房屋、口食各種肉類更安逸。包丘子沒有顯赫的權勢，但也沒有什麼需要憂慮的。晉國進獻垂棘一代的美玉，並非不美好，宮之奇看到了就感歎，知道荀息的圖謀。智伯佔有晉國六分土地中的三分，並非不強大，然而他不知道趙襄子在算計他；季孫氏穿狗獾和狐狸毛皮製成的大衣不是不華麗，但是郤不知道魯君正把他視為禍患。因此晉國進獻寶馬釣到了虞國和虢國這兩條大魚，趙襄子以城牆將壞誘騙智伯。因此智伯被趙襄子擒獲，而虞國、虢國最終被晉國吞併，因為他們一心想得到好處而不考慮後果，貪圖土地和寶馬。孔子說：『一個人沒有長遠的考慮，眼前就一定出現憂愁的事情。』如今你們這些當官的，只看到了利益不考慮禍害，貪婪不顧廉恥，因為利而輕看身體和性命。沒有仁義德行郤享受富貴官職的俸祿，就像踩在陷阱之上，在吊起的城門下吃飯一樣，這就是李斯最終受盡五刑而死的原因。南方有種名叫鵷雛的鳥，不是精細的竹米牠不吃，不是甜美的泉水牠不喝，牠飛過泰山的時候，泰山上的老鷹正在俯下身子啄食已經腐敗的老鼠肉，抬頭看見鵷雛就發出威嚇聲。今天你們這些公卿憑藉這身的富貴而嘲笑我們這些儒生，以之為稀鬆平常的事情，這難道不像泰山上的瑤鷹向鵷雛發出威嚇聲一樣麼？」

賞析與點評

絕對權力使人絕對腐化，曾身負濟世理想的李斯在權力的誘惑下，最終因迷戀富貴而受五刑而死，而桑弘羊一年後亦因此而死，可見歷史在前，愚者郤不斷重複犯錯。

大夫曰：「學者所以防固辭[1]，禮者所以文鄙行也。故學以輔德，禮以文質。言思可道，行思可樂。惡言不出於口，邪行不及於己。動作應禮，從容中道。故禮以行之，孫以出之[2]。是以終日言，無口過。終身行，無冤尤。今人主張官立朝以治民，疏爵分祿以褒賢，而曰『懸門』『腐鼠』，何辭之鄙背而悖於所聞也？」

注釋　1固辭：鄙陋的言辭。2孫通遜：謙虛，謙遜之意。

譯文　大夫說：「學問是用來防止語言鄙俗的，禮義是用來美化行為避免粗野的。所以學問被用來輔佐道德，禮義用來修飾本質。說話要考慮是否可以說出口，做事情要考慮是否讓人滿意。口中不說惡言，行為不做壞事。一舉一動與禮毫無偏差，不慌不忙一切都符合正道。因此，按禮行事，依謙遜的原則說話。這樣每天說話，也不會說錯話；終身做事情，也沒有人埋怨責備。如今皇上設置官職建立朝廷來治理百姓，分授爵位和官祿來褒獎賢人，你們卻說什麼『懸門』、『腐鼠』，為什麼言辭如此鄙俗，和我們平常所聽到的一般人說法大相徑庭呢？」

文學曰：「聖主設官以授任，能者處之；分祿以任賢，能者受之。義貴無高，義取無多。故舜受堯之天下，太公不避周之三公。苟非其人，簞食豆羹猶為賴民也。故德薄而位高，力少而任重，鮮不及矣。夫泰山鴟啄腐鼠於窮澤幽谷之中，非有害於人也。今之有司，盜主財而食之於刑法之旁，不知機之是發，又以嚇人，其患惡得若泰山之鴟乎！」

譯文

文學說：「聖明的皇上設立官職授予重任，有才能的人才應該就任；分授俸祿任用賢人，只有多才的人才能夠接受。憑藉仁義獲得富貴，官位再高也沒有什麼不妥，依靠仁義獲得財富，財富再多也沒有什麼不對。因此舜接受了堯禪讓給他的天下，姜太公沒有推辭周朝三公的高位。若不是那樣有仁義的人，吃一勺豆稀飯這樣的俸祿也是對百姓有害。因此德行薄卻居高位，能力小卻擔負重要責任，很少有不遭受災禍的。泰山的瑤鷹在偏遠的深谷裏面啄食腐敗的老鼠肉，對百姓不產生什麼禍害。如今這些官吏，盜竊君主的財富，站在刑法旁邊享用，不知道機關總有一天會發動，還要拿苟且獲得的財富向別人發出威嚇之聲，禍患遠遠超過泰山上的瑤鷹！」

大夫曰：「司馬子言[1]：『天下穰穰，皆為利往[2]。』趙女不擇醜好，鄭嫗不擇遠近，商人不愧恥辱，戎士不愛死力，士不在親，事君不避其難，皆為利祿也。』儒、墨內貪外矜[3]，往來游說，棲棲然亦未為得也[4]。故尊榮者士之願也，富貴者士之期也。方李斯在荀卿之門，闒茸與之齊軫[5]，及其奮翼高舉，龍升驥騖，過九軼二[6]，翱翔萬仞，鴻鵠華騮且同侶，況跛牂燕雀之屬乎！席天下之權，御宇內之眾，後車百乘，食祿萬鍾。而拘儒布褐不完，糟糠不飽，非甘菽藿而卑廣廈，亦不能得已。雖欲嚇人，其何已乎！」

注釋

1司馬子：指司馬遷。2「天下穰穰」兩句：根據《史記．貨殖列傳》中原文大意改編而來。3矜：端莊的樣子。4棲棲然：忙碌不安的樣子。5闒：庸碌、鄙下。茸：鹿茸、細毛。闒茸合起來，是指人品卑劣或者庸碌無能。齊軫：並駕之意。軫，古代指車箱底部四周的橫木，借指車。6過九軼二：獨一無二之意。九在古代為最高數，過九就是達到頂點之意。軼，超過之意；軼二就是第一之意。

譯文

大夫說：「司馬遷說：『天下人亂糟糟的，都是為了財利而奔波。』趙地的女子擇婿不管美醜，鄭國姑娘出嫁不挑遠近，商人不怕羞恥，戰士不吝惜力量和聖明，做官的士人不在乎自己的親屬，侍奉君王者不會躲避災難，這些都是為了利和福。

儒家、墨家內心貪婪，外表卻很端莊，往來奔走各國，游說諸侯，忙碌不安不也是為了得到利祿麼？因此，尊貴榮耀是士人所期望獲得的，富裕顯貴也是士人所期待的。當時李斯在荀子門下求學，卑劣無能的人都能和他並駕齊驅，等到他展翅高飛，像蛟龍一樣飛到天空，像駿馬一樣馳騁千里，達到極點，獨一無二。在萬米高空翱翔，天鵝和驊騮尚且不能夠做牠的伴侶，何況是跛腳母羊和燕子麻雀之類呢！李斯掌握着國家大權，管理整個天下的百姓，跟隨他後面的車都有一百多輛，享用的俸祿高達萬鍾。可是那些固執淺薄的儒生連粗布衣服都還是破爛的，連酒渣糠麩都吃不飽，不是他們喜歡吃粗劣飯菜看不起高大的房屋，而是自己得不到而已。即便想要發出威嚇聲，可是又有什麼可以依仗的呢？」

賞析與點評

司馬遷在《史記．貨殖列傳》中說：「天下熙熙，皆為利來；天下攘攘，皆為利往。」（《史記．貨殖列傳》，頁3256。）這就是成語「熙來攘往」的出處。他用了「天下」一詞，邏輯上屬於「全稱」概念，以此說明了人類的本性都是「尚奢求富」，並認為世上沒有任何例外，人人都是為了追求利益而付出努力。他又於同卷說：「夫千乘之王，萬家之侯，百室之君，尚猶患貧，而況匹夫編戶之民乎？」司馬遷在《史記．蘇秦列傳》中，記載了蘇秦之嫂，當蘇秦說秦惠王不成回家，窮則不以他為叔；但當六國封相後，富則跪地拜金之事，更直接承認因為蘇秦「多金」，此可與人為利來的說法相引證，說明不論是貧窮的人抑或富貴人家，內心都一樣會不甘貧賤，而渴望追求富貴，平日過着衣食無憂生活的諸侯尚且如此，平民百姓必然更甚，難以抵抗財富的吸引力。

文學曰：「君子懷德，小人懷土。賢士徇名[1]，貪夫死利。李斯貪其所欲，致其所惡。孫叔敖早見於未萌[2]，三去相而不悔[3]，非樂卑賤而惡重祿也，慮患遠而避害謹也。夫郊祭之牛[4]，養食期年，衣之文繡，以入廟堂，太宰執其鸞刀[5]，以啟其毛。方此之時，願任重而上峻阪[6]，不可得也。商鞅困於彭池，吳起之伏王屍[7]，願被布褐而處窮鄙之蒿廬，不可得也。李斯相秦，席天下之勢，志小萬乘。及其囚於囹圄，車裂於雲陽之市[8]，亦願負薪入東門，行上蔡曲街徑，不可得也。蘇秦、吳起以權勢自殺，商鞅、李斯以尊重自滅，皆貪祿慕榮以沒其身，從車百乘，曾不足以載其禍也！」

注釋

1 徇：通「殉」，為某種目的而犧牲性命。2 孫叔敖：名敖，字孫叔，楚國名臣，任楚國令尹，輔佐楚莊王。3 去相：辭去楚相之位。4 郊祭：祭祀天地。《禮記．郊特牲》中記載：「郊之祭也，迎長日之至也。」5 太宰：三代掌饌之官。6 峻阪：陡坡。7 吳起：戰國初期人，一生歷仕魯、魏、楚三國；在楚國輔佐楚悼王時主持改革，史稱「吳起變法」。楚悼王去世後，舊貴族在悼王停屍的地方用亂箭射殺吳起。吳起中箭後，怒斥舊貴族，最後伏在楚悼王屍體上死去。8 車裂：把人的頭和四肢分別綁在五輛車上，套上馬匹，分別向不同方向拉，把人的身體硬撕裂成五塊。車裂俗稱五馬分屍。

譯文

文學說：「君子內心想的是仁德，小人心裏依戀的是鄉土。賢人為名譽而死，貪婪的人為財利而亡。李斯貪圖他渴求的富貴，導致他害怕的殺身之禍。孫叔敖在災禍發生前就能夠預料，三次離開宰相之位而不後悔，不是因為自己甘於做地位卑劣的人，厭惡高官厚祿，而是因為他對禍患考慮得很深遠，對災害持小心謹慎的態度。祭祀天地時候使用的牛，要用食物餵養一整年，並讓他披着繡滿花紋的衣服，牽入廟堂中，太宰拿着彎刀，剝開牠的毛皮。到那個時候，想要擔着重物爬陡坡，都不可能了。商鞅被困在彭池這個地方，吳起伏在悼王屍體上，他們想要身穿粗布衣服居住在窮鄉僻壤的蒿草房子裏面，也是辦不到的。李斯在秦國做丞相，掌握天下的權勢，連大諸侯國的王位也看不上。等到他被困在監牢中，在雲陽菜市場上被車裂的時候，也還是盼望着可以背着柴禾進入上蔡縣都關門，走在上蔡彎曲的街道小路上，終究還是不可能。蘇秦、吳起因為迷戀權勢而自取滅亡，商鞅、李斯因為位高權重丟掉性命，他們都是貪圖官祿愛慕榮耀而讓自己喪命的，他們背後跟着百輛車竟然都裝不滿他們的災禍！」

褒賢第十九

本篇導讀——

篇中，大夫和文學都各自褒獎了自己推崇的賢人，同時貶低了對方心目中的賢人。大夫認為蘇秦、張儀等人才智高、勇氣足以使國家富強、自身榮耀，是真正的賢人；伯夷、尾聲之類守小信之人，不是賢人；而趙綰、王臧、主父偃之流的近代儒生和墨生表面高潔、行為卑污，不配做賢人。文學則批評蘇秦、張儀不憑藉正道進身為官，最終以悲劇收場，這樣的人不能稱為賢人。孔甲等人，不貪圖官祿，為民除害，謙虛愛士，是真正的賢人。雙方針鋒相對，矛盾開始尖銳化。

大夫曰：「伯夷以廉饑，尾生以信死。由小器而虧大體[1]，匹夫匹婦之為諒也，

經於溝瀆而莫之知也[2]。何功名之有。蘇秦、張儀，智足以強國，勇足以威敵，一怒而諸侯懼，安居而天下息。萬乘之主，莫不屈體卑辭，重幣請交，此所謂天下名士也。夫智不足與謀，而權不能舉當世，民斯為下也。今舉亡而為有，虛而為盈，布衣穿履，深念徐行，若有遺亡，非立功成名之士，而亦未免於世俗也。」

注釋

1 由小器：依着自己的小肚量。2「匹夫匹婦」兩句：語出《論語‧憲問》。諒：小信。經：上吊自殺。

譯文

大夫說：「伯夷因為廉潔而餓死，尾生因為守信而淹死。他們依仗自己的小肚量而損害大體，像普通男女固守小信，吊死在小山頭上沒有人知道一樣，哪裏還有什麼功名？蘇秦、張儀才智足可以讓國家強大，勇氣足可以威懾敵國，一發怒諸侯國就會害怕，安居下來天下就會太平無事。有萬輛戰車的大國諸侯沒有一個不態度恭敬、言辭謙卑、拿着禮物和他們交往的，他們才稱得上是天下聞名的名士。那些智慧不足以和他共同謀劃事情，才能又不足以擔當大任的人，這樣的人就是下等人了。如今你們是沒有裝作有，空虛卻裝作充實，穿着麻布衣服，腳踏破鞋子，低頭沉思，行走緩慢，好像丟失了什麼東西似的，你們並非能夠立功成名的人，並且也沒免去社會上的庸俗風氣。」

文學曰：「蘇秦以從顯於趙[1]，張儀以横任於秦[2]，方此之時，非不尊貴也，然智士隨而憂之，知夫不以道進者必不以道退，不以義得者必不以義亡。季、孟之權，三桓之富，不可及也，孔子為之曰『微』[3]。為人臣，權均於君，富侔於國者，亡。故其位彌高而罪彌重，祿滋厚而罪滋多。夫行者先全己而後求名，仕者先辟害而後求祿。故香餌非不美也，龜龍聞而深藏，鸞鳳見而高逝者，知其害身也。夫為烏鵲魚鱉，食香餌而後狂飛奔走，遜頭屈遰，無益於死。今有司盜秉國法，進不顧罪，卒然有急，然後車馳入趨，無益於死。所盜不足償於臧獲，妻子奔亡無處所，身在深牢，莫知恤視。方此之時，何暇得以笑乎？」

注釋

1從：合縱政策。戰國時期，蘇秦游説六國諸侯實行縱向聯合，一起對付強大的秦國的政策。因六國結盟為南北方向的聯合，故稱「合縱」。2横：連横政策。戰國時期，張儀輔佐秦國時候提出一種與合縱政策相對的遠交近攻策略。因秦國位於西方，六國位於東方，故稱「連横」。3微：衰落。

譯文

文學説：「蘇秦憑藉合縱的策略在趙國位居顯要，張儀以連横的策略在秦國得到重用，在那個時候，他們並非地位不尊貴，但是聰明的士人就會緊跟着憂慮自身處境，因為聰明的人知道沒有憑藉正道進身為官的人也不會在正道保護下平安退下來，不是依靠合乎義的方式獲得的東西必定不會以合乎義的方式失去。季孫氏、孟孫氏的權利，三桓的財富，沒有人能夠趕得上，孔子卻用『衰落』來評價他們。身為君王臣子的，權勢與君王相等，財富比得上國家，註定要滅亡。所以他們的地位愈高罪也就愈重，俸祿愈豐厚罪也就愈多。做事的人要先保全自己的性命，然後才求取名利，做官的要先避免禍害，然後才追求俸祿。因此香甜的誘餌不是不美味，可是龜龍聞到了就深深地藏到水裏，鸞鳳看到了就飛得高高的，那是因為他們知道這些都是會害自己丟掉性命的。那些烏鵲魚鱉，貪吃香甜的誘餌然後瘋狂奔跑，縮着頭彎着腿垂死掙扎，也總免不了一死。如今做官的竊取國法，肆意掠奪好處，不管是不是犯罪，突然遇上緊急事情，就坐在車子上飛奔逃跑，最終還是難免一死。他所偷盜的不足以償還受妻子兒女被沒為官奴的損失，妻子兒女東奔西跑，四處逃亡，居無定所，自己身陷監牢，沒有人憐憫他來探視。到那個時候，哪裏還有什麼空暇去嘲笑別人呢？」

賞析與點評

本段討論的反映了兩種截然不同的價值觀，大夫是把功業置在道德之上，而文學卻反之。文學之言代表了儒家學說的文化傳統，即所謂「重德主義」，以道德的高低去判斷一個人是否偉大；至於現實主義則偏向以成敗論英雄，兩種價值取向均有可取的地方，二者根本不是二元對立，卻有本末之別。試想若有才而無德，終令才學失去約制，造成人禍連連。

大夫曰：「文學高行[1]，矯然若不可卷[2]。盛節絜言[3]，皦然若不可涅[4]。然戍卒陳勝釋挽輅[5]，首為叛逆，自立張楚，素非有回、由處士之行，宰相列臣之位也。奮於大澤，不過旬月，而齊、魯儒墨縉紳之徒[6]，肆其長衣，——長衣，容衣也。——負孔氏之禮器《詩》、《書》，委質為臣[7]。孔甲為涉博士，卒俱死陳，為天下大笑。深藏高逝者固若是也？」

注釋

1高行：品行高尚。2矯然：堅硬強勁貌。3盛節絜言：節操盛大、言辭雅潔。4皦（粵：皦；普：jiǎo）然：潔白的樣子。涅：染黑。5挽輅：車上供牽引用的橫木。代指所來的車子。6縉紳：原意是插笏（古代朝會時官宦所執手板，有事就寫在上面，以備遺忘）於帶，就是官宦的裝束，轉為官宦的代稱。7委質：向君主獻禮，表示獻身。引申為臣服、歸附。

譯文

大夫說：「文學品行高尚，一副堅硬強勁不能彎曲的樣子。節操盛大言辭雅潔，潔白純淨不能被染黑的樣子。然而戍守的士卒陳勝放下所拉的車子，帶頭發動叛亂，自己建立了張楚國，他一直沒有顏回、許由所操持的高士行為，也沒有宰相或一般大臣的位子。但當他在大澤鄉奮起，不到一個月，齊、魯國的儒家墨家人士就無所顧忌地穿上長衣，——長衣，是古代禮法規定的服裝。——背着孔子所崇尚的禮器和各種儒家經典，前來投奔誠心做陳勝的臣子。孔甲擔任陳勝的博士官，最終與陳勝一起死在陳地，被天下人盡情地恥笑。如龍鳳一樣見到香餌就深藏高飛的人難道就一定是這樣的麼？」

文學曰：「周室衰，禮樂壞，不能統理天下，諸侯交爭，相滅亡，并為六國[1]，兵革不休，民不得寧息。秦以虎狼之心，蠶食諸侯，并吞戰國以為郡縣，伐能矜功[2]，自以為過堯、舜而羞與之同。棄仁義而尚刑罰，以為今時不師於文而決於武。趙高治獄於內[3]，蒙恬用兵於外，百姓愁苦，同心而患秦。陳王赫然奮爪牙為天下首事[4]，道雖凶而儒墨或干之者，以為無王久矣，道擁遏不得行，自孔子以至於茲，而秦復重禁之，故發憤於陳王也。孔子曰：『如有用我者，吾其為東周乎[5]！』庶幾成湯、文、武之功，為百姓除殘去賊，豈貪祿樂位哉？」

注釋

1六：應當做七，春秋時期秦、齊、楚、魏、燕、趙、韓七國爭奪天下。2伐能矜功：自我誇耀才能，居功自傲。伐，自我誇耀。矜功，居功自傲。3治獄：掌管刑獄之事。4陳王：陳勝。5「如有用我者」兩句：語出《論語・陽貨》。

譯文

文學說：「周王室衰落之後，禮崩樂壞，不能統一控制天下，諸侯相互交戰，強滅弱，大併小，最後合併為七個國家。戰爭沒有止境，百姓得不到安寧休養。秦國有狼虎般兇猛的心腸，像蠶吞食桑葉一樣吞併了其他諸侯國，並且把其他六個國家消滅，將其他國家作為秦國的郡縣。秦始皇誇耀自己的才能，居功自傲，自認為超過了堯、舜且恥於和堯、舜同伍。拋棄仁義治國而推崇刑罰，認為當今世上不是依靠文德而是取決於武力。趙高在國內掌管刑獄之事，蒙恬在外帶兵作戰，百姓憂愁痛苦，萬眾一心，把秦朝視為禍患。陳勝憤怒地發動同行的戍卒帶頭為天下起事，他的做法雖然凶險，但是儒生墨生有的還是去投奔他求取任用，是因為他們認為天下很久沒人施行王道了，王道被堵塞得不到施行，自孔子開始一直延伸到現在，而秦朝又對王道嚴厲禁止，因此他們都投奔陳勝去了。孔子說：『若有人可以任用我，我將在東方的魯國復興周文王。』這些儒生墨生所希望的也是建立商湯、周文王、周武王那樣的功業，替百姓除去殘暴害人的人，哪裏是貪圖什麼俸祿、迷戀什麼官位呢？」

賞析與點評

此段反映了儒家的尚古歷史觀，一般認為愈古人心愈純樸，常有人心不古之歎。孔子更希望把當代回復至西周的狀況，他知道未必可能，故有亂臣欲請孔子出山，其高足子路不滿孔子言行不一，《論語·貨陽》記載：「公山弗擾以費畔，召，子欲往。子路不說，曰：『末之也已，何必公山氏之之也。』子曰：『夫召我者而豈徒哉？如有用我者，吾其為東周乎。』」由此足見，向有尚古精神的孔子也認為東周也比當代（春秋晚期）的社會狀況理想得多，由此觀之，西周亦比東周佳。

大夫曰：「文學言行雖有伯夷之廉，不及柳下惠之貞[1]，不過高瞻下視，絜言污行，觴酒豆肉，遷延相讓[2]，辭小取大，雞廉狼吞。趙綰、王臧之等[3]，以儒術擢為上卿，而有奸利殘忍之心。主父偃以口舌取大官[4]，竊權重，欺紿宗室，受諸侯之賂，卒皆誅死。東方朔自稱辯略[5]，消堅釋石，當世無雙。然省其私行，狂夫不忍為，況無東方朔之口，其餘無可觀者也？」

注釋

1柳下惠：春秋時魯國人，擔任掌管刑獄的官職，三次被罷免，別人勸他離開魯國，他回答說：「依正道而侍奉人，到哪裏也免不了不撤職；不依正道而侍奉人，又何必離開祖國？」2遷延：向後避讓。3趙綰：西漢儒生，漢武帝初年受重用，官拜御史大夫，推行獨尊儒術。後因和王臧上書漢武帝不要想太皇太后竇漪房請示奏報，而遭罷官，後死於獄中。王臧：和趙綰一樣被漢武帝重用，又和趙綰同樣的原因，被捕入獄，不久就死在獄中。4主父偃：漢武帝時大臣。臨淄人，出身貧寒。公元前一三四年，被拜為郎中，不久一年升遷四次，被漢武帝破格錄用為中大夫，後來拜齊國相。他喜歡揭發別人的隱私，大臣害怕，只好賄賂他。他又曾受諸侯賄賂，幫諸侯子弟獲取官爵。在齊相任上，由於齊王與姐通姦之事威脅齊王，導致齊王自殺，引起漢武帝不滿，遭滅族。5東方朔：漢武帝時人，能言善辯，滑稽幽默。

譯文

大夫說：「你們這些文學言談舉止雖然像伯夷那樣廉潔，但是卻比不上柳下惠這樣堅貞。你們眼界很高而目光短淺，言辭雅潔而行為卑污，一杯酒一盤肉，你們也要向後退避，你推我讓，實際上不過是推辭小的而謀取大利，有雞一樣的小廉潔，狼一樣的大貪婪。趙綰、王臧之流，依靠儒術被提拔為上卿這樣的大官，卻有奸邪牟利殘暴害人之心。主父偃憑藉一張嘴巴獲得了中大夫這樣的高官，竊取了很大的權勢，欺哄皇室，接受諸侯賄賂，這三個人最終被殺死。東方朔自認為善變，說的是能徹底解決非常難的論題，整個時代沒有人能夠匹敵。然而看一下他私下的行為，就是瘋子也不忍心那麼做！何況是那些沒有東方朔那樣的口才，其他地方又不值得一提的人呢？」

文學曰：「志善者忘惡，謹小者致大。俎豆之間足以觀禮[1]，閨門之內足以論行。夫服古之服，誦古之道，舍此而為非者，鮮矣。故君子時然後言，義然後取，不以道得之不居也。滿而不溢[2]，泰而不驕。故袁盎親於景帝，秣馬不過一駟[3]；公孫弘即三公之位，家不過十乘；東方先生說聽言行於武帝，而不驕溢；主父見困厄之日久矣，疾在位者不好道而富且貴，莫知恤士也，於是取饒衍之餘以周窮士之急，非為私家之業也。當世囂囂，非患儒之雞廉，患在位者之虎飽嗌咽，於求覽無所孑遺耳[4]。」

注釋

1俎豆：祭祀時用的兩種器皿。2溢：驕橫。3秣：餵養。4求覽：索求搜刮。子遺：剩餘。

譯文

文學說：「善良的人不知道怎麼做壞事，小方面都謹小慎微的人才能獲得大成功。在祭祀的時候就能看出一個人的言行是否合禮，根據一個人在家裏的私生活足以評定他品行的好壞。穿着古代的服裝，談論古代的聖道，拋棄聖道去做壞事，這樣的人非常少。因此君子在時機和場合合適的情況下才發言，合乎禮義的財物富貴才獲取，不是憑藉正道獲得的東西不接受。內心滿足而不驕傲，安靜坦然而不傲慢。因此袁盎受漢景帝親近，但私人餵養的馬匹不超過四隻；公孫弘位列三公這樣的要職，但是家裏車子也不超過十輛；東方朔先生，武帝對他言聽計從，但他卻從不驕傲自滿；主父偃受困厄的時間非常久，他痛恨那些當權在位的人不喜愛道義卻獲得財富，所以自己當官之後，就拿出多餘的財物來周濟處於貧困、遇上急難的儒生，而不追求自己家業的富有。如今社會上埋怨之聲沸騰，他們埋怨的並非儒生的雞廉，而是這些當權者像老虎一樣的飽食，對百姓財物沒有遺漏地索求和搜刮。」

卷五

相刺第二十

本篇導讀——

經過一段時間的辯論，辯論雙方的鬥爭已趨尖鋭，雙方開始相互指責、諷刺。大夫諷刺儒生不勞而獲、花言巧語，嘴上説的一套，但是當政後卻什麼都不懂，認為他們是當時的禍患。文學卻認為他們的所作所為遠比耕種、紡織有價值，那些亡國的君主就是因為沒有人用儒生而亡國，並諷刺當時的執政者沒有仁德，不知道輔佐君主、推選任用儒生。

大夫曰：「古者，經井田[1]，制廛里[2]，丈夫治其田疇，女子治其麻枲，無曠地，無遊人。故非商工不得食於利末，非良農不得食於收穫，非執政不得食於官爵。今儒者釋耒耜而學不驗之語[3]，曠日彌久，而無益於治，往來浮游，不耕而食，

不蠶而衣，巧偽良民，以奪農妨政，此亦當世之所患也。」

注釋

1經：度量劃分。2廛（粵：纏；普：chán）：古代一戶人家所佔的房地。里：古代一種居民組織，先秦以二十五家為一里。3耒耜（粵：伺；普：sì）：古代一種像犁的農具。木把叫「耒」，犁頭叫「耜」。不驗：禁不起實踐證明。

譯文

大夫說：「古時候劃分井字形的方塊田，設置城市住宅，男子耕地種田，女子紡紗織布，沒有廢棄的土地，沒有遊手好閒的人。因此，不是商人工匠就不能依靠工商業細小的利潤為生，不是好的農民就不能夠靠糧食收穫來生活，不是執政者不能依靠朝廷的俸祿來生活。如今，讀書人放下農具學習一些不切實際的空道理，荒廢了很多時光，卻無益於國家治理。他們來來往往遊歷，不種田而吃飯，不養蠶而穿衣，花言巧語欺騙百姓，阻礙了農業、妨礙朝政，這也是當今世上引以為患的事情。」

文學曰：「禹感洪水[1]，身親其勞，澤行路宿，過門不入。當此之時，簪墮不掇[2]，冠掛不顧，而暇耕乎？孔子曰：『詩人疾之不能默[3]，丘疾之不能伏[4]。』

是以東西南北七十說而不用[5]，然後退而修王道[6]，作《春秋》，垂之萬載之後，天下折中焉[7]，豈與匹夫匹婦耕織同哉[8]？《傳》曰：『君子當時不動[9]，而民無觀也[10]。』故非君子莫治小人[11]，非小人無以養君子，不當耕織為匹夫匹婦也。君子耕而不學，則亂之道也。」

注釋

1戚：憂愁、悲哀。2掇：拾取。3詩人：《詩經》的作者。默：保持沉默。4伏：隱居。5七十：「七十」是虛說，指很多。6退：回到魯國。7折中：願意指取正，調節，使之適中。此處應指判斷對錯的標準。8匹夫匹婦：指普通百姓。9當時：碰到好機遇。10觀：觀摩，學習。11小人：老百姓。

譯文

文學說：「大禹擔憂洪水氾濫，親自治水，在泥濘的水中行走，累了就在路邊休息，多次經過家門口都沒有回去。在那時，他的髮簪掉了都沒時間拾起來，帽子掛到了樹上都顧不上回頭，哪裏有空閒時間去耕地？孔子說：『《詩經》的作者對天下無道的情況不能夠保持沉默，我痛恨天下禮崩樂壞不能夠隱居不管。』所以，在奔走各國、四處游說，學說不能夠得到採納後，孔子才退隱研究王道，編寫《春秋》，讓它流傳萬代，天下都將它作為參照標準，他的所作所為豈是一般夫婦耕地紡織勞動能相提並論呢？古書記載：『君子不在適當的時候進行教化，百姓就不知道該效仿誰。』因此，沒有君子就沒有人治理老百姓，沒有老百姓就沒有人供養君子。君子不應該像農夫織女一樣去勞動。君子放棄學習王道而去耕地，這是一種導致天下混亂的途徑。」

大夫曰：「文學言治尚於唐、虞[1]，言義高於秋天，有華言矣，未見其實也。昔魯穆公之時[2]，公儀為相[3]，子思、子柳為之卿[4]，然北削於齊，以泗為境[5]，南畏楚人，西賓秦國。孟軻居梁[6]，兵折於齊，上將軍死而太子虜[7]，西敗於秦，地奪壤削，亡河內、河外。夫仲尼之門，七十子之徒，去父母，捐室家[8]，負荷而隨孔子，不耕而學，亂乃愈滋。故玉屑滿篋[9]，不為有寶。《詩》《書》負笈[10]，不為有道。要安國家[11]，利人民，不苟繁文衆辭而已。」

注釋

1尚：超出、高過。2魯穆公：戰國初魯國國君姬顯，是魯國第二十九任君主。3公儀：即公儀休。《史記．循吏列傳．第五十九》：「公儀休者，魯博士也。以高弟為魯相。奉法循理。無所變更，百官自正。使食祿者不得與下民爭利，受大者不得取小。」4子思：名孔伋，孔子嫡孫。子柳：戰國時魯國人。5泗：泗水，在今山東省。6梁：

地名。魏國於公元前三六一年遷都大梁（今河南省開封市）後，改為「梁」。7上將軍：指將軍龐涓。太子：國太子申。8捐：拋棄，放棄。9篋（粵：協；普：qiè）：小箱子。10笈（粵：級；普：jí）：書箱。11要：關鍵。

譯文

大夫說：「你們談起治國的道理比堯舜都高明，說起禮義高過秋天的天空。語言華麗卻看不到實實在在的東西。過去，魯穆公時期拜公儀休為相、子思和子柳為公卿，可是魯國北邊被齊國奪去領地，以泗水為界，南邊懼怕楚國、西邊屈從於秦國。孟軻在魏國的時候，魏國軍隊敗給齊國，上將軍龐涓被殺，太子申被俘獲；西邊又敗給秦國，國家土地被掠奪，疆域削減，丟掉了黃河東西兩岸的土地。孔子的門徒有七十二個，他們告別父母，拋棄家庭妻兒，背着行囊跟隨孔子，不去耕地而學習儒術，天下由此變得更加混亂。因此，有滿箱子的玉屑不能稱得上有寶貝，背着滿書箱的書也不能算是懂得治國之道。治國關鍵在於使國家安定，對百姓有利，而非隨隨便便發表不切實際而華麗的空話。」

文學曰：「虞不用百里奚之謀而滅，秦穆用之以至霸焉。夫不用賢則亡，而不削何可得乎？孟子適梁，惠王問利，答以仁義。趣舍不合[1]，是以不用而去，懷

實而無語[2]。故有粟不食[3]，無益於饑。睹賢不用，無益於削。紂之時，內有微、箕二子[4]，外有膠鬲、棘子[5]，故其不能存。夫言而不用，諫而不聽，雖賢，惡得有益於治也[6]？」

注釋

1趣舍：通「取捨」，主張。2實：治國大略。3粟：指糧食。4內：宗親。微、箕：微子和箕子，商紂王的宗親，屢次勸諫紂王未果。5外：和宗親的大臣有所區分，「外」指非本姓的大臣。5膠鬲、棘子：殷商時人，商紂王時賢臣。6惡：疑問代詞。哪裏，怎麼。

譯文

文學說：「虞國沒有採納百里奚的計謀而滅亡，秦穆公採用了百里奚的建議得以在諸侯中稱霸。不任用賢良，國家就會危險，又怎麼可能不削地給其他國家呢？孟子到梁國去，梁惠王詢問他如何「利」的事情，孟子用如何實行仁義來回答他。彼此意向不和，因此，孟子得不到任用而離開梁國，懷抱着滿肚子的治國大略卻無話可說。因此，有穀子不去吃，不能解除飢餓。見到賢良之士不任用，國家被迫削讓土地也於事無補。商紂王的時候，有微子、箕子這樣的宗親大臣，又有膠鬲、棘子這樣的外姓賢良輔佐，但是紂王不聽他們的意見，所以商朝還是滅亡了。不採用賢臣的良言建議，不聽正直的諫言，即便有賢士，怎麼還能對治理國家起到作用呢？」

賞析與點評

文學一如歷代經世之志的文士，把孟子不受魏國重用説成對方入寶山空手而回，是讀書人的自我安慰，以自我感覺良好來令失意者得到精神支撐，是落難者的精神良藥。

大夫曰：「橘柚生於江南，而民皆甘之於口，味同也。好音生於鄭、衞，而人皆樂之於耳[1]，聲同也[2]。越人子臧、戎人由余[3]，待譯而後通，而並顯齊、秦，人之心於善惡同也。故曾子倚山而吟[4]，山鳥下翔。師曠鼓琴，百獸率舞。未有善而不合，誠而不應者也。意未誠與？何故言而不見從，行而不合也？」

注釋

1 樂：悦耳。2 聲：聽覺。3 子臧：戰國時越人，輔助齊威王，使齊國強大。由余：春秋時戎人，由余奉命出師秦國。他見秦穆公賢明大度便留在秦國，輔佐秦穆公，幫助秦穆公攻伐十二個戎國，讓秦穆公位列春秋五霸。4 曾子：姓曾，名參，字子輿，春秋末年魯國人，十六歲拜孔子為師，積極推行儒家主張。

譯文

大夫說：「江南生長的橘子和柚子，百姓都覺得味美，人們對味道的感覺相同。好聽的聲音產生在鄭國和衛國，人們聽了都覺得聲音悅耳，是因為人們對聲音的感受相同。越人子臧和戎人由余說的話必須經過翻譯別人才能聽懂，但是他們在齊國和秦國地位顯赫，是因為人們心中對於是非善惡的標準一致。所以，曾子靠着大山而吟唱，山中飛鳥聽到聲音就飛下來在他身邊環繞。師曠彈琴，野獸聽到琴聲都一起跳舞。沒有什麼好東西不被接受，沒有真誠的建議得不到採納的。若不被採納是因為誠意不夠吧？不然，為什麼你們的建議不被採納，所做的行為不合於世呢？」

文學曰：「扁鵲不能治不受鍼藥之疾，賢聖不能正不食諫諍之君[1]。故桀有關龍逄而夏亡[2]，紂有三仁而商滅[3]，故不患無由余、子臧之論，患無桓、穆之聽耳[4]。是以孔子東西無所遇，屈原放逐於楚國也。故曰：『直道而事人，焉往而不三黜？枉道而事人，何必去父母之邦[5]？』此所以言而不見從，行而不得合者也。」

注釋

1不食：不採納。2關龍逢：夏朝時諫臣。夏桀無道，關龍逢常引黃圖直諫，立而不去，夏桀燒去黃圖，以關龍逢「妖言犯上」為罪，將他囚禁殺死。3三仁：微子、箕子、比干三個賢人。4桓、穆：指的是齊桓公和秦穆公；還有版本說是「穆、威」，指秦穆公和齊威王。5「直道而事人」四句：語出《論語・微子》。柳下惠擔任魯國法官，三次被罷免都不肯離開。

譯文

文學說：「扁鵲不能治癒不接受石、鍼和藥劑治療的疾病，賢良聖人不能夠糾正不採納建議的君主。所以，夏桀雖然有關龍逢但是夏朝一樣會滅亡，商紂王即便有微子、箕子、比干三個賢人，商王朝還是會滅亡。因此，不應擔心沒有由余、子臧的計策，而應擔心沒有齊桓公、秦穆公這樣聽從計策的人。這就是孔子周遊各國，四處奔走卻沒有遇見賢聖的君主，屈原被流放到楚地的原因。所以說：『用正道來侍奉君王，哪裏不是再三罷免呢？不用正道侍奉君主，哪裏會離開自己的國家呢？』這就是說賢人建議不被採納，所做行為不合於世的原因。」

大夫曰：「歌者不期於利聲，而貴在中節[1]；論者不期於麗辭，而務在事實。善聲而不知轉[2]，未可為能歌也。善言而不知變，未可謂能說也。持規而非矩，

執準而非繩，通一孔，曉一理，而不知權衡，以所不睹不信人，若蟬之不知雪；堅據古文以應當世，猶辰參之錯[3]，膠柱而調瑟[4]，固而難合矣。孔子所以不用於世，而孟軻見賤於諸侯也。」

注釋

1利聲：尖銳的聲音。中節：切中節拍。2轉：變換音調。3辰參：指心宿和參宿。兩星宿此出彼沒，永不相逢。比喻人之分離不得相見。4膠：黏住。柱：瑟柱。

譯文

大夫說：「唱歌的人不追求聲音的尖銳，而重在符合節拍；辯論的人不追求言辭的華麗，而重在切合事實。善於發出樂音卻不知道改變節奏，就不能稱得上是擅長唱歌的人；善於言談的人不知道變化聲調，不能夠說他是一個能說會道的人。拿着圓規而否定曲尺，持着水平儀而不否定墨線，這是一孔之見，只能通曉一個道理，卻不知道全面衡量比較。因為自己沒看到就不相信別人所說的，如同夏蟬不知道雪是什麼；頑固地根據古書上的道理來用於當世，就如同辰、參這兩個星宿相錯而行永遠不能相遇，又像黏住琴柱而去調琴弦，聲音很難合拍。這就是孔子的言論不被當世君王採納，孟軻被諸侯輕視的原因。」

文學曰：「日月之光，而盲者不能見，雷電之聲，而聾人不能聞。夫為不知音者言，若語於喑聾[1]，何特蟬之不知重雪耶？夫以伊尹之智，太公之賢，而不能開辭於桀、紂，非說者非，聽者過也。是以荊和抱璞而泣血[2]，曰：『安得良工而剖之[3]？』屈原行吟澤畔，曰：『安得臯陶而察之[4]？』夫人君莫不欲求賢以自輔，任能以治國，然牽於流說，惑於道諛，是以賢聖蔽掩，而讒佞用事[5]，以此亡國破家，而賢士餓於巖穴也。昔趙高無過人之志，而居萬人之位，是以傾覆秦國而禍殃其宗，盡失其瑟，何膠柱之調也？」

注釋

1喑：啞巴。2荊和：指春秋時楚人卞和，他發現了一塊玉石，先後獻給楚厲王、楚武王，玉石被認為是石頭，卞和遭遇了砍腳之刑。楚文王即位後，派人磨玉石，果然得到寶玉，該玉就是歷史上著名的和氏璧。璞：未經雕琢的玉石。3安：疑問代詞，引申為怎麼，哪裏。4臯陶：傳說他是堯時的司法官，公正嚴明。後代常為獄官或獄神的代稱。5用事：掌權。

譯文

文學說：「太陽和月亮的光芒很明亮，盲人卻看不見；雷電的聲音是響亮，聾人卻聽不見。給哪些不懂得音樂的人講音樂就如同跟啞巴、聾子講話，何止是蟬不認識大雪呢？憑藉伊尹的智慧，姜子牙的賢能，卻不能在桀、紂王面前提建議，並不是提建議人的過錯，而是聽話人的過錯。因此，荊和懷抱着璞玉眼睛都哭出血了，說：『哪裏能夠有好的玉匠來剖開這塊璞玉？』屈原在湖邊邊走邊吟唱：『哪裏能有皋陶這樣的人來明辨是非呢？』君主沒有一個不希望得到賢良的輔佐，任用有才能的人治理國家。但是，往往會受身邊的一些流言蜚語的牽制，被諂媚的話語迷惑。所以有賢能的人被排斥，諂媚奸邪的小人掌權，因此國家破裂，而賢士在貧困的地方挨餓。過去，趙高沒有什麼本領，卻位居萬人之上，所以秦國滅亡，連他的家族都受到了牽連。連整個瑟都丟失了，還談什麼膠柱調瑟呢？」

大夫曰：「所謂文學高第者[1]，智略能明先王之術，而姿質足以履行其道。故居則為人師，用則為世法。今文學言治則稱堯、舜，道行則言孔、墨，授之政則不達，懷古道而不能行，言直而行枉，道是而情非，衣冠有以殊於鄉曲，而實無以異於凡人。諸生所謂中直者[2]，遭時蒙幸，備數適然耳，殆非明舉所謂，固未可與論治也。」

注釋　1高第：學習成績優異的。2中直：當選的人。

譯文

大夫說：「那些稱得上才識高品德好的人，智慧謀略得以明瞭漢武帝治國的辦法，素質足可以按照他的方針進行實踐。所以隱居就能為人師表，出來做官就能夠成為當世的典範。如今你們談到治理國家就稱讚堯、舜；說到實行的辦法就會提到孔子、墨翟。孔子、墨翟那樣的人授予他們大權，他們都不知道怎麼辦，固守陳舊的道理不能夠實行，講得頭頭是道，實際情況卻是另外一回事。穿衣戴帽和普通人明顯不同，但是行為和普通人沒什麼區別。你們所說當選的人，不過偶爾遇到了好機會，幸運地受到推舉，恐怕並非所謂符合君主選拔條件的優秀人才，本來也就不值得和他們談論治國的道理。」

文學曰：「天設三光以照記[1]，天子立公卿以明治。故曰：公卿者，四海之表儀，神化之丹青也[2]。上有輔明主之任，下有遂聖化之事[3]，和陰陽，調四時，安眾庶，育群生，使百姓輯睦[4]，無怨思之色，四夷順德，無叛逆之憂，此公卿之職，而賢者之所務也。若伊尹、周、召三公之才，太顛、閎夭九卿之人[5]。文學不中聖主之明舉，今之執政亦未能稱盛德也。」

大夫不說，作色不應也。

注釋

1三光：日、月、星。2丹青：此處指史籍。古代丹冊紀勳，青史紀事。漢代王充《論衡．書虛》：「俗語不實，成為丹青；丹青之文，賢聖惑焉。」此處丹青指實施教化，讓百姓向善。3遂：完成。4輯睦：「輯」的本意為車輿，「輯睦」乃合作、和睦之意。5太顛、閎夭：二人曾輔佐西伯昌（周文王），參與救援被紂王囚禁在羑裏的周文王，並在興周滅商過程中立下大功。

譯文

文學說：「上天有日、月、星三光用來照耀人間，君王設置公卿來申明治國之道。所以說，公卿，就是四海百姓的效法的表率，能實施教化百姓，向上有輔助聖明君主的重任，向下有實現聖上教化百姓的義務，調和順應一年四季，寒暑的變化，安撫養育眾生，使他們和睦相處，沒有怨恨和憂愁；四面八方少數民族順從，國家無叛亂的憂慮，這些就是公卿的職責，也是賢良所追求的事情。像伊尹、周公、召公的才華，太顛、閎夭九卿就是那樣的合適人選。若說我們不符合國君選拔人才的標準，如今你們這些執政者也不能稱得上道德高尚。」

大夫不高興，變了臉色，不應聲。

文學曰：「朝無忠臣者政闇[1]，大夫無直士者位危。任座正言君之過[2]，文侯

改言行，稱為賢君。袁盎面刺絳侯之驕矜[3]，卒得其慶[4]。故觸死亡以干主之過者[5]，忠臣也；犯顏以匡公卿之失者[6]，直士也。鄙人不能巷言面違[7]。方今人主轂之教令[8]，張而不施[9]，食祿多非其人，以妨農商工，市井之利，未歸於民，民望不塞也[10]。且夫帝王之道，多墮壞而不修。《詩》云：『濟濟多士[11]。』意者誠任用其計[12]，非苟陳虛言而已。」

注釋

1闇：日月食。此處指昏暗。2任座：戰國初期魏國建立者魏文侯的謀士，因一次勸諫過於耿直，惹得魏文侯勃然大怒。而後翟璜巧辯，幫任座解說，魏文侯才禮賢下士，拜任座為上卿。3絳侯：漢代周勃以布衣從高祖定天下，賜爵列侯，剖符世世勿絕。食絳八千一百八十戶，號絳侯。4慶：好處。5觸死亡：冒死亡危險。6匡：糾正。7鄙人：文學對自己的謙稱。8轂之教令：制定頒佈嚴厲的政令。9施：通「馳」，鬆弛。10望：怨恨。11濟濟多士：語出《詩經．大雅．文王》。濟濟，眾多、整齊美好。

譯文

文學說：「朝廷中沒有忠臣就會政治昏暗，大夫身邊沒有正直之士，地位就會有危險。任座直接指出魏文侯的過錯，魏文侯改正了自己的言行舉止，被稱為賢君。袁盎當面指出絳侯驕傲自大，最終絳侯卻得到了袁盎的好處。因此，敢於冒着生命危險去批評國君過錯的人是忠臣。觸犯公卿的尊嚴去糾正公卿過失的士人是正直之士。我們不能當面奉承，背後誹謗。如今，陛下制訂了嚴厲的法令，像弓張開不放鬆一樣，拿俸祿的官吏很多都不稱職，這樣就妨礙了農業和工商業的發展，各種官營事業的收益並沒有給百姓，百姓的怨恨不能得到堵塞，而且先王之道很多都被損壞而不完備。《詩經》說：『人才濟濟。』大概是說要任用人才並採納他們的計謀，而不是隨便說幾句讚美賢士多的空話而已。」

賞析與點評

《新唐書》作者說：「剛者天德，故孔子稱『剛近仁』。骨彊四支，故君有忠臣，謂之骨鯁。」黃仁宇的《萬曆十五年》一書生動地刻劃出傳統士大夫直言死諫的傳統，可是這都是賢人政治的傳統，即是假定君主最終都會採納賢臣的進言，是對人性本善的錯誤假設，也是人治的濫觴，對現代法治社會有害而無利，因為在法治下，人人都有不受以言入罪的天賦權利。

殊路第二十一

本篇導讀——

殊，不同之意。殊途，指各自的道路不同。開篇大夫便指出孔子七十二門徒都跟隨孔子學習道義，他們走的道路各自不同，都違背了孔子的治國之道。但是文學認為孔子的門徒雖然或死或亡，但都有自己的道理，可以用仁義解釋。大夫認為人的本質很重要，通過學習儒術只能美化外表，不能改變人的本性，不能讓人變好，但是文學則認為學習能成就人才。

大夫曰：「七十子躬受聖人之術[1]，有名列於孔子之門，皆諸侯卿相之才，可南面者數人[2]。云：『政事者冉有、季路，言語宰我、子貢。』宰我秉事[3]，有寵於齊，田常作難，道不行，身死庭中，簡公殺於檀臺[4]。子路仕衞，孔悝作

亂，不能救君出亡，身菹於衛[5]。子貢、子皋遁逃，不能死其難。食人之祿不能更[6]，處人尊官不能存，何其厚於己而薄於君哉？同門共業，自以為知古今之義，明君臣之禮，或死或亡，二三子殊路，何道之悖也？」

注釋

1聖人：指孔子。2可南面者：可以面南稱王的人3秉事：執事，指受任為官。4檀臺：古臺名。故址在今山東省臨淄縣東北。5菹：剁成肉醬，古代酷刑。6更：償還、報答。

譯文

大夫說：「七十多個人親身接受孔子的學說，他們都被稱為孔子的門徒，都是足以成為諸侯、公卿、宰相的人才。可以南面稱王的也有幾個。孔子曾說：『善於治國的有冉有、季路，擅長言辭的有宰我、子貢。』宰我在齊國主持政事，曾經受到寵幸。等到田常造反作亂，他的政治主張得不到實行，死在廳院裏，齊簡公也在檀臺被殺。子路在衛國當官，孔悝謀反，子路不能拯救國君出逃，被剁成肉醬。子貢、子皋逃離衛國，不能為國捐軀。接受別人的俸祿不能夠報答，被別人拜為高官卻不能使別人保住國家。為何只顧自己死活不管君主的好歹呢？他們同樣是孔子的徒弟共同學習道義。自認為通曉了治國的大道理，明白君主人臣的禮義，結果還是死的死，逃的逃。他們各自走的路不同，為什麼都違背了孔子的治國之道呢？」

賞析與點評

《周易・說卦》中說：「離也者，明也，萬物皆相見，南方之卦也。」又說：「聖人南面而聽天下，向明而治，蓋取諸此也。」古人說南面而王就職是此故。

文學曰：「宋殤公知孔父之賢而不早任[1]，故身死。魯莊知季有之賢[2]，授之政晚而國亂。衞君近佞遠賢[3]，子路居蒲[4]，孔悝為政。簡公不聽宰我而漏其謀。是以二君身被放殺，而禍及忠臣。二子者有事而不與其謀[5]，故可以死，可以生，去止[6]，其義一也。晏嬰不死崔、慶之難[7]，不可謂不義；微子去殷之亂，可謂不仁乎？」

注釋

1 宋殤公：姓子，名與夷，宋宣公之子，春秋時期宋國第十五任國君。孔父：春秋時宋國大臣，名嘉，字孔父。孔子是孔父嘉的七世孫。2 魯莊：指魯莊公，春秋時魯國國君。季有：即季友，魯莊公之弟。3 衛君：指衛出公。4 蒲：地名。5 二子：指子貢、子羔。6 去止：指生死去留。7 晏嬰不死崔、慶之難：指齊莊公與崔杼妻通姦，被崔杼殺死，後崔杼立景公，景公拜崔杼為右相，以慶封為左相。晏嬰認為齊莊公並非為國而死，因此他不必殉難。

譯文

文學說：「宋殤公知道孔父嘉的賢能而不提早任用，所以被殺死了。魯莊公知道季有的賢能，將國家執政大權交給他的時間太晚了，因此引起了國家內亂。衛出公親信諂媚小人、疏遠賢良，子路在蒲地居住，孔悝當權。齊簡公不聽宰我的規勸，泄露了密謀。就因為這樣，衛出公和齊簡公被殺死，連累了忠臣。子貢、子羔沒有參與孔悝作亂的事情，所以他們可以為國君死，也可以為自己生，他們的生死去留，意義都是一樣的。晏嬰沒有死於崔杼、慶封之難，不能稱他不守禮義。微子因紂王淫亂離開殷朝，不能說他沒有仁義。」

大夫曰：「至美素璞，物莫能飾也。至賢保真[1]，偽文莫能增也[2]。故金玉不琢，美珠不畫。今仲由、冉求無檀柘之材[3]，隋、和之璞[4]，而強文之[5]，譬若雕朽木而礪鉛刀，飾嫫母[6]，畫土人也。被以五色[7]，斐然成章，及遭行潦流

波[8]，則沮矣[9]。夫重懷古道[10]，枕籍《詩》、《書》，危不能安，亂不能治，郵里逐雞難，亦無黨也[11]。」

注釋

1保真：保存純真的本性。2偽文：虛偽的紋飾。3檀柘之材：比喻傑出的人才。檀柘，檀樹與柘樹。二木質地堅韌，皆為良材，可做弓幹。4隋、和：隋侯珠和和氏璧，兩者都是稀世珍寶。5文：動詞。此處指施加教育。6嫫母：傳說中黃帝之妻，貌極醜。後嫫母為醜女代稱。7被（粵：披；普：pī）：遮蓋。8行潦：地面流動的雨水。9沮：壞。10重懷：固守。11黨：通「當」，抓住之意。

譯文

大夫說：「最美好而未經雕琢的玉石，用不着用其他什麼東西裝飾它。最有賢德而保持最純真的本性，虛偽的紋飾不能增加他的光彩。所以，貴重的玉不需要雕琢，美麗的珍珠不需要描畫。現在仲由、冉求不是傑出的人才，沒有明珠寶玉的美德，卻施加教育使之美化，就像刻朽木、磨鈍刀、裝飾醜婦、刻畫土人一樣。即便塗上五顏六色，十分美觀，但是一旦遭遇水潑便原形畢露。你們固守古代的治國之道，搬弄詩書，不能安定國家危難，不能治理國家動亂，就如同村裏的雞跑到驛道上去，想追捕難度大，往往捉不住一樣。」

文學曰：「非學無以治身，非禮無以輔德。和氏之璞，天下之美寶也，待礛諸之工而後明[1]；毛嬙[2]，天下之姣人也，待香澤脂粉而後容；周公，天下之至聖人也，待賢師學問而後通。今齊世庸士之人，不好學問，專以己之愚而荷負巨任，若無楫舳濟江海而遭大風[3]，漂沒於百仞之淵，東流無崖之川，安得沮而止乎[4]？」

注釋

1礛（粵：藍；普：lán）諸：打磨玉石用的青色磨石。2毛嬙：春秋時期越國美女。3楫舳：船槳和船舵。4沮：阻止。

譯文

文學說：「只有學問能幫助修身養性，只有禮才可以用來輔助德行。和氏璧是天下最美好的寶貝，但它也需要玉石匠人雕琢才能明亮奪目。毛嬙是天下的大美人，也要塗脂抹粉打扮一番才能顯出她的美貌。周公是天底下最賢良的人，也要向賢明的老師學習才能精通各種道理。如今，世上那些庸俗的人，不喜歡學習，專門用自己的愚見擔任艱巨的任務，就像沒有船槳和舵，渡大江河時遭遇狂風，漂泊在百丈深淵中，向東流到無邊無際的大海，哪裏能讓他停止呢？」

大夫曰：「性有剛柔，形有好惡[1]，聖人能因而不能改[2]。孔子外變二三子之服[3]，而不能革其心。故子路解長劍，去危冠[4]，屈節於夫子之門[5]，然攝齊師友[6]，行行爾[7]，鄙心猶存。宰予晝寢，欲損三年之喪。孔子曰：『糞土之牆不可朽也[8]。』『若由不得其死然[9]。』故內無其質而外學其文，雖有賢師良友，若畫脂鏤冰，費日損功。故良師不能飾戚施[10]，香澤不能化嫫母也。」

注釋

1好惡：美醜。2因：因勢利導。3二三子：指孔子的一些徒弟。4危冠：高高的帽子。5屈節：指委身為徒。6攝齊：提起衣擺，為了謹防踩着衣擺，跌倒失態。攝齊表示恭敬有禮。7行行爾：剛強的樣子。8糞土之牆不可朽也：語出《論語．公冶長》。9若由不得其死然：語出《論語．先進》。10戚施：駝背。

譯文

大夫說：「性格有剛強柔弱之分，外貌有美麗醜陋之分，聖賢可以根據具體條件引導但不能改變它。孔子可以從外表上改變他幾個徒弟的服飾，但是不能改變他們的本質。所以子路卸去長劍，摘掉高聳的帽子，拜倒在孔子門前，恭恭敬敬對待老師、同學。表面上一副剛強的樣子，但是內心卻存着鄙俗的念頭。宰予白天呼呼大睡，又想廢除父母死後守孝三年的制度。孔子說：『像糞土這樣的牆壁是沒有辦法粉刷的。』『和仲由一樣不得好死。』因此，內心沒有好的品質，只是學習了外在的東西，即便有賢良的老師同學，也如同油脂上作畫，冰上雕刻一樣，耗費了大量力氣也沒有什麼功勞。因此，再好的化妝師不能把駝背畫成沒有，再塗脂抹粉，醜婦也無法變美女。」

文學曰：「西子蒙以不潔[1]，鄙夫掩鼻[2]。惡人盛飾[3]，可以宗祀上帝。使二人不涉聖人之門，不免為窮夫，安得卿大夫之名。故砥所以致於刃[4]，學所以盡其才也。孔子曰：『觚不觚，觚哉，觚哉？』故人事加則為宗廟器[5]，否則斯養之爨材[6]。干、越之鋌不厲[7]，匹夫賤之。工人施巧，人主服而朝也。夫醜者自以為姣，故不飾；愚者自以為知，故不學。觀笑在己而不自知，不好用人，自是之過也。」

注釋

1西子：西施。春秋時越國人，古代著名美女之一。2鄙夫：粗陋的人。3惡人：指醜人。4砥：細的磨刀石。此處作動詞譯為磨刀。5人事加：指對木材加以人工。6爨（粵：寸；普：cuàn），燒火做飯。7干、越：指吳國和越國。鋌：未經冶鑄的銅鐵。厲：通「礪」，磨礪。

譯文

文學說：「西施雖然漂亮，但是蒙上了污穢的東西，就連鄙陋的人也捂着鼻子。醜陋的人盛裝打扮就可以參與祭祀上天的禮儀。假如子路和宰我不拜到孔子門下，難免會成為貧窮農夫，哪裏能夠得到公卿大夫的稱號呢？所以，磨刀是為了讓刀刃盡可能鋒利，學習是為了能夠讓才華盡可能彰顯。孔子說：『觚沒有觚的樣子，這也叫觚麼？這也叫觚麼？』所以好的木頭經過人的加工才可以成為宗廟上面的祭祀器物，不然就是燒火做飯的柴禾。吳、越的銅鐵不經過加工，誰都看不起；工匠加工成寶劍後，國君戴着它上朝。相貌醜陋的人自以為美，所以才不用裝飾自己。愚昧者以為什麼都知道，所以才不去學習，別人看了都好笑。好笑的原因在自己身上，而自己卻不知道，不喜歡任用別人，這就是自以為是的過失。」

訟賢第二十二

本篇導讀——

篇中，大夫認為那些文學口中的賢人之死是因為驕傲自矜，才能不足卻謀求高官，文學則認為賢人是千里馬，卻沒有遇見伯樂，反而遭遇小人。賢人的能力沒法得以施展，還受到嫉妒和排擠，失去性命。文學還趁機指責了當時朝廷當權者摧殘賢人的行徑。

大夫曰：「剛者折，柔者卷。故季由以強梁死[1]，宰我以柔弱殺。使二子不學，未必不得其死。何者？矜己而伐能，小知而巨牧[2]，欲人之從己，不能以己從人，莫視而自見，莫賈而自貴[3]，此其所以身殺死而終菹醢也[4]。未見其為宗廟器，睹其為世戮也。當此之時，東流亦安之乎？」

注釋　1強梁：強橫。2巨牧：大官。3莫賈：沒有人賞識。4菹醢：古時的一種酷刑，把人剁成肉醬。

譯文　大夫說：「剛強的東西容易折斷，柔軟的東西容易彎曲。所以季由因為強橫不講道理而死，宰我因為軟弱無能而被殺。假使他們兩個沒有跟着孔子學習，也許不會這樣死去。為什麼呢？驕傲自大，炫耀自己的才能，智謀小卻想當大官，只要別人服從自己，自己不能夠服從別人。無人注視卻要自我表現，無人賞識卻自抬身價，這就是宰我被殺，季由變成肉醬的原因。沒有看到他們成為宗廟的棟樑，而看到他被世人所殺。到這個時候，他們即使也在江上向東漂流，又能到哪裏去呢？」

賞析與點評

大夫說出自傲之人多不得好死，而桑弘羊最後卻因此而死，可見人類從歷史上學得最大的教訓是沒有學到任何教訓。

文學曰：「騏驥之輓鹽車[1]，垂頭於太行之阪[2]，屠者持刀而睨之[3]。太公之

窮困，負販於朝歌也[4]，蓬頭相聚而笑之[5]。當此之時，非無遠筋駿才也[6]，非文王、伯樂莫知之賈也。子路、宰我生不逢伯樂之舉，而遇狂屠，故君子傷之，若『由不得其死然』，『天其祝予』矣。孔父累華督之難[7]，不可謂不義。仇牧涉宋萬之禍[8]，不可謂不賢也。」

注釋

1驥驥：千里馬。輓：拉。2坂：山坡。3睨：斜着眼睛看。4負販：背着擔子賣東西。朝歌：古地名，位於河南省鶴壁的淇縣。殷商末期紂王在此建行都，改稱朝歌。5蓬頭：頭發蓬亂的人，此處指貧賤的人。6遠筋：遠行千里的筋力。7華督：宋國太宰，殺孔父嘉並奪走其妻子，接着又殺了宋殤公。典出《春秋．公羊傳》。8仇牧：春秋宋大夫。宋萬殺了宋閔公，仇牧知道後，前往責罵，亦被殺。事出《公羊傳．莊公十二年》。

譯文

文學說：「千里馬拖着裝鹽的車子低頭行至太行山的路上，屠夫也會拿着刀子在旁邊窺視。姜太公貧窮困頓的時候，在殷朝首都挑着擔子賣東西，貧賤的人聚在一起嘲笑他。如今，駿馬並不是沒有遠行千里的力氣，太公並不是沒有治國安邦的雄才，只是除了周文王、伯樂，沒有人認識到他們的價值。子路、宰我活着的時候沒有碰到伯樂的推舉，而是遭遇了瘋狂的屠殺，所以君子感傷他們的遭遇，像

『子路那樣慘死』，『是上天斷絕我們啊！』孔父嘉被華督殺死，不能說孔父嘉不仁義，仇牧遭到宋萬的殺害，不能說仇牧不是賢人。」

大夫曰：「今之學者無太公之能、騏驥之才，有以蜂蠆介毒而自害也[1]。東海成顒[2]，河東胡建是也[3]。二子者以術蒙舉，起卒伍，為縣令。獨非自是，無與合同。引之不來，推之不往，狂狷不遜[4]，忮害不恭[5]，刻轢公主[6]，侵陵大臣。知其不可而強行之，欲以干名。所由不軌，果沒其身。未睹功業所至，而見東觀之殃[7]，身得重罪，不得以壽終。狡而以為知，訐而以為直[8]，不遜以為勇，其遭難，故亦宜也。」

注釋

1 **蜂蠆**（粵：tsai³；普：chái）：蜂和蠆，都是有毒刺的螫蟲。介毒：放毒。2 **成顒**：人名。3 **胡建**：字子孟，河東人，漢武帝時期的一位下級官吏，先後任過守軍正丞和縣令。胡建曾率吏卒圍捕逃到蓋公主家的刺客，冒犯公主，公主一派當權後，派人逮捕胡建，胡建自殺。4 **狂狷不遜**：胸襟狹窄，性情急躁。5 **忮**（粵：至；普：zhì）：嫉妒，恨。6 **刻轢**（粵：礫；普：lì）：欺凌，摧殘。7 **東觀之殃**：孔子任魯司寇時，殺少正於東觀之下。後用東觀之殃代指殺身之禍。8 訐（粵：竭；普：jié）：斥責別人的過失，揭發別人的隱私。

譯文

大夫說：「現在你們這些儒生，沒有姜太公的才能、千里馬的本領，有的是像蜂蠆放毒一樣傷害自己的本領。東海的成顒，河東的胡建就是這樣的人。這兩個人依靠欺騙的手段，從一個小士兵變成了縣令。自以為是，得不到別人的贊同。邀請他他不來，推他他不走，狂妄急躁不謙虛，嫉妒而沒有禮貌。刻薄欺壓公主，侵犯欺淩大臣，知道事情不能幹卻偏蠻幹，一味追求名聲。所作所為不符合國家法律，最終喪失了性命。沒有看到他們建功立業而看到了他們遭到殺身之禍。身犯大罪，沒有得到善終。他們用狡詐來顯示自己的聰明，用攻擊別人顯示自己的正直，用冒犯別人彰顯自己的勇敢，他們最終被殺，也是應該的。」

賞析與點評

人們往往認為今不如古，下一代的人才不及上一代，此想法古今不變，原因是上一代的人看不慣時代改變而已。

文學曰：「二公懷精白之心，行忠正之道，直己以事上，竭力以徇公[1]，奉法推理，不避強禦[2]，不阿所親[3]，不貴妻子之養，不顧私家之業。然卒不能免於嫉妒之人，為眾枉所排也。其所以累不測之刑而功不遂也[4]。夫公族不正則法令不行[5]，股肱不正則奸邪興起[6]。趙奢行之平原[7]，范雎行之穰侯[8]，二國治而兩家全。故君過而臣正，上非而下譏，大臣正，縣令何有？不反諸己而行非於人[9]，執政之大失也。夫屈原之沉淵，遭子椒之譖也[10]。管子得行其道，鮑叔之力也[11]。今不睹鮑叔之力，而見汨羅之禍，雖欲以壽終，無其能得乎？」

注釋

1徇：屈從，順從。2強禦：強橫兇惡之人。3阿：迎合，偏袒。4累：為之所牽連。5公族：指皇親國戚。6股肱：指輔政大臣。7趙奢：春秋時趙國的田部吏。因平原君家拒租，他依法殺其家中管事之人九名。平原君大怒，要殺趙奢，趙奢認為自己秉公執法，平原君認為趙奢為賢才，推薦給王。王用之治理國賦，國賦大平，民富而府庫實。8范雎：戰國時魏人，著名政治家、軍事謀略家。直言進諫秦昭公，獲得信任。秦昭公廢除了當時把持朝政的太后，罷免了專權的舅舅穰侯魏冉，拜范雎為相。9反諸己：譯為反之於己，即從自己身上找原因。10子椒：楚大夫。11鮑叔：鮑叔牙。他追隨輔佐公子小白，打敗公子糾，後又力薦管仲為相，管仲輔佐齊桓公成就霸業。

譯文

文學說：「成顒和胡建兩個人懷着精誠純潔的心思，執行忠心正直的治國之道。他們端正己身以侍奉君王，竭盡全力為國家效勞，依法審理案件，不畏強權，不偏袒親屬，不關注妻兒的撫養問題，不在意家庭財產的多寡。但卻免不了受別人嫉妒，受到不正直人的排擠。這就是他們遭遇不能預想的慘刑而不能建功立業的原因。皇宮貴族作風不正派，法令就無法執行；輔政大臣不正直，就會產生禍患。趙奢依法懲辦平原君家臣，范雎代替穰侯作為秦的宰相，越國和秦國都得到了很好的治理，並且兩家都得以保全。因此，君主有過錯，作為臣子的應該糾正；上面有錯誤，下面就要批評。大臣正派了，下面的縣令還能不正派麼？不找自身的原因卻認為是別人的過錯，這是執政最大的錯誤。屈原跳江自殺是遭到了子椒的陷害。管子得以施行他的治國之道，是鮑叔牙鼎力舉薦的結果。如今看不到鮑叔牙舉薦，只看到屈原投身汨羅江的禍患，即使賢人想要自然活到老而善終，又怎麼能做得到呢？」

遵道第二十三

本篇導讀——

經過上篇的辯論，大夫和文學之間的關係進一步惡化，大夫心中不快，便讓丞相史和文學進行辯論。本篇中沒有大夫與文學之間的直接辯論，但是丞相史代表了大夫的觀點，因此事實上還是大夫和文學在辯論。

本篇的辯論中心是要不要遵循先王之道。文學認為，先王之道是「百世不易之道」，應該自始至終地貫徹執行。大夫一方則認為不能一味遵循古道，應該根據現實情況進行改革，並認為文學「可與共學，未可與權」。

大夫曰：「御史！」

御史未應。

謂丞相史曰[1]：「文學結髮學語[2]，服膺不舍[3]，辭若循環，轉若陶鈞[4]。文繁如春華，無效如抱風。飾虛言以亂實，道古以害今。從之，則縣官用廢[5]，虛言不可實而行之。不從，文學以為非也，眾口囂囂[6]，不可勝聽。諸卿都大府日久矣[7]，通先古，明當世，今將何從而可矣？」

注釋

1丞相史：丞相的屬官。2結髮：束髮。古代男子自成童開始束髮，因此指初成年。3服膺：牢牢記在心裏，衷心信服。4陶鈞：製造陶器時用的轉輪。5用：財用。6囂囂：眾口讒毀的樣子。7大府：公府，此處指丞相府。

譯文

大夫喊：「御史！」

御史沒有答應。

對丞相史說：「文學從小就接受儒家教育，把孔孟之道牢牢記在心裏。說起話來反反覆覆，就像製作陶器時用的轉輪子一樣。語言華麗像春天的花朵，效果如同懷抱春風一樣一無所得。說空話干擾了實質，談論古代禍害現代。聽從他們的話，朝廷的財用就廢滯，這些空話是不能拿來執行的。不聽從他們，儒生就會出來反對，七嘴八舌眾口詆毀，聽都聽不完。諸位在丞相府已經多年了，通曉古代歷史，明白現在國情，如今，我們該採取哪種態度才好呢？」

丞相史進曰：「晉文公譎而不正，齊桓公正而不譎，所由不同[2]，俱歸於霸。而必隨古不革，襲故不改，是文質不變[3]，而椎車尚在也[4]。故或作之，或述之[5]，然後法令調於民，而器械便於用也。孔對三君殊意[6]，晏子相三君異道[7]，非苟相反，所務之時異也。公卿既定大業之路，建不竭之本，願無顧細故之語[8]，牽儒、墨論也。」

注釋

1譎：欺詐，玩弄手段。2由：採取的方法。3文：指禮義制度。質：質樸。4椎車：用整塊圓木做車輪的簡陋車子。5述：循，順行。6孔對三君殊意：當問到如何治國時，孔子對葉公、魯哀公、齊景公的回答不同。7晏子相三君異道：指晏嬰輔佐齊靈公、齊莊公、齊景公時使用的治國方式不一樣。8細故之語：不識大體的言論。

譯文

丞相史向前幾步說：「晉文公欺詐而不正派，齊桓公正派而不詭譎。採取的方法不一樣，但最終都成就了霸業。如果一味追求古道不知道變革，沿襲舊制不知道改變，就是尚文和尚質兩種方式沒有更替，一直沿用古代的獨輪車不肯改進一樣。所以，有的需要創作，有的需要繼承，然後法令能夠適用於百姓，器具機械能方便百姓使用。孔子面對三個君王問話時，回答內容不一樣，晏嬰輔佐三個君王使用的方法也不一樣。這並非隨意地改變，而是因為當時的情況變化了。公卿既然確定了治理國家的大政方針，建立了使國家財政不衰竭的基礎。請你們不要考慮那些不識大體的議論，不要被儒家、墨家言論牽着鼻子走。」

文學曰：「師曠之調五音，不失宮商。聖王之治世，不離仁義。故有改制之名，無變道之實[1]。上自黃帝，下及三王[2]，莫不明德教，謹庠序[3]，崇仁義，立教化。此百世不易之道也。殷、周因循而昌，秦王變法而亡。《詩》云：『雖無老成人，尚有典刑[4]。』言法教也。故沒而存之，舉而貫之，貫而行之，何更為哉？」

注釋

1變道：變更既定方針。2三王：指夏禹、商湯、周文、武王。3謹：重視。4「雖無老成人」兩句：語出《詩經・大雅・蕩》。

譯文

文學說：「師曠調節五音，不會不調節宮、商這些基本音調。聖明的君主治理國家不會拋棄仁義。所以即便改革制度卻不會改變既定的方針。從黃帝開始到三王時代，沒有一個不是彰明德政，重視教育，崇尚仁義，確立教化的，這就是百代不改變的原則。殷朝、周朝遵循仁義而昌盛，秦始皇採用商鞅建議變法而滅亡。《詩經》說：『雖然沒有舊臣但還有舊法。』這就是說雖然舊臣死了，可以使舊法保存下來，並進一步貫徹執行，為什麼要改變呢？」

丞相史曰：「說西施之美無益於容，道堯、舜之德無益於治。今文學不言所為治，而言以治之無功，猶不言耕田之方，美富人之囷倉也[1]。夫欲粟者務時[2]，欲治者因世[3]。故商君昭然獨見存亡不可與世俗同者，為其沮功而多近也[4]。庸人安其故，而愚者果所聞[5]。故舟車之治，使民三年而後安之。商君之法立，然後民信之。孔子曰：『可與共學，未可與權[6]。』文學可令扶繩循刻，非所與論道術之外也。」

注釋

1囷（粵：坤；普：qūn）：古代一種圓形穀倉。2粟：此處指耕種糧食。3因：因循，根據。4多近：重視眼前利益。5果：堅信。6「可與共學」二句：語出《論語・子罕》，與原文有出入。道術：仁義之道，儒家學說。

譯文

丞相史說：「談論西施的美對自己的容貌變美沒有什麼益處，談論堯、舜的仁德對於治理國家也沒有什麼作用。現在文學不說治理國家的方法，而說過去治理的措施沒有功勞。如同不講耕田的方法，卻讚美富人有充實的糧倉。耕種要根據時令，治理國家要依照現實情況。因此，商鞅對國家存亡看得明明白白，並且有獨特的見解，與其他人不同。那是因為其他人的見解多追求短期利益而忽略了長期功業的建立。平庸的人，滿足現狀；愚昧的人，迷信自己聽聞的。所以舟、車發明之後，百姓經過三年才習慣。商鞅變法成功了，百姓才信服他。孔子說：『可以和他們一起學習，但不一定可以一起權衡事情。』文學只能墨守成規，不能和他們討論仁道和儒家學說以外的問題。」

賞析與點評

丞相史之言正是針對空談之風，殊不知讀書人與官員之分工，前者乃政府監察人，後者是實踐者，二者身份不同，實沒有空談誤國之理。

文學曰：「君子多聞闕疑[1]，述而不作，聖達而謀大，睿智而事寡。是以功成而不隳[2]，名立而不頓[3]。小人智淺而謀大，羸弱而任重[4]，故中道而廢，蘇秦、商鞅是也。無先王之法，非聖人之道，而因於己，故亡。《易》曰：『小人處盛位，雖高必崩。』不盈其道，不恒其德，而能以善終身，未之有也。是以初登於天，後入於地。禹之治水也，民知其利，莫不勸其功。商鞅之立法，民知其害，莫不畏其刑。故夏后功立而王[5]，商鞅法行而亡。商鞅有獨智之慮，世乏獨見之證。文學不足與權當世，亦無負累蒙殃也[7]。」

注釋

1闕：停止，終了。2隳：毀壞，崩毀。3頓：倒塌。4羸弱：瘦弱。5夏后：指夏禹。

譯文

文學說：「君子多聽，避開有懷疑的地方就不會妄下結論，一心按照先王之道行事，而不是自作主張，聖明通達而智謀遠大，見識卓越而用心專一。所以功業成就而不垮塌，名望確立而不毀壞。小人智慧淺薄而野心大，能力弱小卻偏要挑重擔，所以往往半途而廢。蘇秦和商鞅就是這樣的人。沒有採用先王之法，而是誹謗聖人的仁道，只依靠自己的想法做事情，所以導致滅亡。《易經》上說：『小人當了大官，雖然位置很高但是必定要垮台。』不按照先王之道行事，不能始終地堅持仁義，還想要有好結果，這樣的事是不存在的。因此，這種人開始可以爬到天上，但是最後必然落到地上。大禹治水，人民都知道治水的好處，沒有人不幫助他。商鞅變法，百姓都知道變法的危害，沒有人不害怕他的刑罰。所以，夏禹成功地做了帝王，而商鞅變法施行後就被殺。商鞅有獨特的見解，但缺乏向世人證實自己獨特見解帶來的好處。文學既然不配和你們討論當世的權變之計，也就不會遭到商鞅這樣的災難了。」

論誹第二十四

本篇導讀——

本篇中，丞相史和文學對顏異、狄山進行評論。丞相史批評儒者提倡的道已經不符合當世，認為顏異、狄山位居高位卻不能處理政事，反而誹謗皇上而獲罪，這是他們應得的懲罰。文學則認為二人之死是因為漢武帝時賢臣少、奸臣當權，他們二人因不苟且附和奸臣才遭遇不測。

丞相史曰：「晏子有言：『儒者華於言而寡於實，繁於樂而舒於民[1]，久喪以害生[2]，厚葬以傷業，禮煩而難行，道迂而難遵，稱往古而訾當世[3]，賤所見而貴所聞。』此人本枉[4]，以己為式[5]。此顏異所以誅黜[6]，而狄山死於匈奴也[7]。處其位而非其朝，生乎世而訕其上，終以被戮而喪其軀，此獨誰為負其累而蒙其殃乎？」

注釋

1繫於樂：指過度重視禮樂。舒：不重視。2久喪：長時間服喪。3訾：誹謗。4枉：引申為不合正道之意。5式：特定的規格，此處引申為模範、榜樣。6顏異：漢武帝時期任為大司農，因反對漢武帝與張湯發行的「白鹿皮幣」、不同意變相勒索帝王貴族，惹得漢武帝十分不高興，並加深了張湯對自己的仇怨。後來有人告發顏異，說他總是發表異議，漢武帝便派張湯審理顏異。張湯認為顏異位列九卿，有意見不向皇上提出而在肚子裏面誹謗，於是將顏異處死。7狄山：漢朝博士。匈奴請與漢武帝和親，狄山表示贊成，並認為興兵動武會讓人民貧困。漢武帝發怒，就派狄山去治理一個建在邊塞上險要之處的城，過了一個多月，匈奴侵犯邊境，就把狄山的頭斬了。

譯文

丞相史說：「晏嬰曾說過：『儒生語言華麗卻很少談到實際內容，講究禮樂忽視百姓，長時間服喪影響生活，厚葬損害了家庭產業，禮節繁多難以執行，道德迂腐難以遵守，稱讚過去而誹謗當世，輕賤看見的事實而重視聽到的教條。』這樣的人本來就不對，還要把自己樹立成榜樣。這就是顏異被殺害，狄山死在匈奴的原因了。處在官位上還誹謗朝廷，生在世上卻誹謗皇上，最終被殺害而失去生命，遭受災難蒙受禍害的獨獨是怎麼樣的人呢？」

文學曰：「禮所以防淫[1]，樂所以移風，禮興樂正則刑罰中[2]。故堤防成而民無水菑[3]，禮義立而民無亂患。故禮義壞，堤防決，所以治者，未之有也。孔子曰：『禮與其奢也寧儉，喪與其易也寧戚[4]』。故禮之所為作，非以害生傷業也，威儀節文，非以亂化傷俗也。治國謹其禮[5]，危國謹其法[6]。昔秦以武力吞天下，而斯、高以妖孽累其禍[7]，廢古術，隳舊禮，專任刑法，而儒、墨既喪焉。塞士之途，壅人之口，道諛日進而上不聞其過，此秦所以失天下而殞社稷也。故聖人為政，必先誅之，偽巧言以輔非而傾覆國家也。今子安取亡國之語而來乎[8]？夫公卿處其位，不正其道，而以意阿邑順風[9]，疾小人淺淺面從[10]，以成人之過也。故知言之死，不忍從苟合之徒，是以不免於螺絏[11]。悲夫！」

注釋

1淫：行為過分。2中：合適，適當。3菑：古同「災」。4「禮與其奢也寧儉」兩句：語出《論語．八佾》，林放問禮的本質時，孔子的答語。戚，內心傷悲。5治國：太平的國家。6謹：加強。7斯、高：指李斯和趙高。妖孽：指邪惡之道。8安：怎麼。9意：心思。阿邑順風：見風使舵，阿諛逢迎。10淺淺：同諓諓，善言之意。11絏（粵：泄；普：xiè）：同「紲」，繩索。

譯文

文學說：「禮是用來防止過分行為的，樂是用來改變風俗的。崇尚禮樂可以符合標準，刑罰才能適當。因此，築好堤壩，百姓就不會遭遇水患；設立禮義，百姓就不會犯上作亂。所以，禮義敗壞如同堤防破裂。不用禮義就想治理好國家，這是從來沒有的事情。孔子說：『禮節與其奢侈，不如搞得簡樸一些；喪葬與其辦得周到，不如內心悲傷。』所以禮的作用並不是為了影響生活，損害家業的。制定禮節儀式的條文，不是為了擾亂風化傷害世俗的。崇尚禮儀才能治理好國家，崇尚刑法只能使國家陷入危險。以前，秦始皇憑藉武力征服天下，由於李斯、趙高的邪惡之道使國家受到了危害。他們廢棄了古代的治國方法，毀壞了舊禮義，專門使用刑法，完全拋棄了儒家和墨家的東西。堵塞賢人的升官途徑，封住了人們的嘴巴，用盡心思阿諛奉迎的人愈來愈多，皇上聽不到自己的過失。這就是秦王朝失掉天下、國家滅亡的原因啊。所以聖人處理政事，一定要先殺掉這樣的人，因為他們花言巧語助長邪惡會使國家滅亡。今天你們怎麼還用使國家滅亡的話來進行辯論呢？公卿處於掌握權勢的位子上卻不崇尚禮義，只知道阿諛奉承，有小人花言巧語、看皇上臉色行事的弊病，助長別人的過錯。所以知道說了會被殺死，還不能容忍苟且附和的人，因此免不了坐牢受刑，真是悲痛啊！」

丞相史曰：「檀柘而有鄉[1]，萑葦而有叢[2]，言物類之相從也。孔子曰：『德不孤，必有鄰[3]。』故湯興而伊尹至，不仁者遠矣。未有明君在上而亂臣在下也。今先帝躬行仁聖之道以臨海內[4]，招舉俊才賢良之士，惟仁是用；誅逐亂臣，不避所親；務以求賢而簡退不肖[5]，猶堯之舉舜、禹之族，殛鯀放驩兜也[6]。而曰『苟合之徒』，是則主非而臣阿[7]，是也？」

注釋

1鄉：自己生長的地方。2萑（粵：桓；普：huán）葦：兩種蘆類植物，蒹長者為萑，葭長者為葦。3「德不孤」兩句：語出《論語．里仁》。4仁聖之道：以仁義治理國家之道。臨：統治。5簡退：指斥退入仕的官員。6驩兜：堯的大臣，因胡作非為，被堯流放。

譯文

丞相史說：「檀木和柘木有他們生長的地方，蘆葦有聚集之地，就是說相同的物種聚集在一起。孔子說：『有德性的人不會孤獨，一定會有志同道合的人。』所以，商湯興起的時候伊尹就來了，不仁義的人就走遠了。從來就不存在朝廷上有賢明的君主而下面有奸邪的臣子的事情。如今漢武帝在國內親身實踐仁義之道，選舉才智超群的人，只任用賢良的人，誅滅驅逐亂臣賊子，不迴避親友，務必任用有才能的人而罷免不賢良的人，就像堯推舉舜、禹，殺掉鯀、流放驩兜一樣。而你們卻說皇上下面的大臣是苟且附和的人，那就是說皇上是不對的，臣子也是阿諛逢迎了，對麼？」

賞析與點評

上有明君，下必有賢臣，這是千古之明理，可是在當今之世卻不能依賴君上之德，因權力使人腐化，人性本來就易於變質，只有以法限權，才能長治久安。

文學曰：「皋陶對舜：『在知人，惟帝其難之[1]。』洪水之災，堯獨愁悴而不能治，得舜、禹而九州寧。故雖有堯明之君，而無舜、禹之佐，則純德不流[2]。《春秋》刺有君而無臣。先帝之時，良臣未備，故邪臣得間。堯得舜、禹而鯀殛驩兜誅[3]，趙簡子得叔向而盛青肩詘[4]。語曰[5]：『未見君子，不知偽臣。』《詩》云：『未見君子，憂心忡忡。既見君子，我心則降[6]。』此之謂也。」

注釋

1「在知人」兩句：語出《尚書．皋陶謨》：知人，識別人。2流：流布。3殛：殺死。

4趙簡子得叔向而盛青肩詘：春秋末年晉國的趙鞅得到了賢能的叔向後就罷免了盛青肩。5語：俗語。6「未見君子」兩句：語出《詩經・小雅・出車》。

譯文

文學說：「皋陶對舜說：『在識別人這方面，帝王最不容易做到。』洪水氾濫，堯獨自憂愁焦慮不能夠治理水災，啟用舜、禹之後，國內水患得以平息。所以，即便有堯這樣英明的君主，若沒有舜、禹這樣能人的輔佐，好的德政也不能流佈四方。《春秋》上就諷刺過有良君而無賢臣的事情。漢武帝時期，好的大臣沒有齊備，所以奸邪臣子鑽空子。堯得到了舜、禹就殺掉鯀、流放驩兜，趙簡子得到了叔向就罷免了盛青肩。俗語說：『沒有看到君子就分辨不出奸臣。』《詩經》上說：『沒有看到君子，心裏憂慮不安；看到了君子，懸着的心終於放下了。』說的就是這個道理。」

丞相史曰：「堯任鯀、驩兜，得舜、禹而放殛之以其罪，而天下咸服，誅不仁也。人君用之齊民，而顏異，濟南亭長也，先帝舉而加之高位，官至上卿[1]。狄山起布衣，為漢議臣[2]，處舜、禹之位，執天下之中，不能以治，而反坐訕上[3]。故驩兜之誅加而刑戮至焉。賢者受賞而不肖者被刑，固其然也。文學何怪焉？」

注釋　1上卿：漢代官位最高一級的卿。當時顏異官拜大司農，大司農為當時政府九卿之一，地位很高。2議臣：議政之臣。3坐：定罪。

譯文　丞相史說：「堯任用鯀、驩兜，得到舜、禹之後就殺掉或放逐他們，因為他們有罪，天下的百姓都信服這種處罰，因為誅殺的是不仁義之人。君主用這種辦法治理百姓，顏異原是濟南亭長，漢武帝任用他並賜予高位，封為大司農。狄山本是一介平民，最終成了朝廷的議政之臣。處於舜、禹這樣的高位，執掌天下的大事，但是處理不好，反而因誹謗皇上而定罪。所以，鯀和驩兜受到的刑罰就施加在他們的頭上，他們也就受到了誅殺。賢人受賞、壞人受刑，這是理所當然的事情。你們這些儒生又有什麼好責怪的呢？」

文學曰：「論者相扶以義，相喻以道，從善不求勝，服義不恥窮。若相迷以偽，相亂以辭，相矜於後息，期於苟勝[1]，非其貴者也。夫蘇秦、張儀，熒惑諸侯[2]，傾覆萬乘[3]，使人失其所恃。非不辯，然亂之道也。君子疾鄙夫之不可與事君[4]，患其聽從而無所不至也。今子不聽正義以輔卿相，又從而順之，好須臾之說，不計其後[5]。若子之為人吏，宜受上戮，子姑默矣！」

注釋

1苟勝：靠不正當手段獲勝。2熒惑：使人迷惑，炫惑。3萬乘：指國家。4疾：痛恨。5計：考慮。

譯文

文學說：「辯論的人用義相互扶持，用道理相互啓發，聽從好的建議而不追求勝利，服從仁義，不以理屈詞窮為恥。如果用欺詐行為相互蒙騙，用花言巧語相互擾亂，以自己在最後戰勝了對方而驕傲，期望用不正當的手段獲取勝利，這不是可貴的態度和行為。蘇秦、張儀迷惑諸侯，結果諸侯國破家亡，失去權力。他們不是不能言善辯，然而這是混亂的根源。君子痛恨這種品質低劣的小人，不可與他們一起侍奉君主。憂慮的是君主聽從小人的意見，並按照他們的建議做事。現在你們不聽我們講的禮義來輔佐公卿宰相，只會順從他們，喜歡阿諛逢迎，不考慮後果。像你們這樣當官的話，必定受到重罰，你們暫且閉上嘴吧！」

丞相史曰：「蓋聞士之居世也，衣服足以勝身[1]，食飲足以供親，內足以相恤[2]，外不求於人。故身修然後可以理家，家理然後可以治官。故飯蔬糲者不可以言孝[3]，妻子飢寒者不可以言慈，緒業不脩者不可以言理[4]。居斯世，行斯身，而有此三累者[5]，斯亦足以默矣。」

注釋　1**勝身**：滿足身體需求。2**內**：家庭內部。3**糲**：粗糙。4**緒業**：事業。**理**：治理國家。5**三累**：指三種拖累，即「飯蔬糲」、「妻子飢寒」、「緒業不脩」。

譯文　丞相史說：「聽說人活在世上，衣服足夠穿，飲食足夠供養父母，使家庭內部相互體恤，對外不用求別人幫忙。所以，管好了自己就可以治理家庭，家庭管好了就可以出來做官。所以供養父母粗茶淡飯的人不能稱為孝子，妻子兒女受冷受餓的人不能稱得上仁愛，自己事業搞不好的不能夠出來治理國家，因此吃粗茶淡飯、妻子兒女受凍挨餓、自己事業沒有前途，這樣三件事都辦不好，那就可以閉嘴了。」

賞析與點評

古人云「盡孝論心不論行，論行貧家無孝子」丞相史正合此意，足見其主張由下而上追求理想的現實主義，完全否定道德的超越性，看不起身份低下的基層知識分子。

孝養第二十五

本篇導讀——

本篇圍繞何為「孝」展開討論。文學認為孝敬父母不必用好的物質條件來滿足父母，只需要順應父母意志、恭敬、順應禮節就是最大的孝道。憑藉不正當手段獲取財物贍養父母是不孝。大夫一邊則認為侍奉父母只講究空虛的禮節沒有實際意義，要有足夠的物質條件贍養父母的身體，取得官位獲取富貴是孝敬父母的條件。

文學曰：「善養者不必芻豢也[1]，善供服者不必錦繡也[2]。以己之所有盡事其親，孝之至也。故匹夫勤勞，猶足以順禮，歠菽飲水[3]，足以致其敬。孔子曰：『今之孝者，是為能養，不敬，何以別乎[4]？』故上孝養志[5]，其次養色[6]，其次養

體[7]。貴其禮，不貪其養，禮順心和，養雖不備，可也。《易》曰：『東鄰殺牛，不如西鄰之禴祭也[8]。』故富貴而無禮，不如貧賤之孝悌。閨門之內盡孝焉[9]，閨門之外盡悌焉，朋友之道盡信焉，三者，孝之至也。居家理者，非謂積財也，事親孝者，非謂鮮肴也，亦和顏色、承意盡禮義而已矣。」

注釋

1芻豢：指牛羊豬狗等牲畜，泛指肉類食品。2錦繡：帶有花紋的絲織品。3歠菽（粵：輟叔；普：chuò shū）：豆粥。4「今之孝者」四句：語出《論語・為政》。5上孝：最孝，第一等孝順。養志：順應意志。6養色：這裏指對父母和顏悅色。7養體：指供養父母飲食。8禴（粵：若；普：yuè）祭：古代君王具有的祭禮。春曰禴，夏曰禘，秋曰嘗，冬曰烝。這裏指用新菜祭祀。9閨門：內室的門。此處指家庭。

譯文

文學說：「善於供養父母衣食的人不一定供給他們肉食，也不一定給他們提供帶有花紋的絲織衣服。自己有什麼就全部拿出來供養父母，這就是最孝順的。所以，平民百姓辛苦勞動還是可以順應禮的要求，用粗茶淡飯就足以表達對父母的孝敬。孔子說：『如今的孝子，能夠贍養父母，卻不恭敬，和動物有什麼區別呢？』所以，第一等孝順是順應父母的意志，第二等就是對父母和顏悅色，第三等就是保養父母身體。以禮為貴，不貪圖供養東西的多少，順應禮節使父母順心，即便供養的東西不齊全，也算得上是孝子。《易經》上說：『東邊鄰居殺的牛肉，不如西邊鄰居祭祀時的菜好吃。』因此，家庭富有卻不知禮節不如貧窮人家講究孝悌的好。在家孝順父母，在外講究兄弟禮節，對朋友忠誠守信，能做到這三條就是最孝順的人。家裏管理得僅僅有條理的人並不是積累財產，侍奉雙親孝順的人，不僅僅提供鮮美的菜肴，更應該對父母和顏悅色，順從父母的意志，真正做到符合禮義罷了。」

賞析與點評

孔子曰：「今之孝者，是謂能養，至於犬馬，皆能有養，不敬，何以別乎？」孔子也認為那個年代的人不太重視孝道，但他的言論指出了問題的關鍵，就是孝可分為形式與內涵，而敬的內涵比起養的形式更為重要。那麼我們這一代真的不再重視孝道嗎？當然不。君不見每逢星期日茶樓人山人海，老老少少聚首一堂，而每年的母親節、父親節街上那溫馨的場面嗎？任何年代表達內在的形式也會隨時代而有所變化，但內在孝悌的天性仍然種於人心之中，歷久彌新。上一代的老人看不慣表達方式的轉變，便感到失落，高呼人心不古。我們姑且稱之為「時代落差」，他們期待後輩用屬於他們時代的方法表現孝敬之情，可是事與願違，就產生了道德淪喪的概歎了。

丞相史曰：「八十曰耋，七十曰耄。耄，食非肉不飽，衣非帛不暖。故孝子曰甘毳以養口[1]，輕暖以養體。曾子養曾晳[2]，必有酒肉。無端綩[3]，雖公西赤不能以為容。無肴饍，雖閔、曾不能以卒養[4]。禮無虛加，故必有其實然後為之文。與其禮有餘而養不足，寧養有餘而禮不足。夫洗爵以盛水[5]，升降而進爤[6]，禮雖備，然非其貴者也。」

注釋

1甘毳（粵：脆；普：cuì）：美味的食物。養口：贍養父母。2曾晳：曾子的父親。3端：古代一種黑色的禮服。綩：通「冕」，禮帽。4閔、曾：指閔子騫、曾參。5爵：古代飲酒的器皿。6升降：指上下台階。

譯文

丞相史說：「八十歲的老人被稱為『耋』，七十歲的老人被稱為『耄』。七十歲的老人，不吃肉就吃不飽，不穿綢緞就不暖和。所以，孝子都是用美味的食物來供養父母，用質地輕盈保暖的衣服來保護父母的身體。曾子贍養父親曾晳的時候，每餐都離不開酒肉。沒有禮服禮帽，即便是公西赤也不能用空洞的禮貌來達到贍養父母的目的。沒有美味佳餚，即便是閔子騫、曾參也不能完成贍養父母的任務。禮不是空洞的，必須有實在的內容才能夠稱為禮儀。與其說禮儀有餘但是供養跟不上，倒不如供養有餘而禮不足。一個人恭敬地洗酒杯，但是裏面裝的是水；請父母高坐，端上來的卻是粗茶淡飯。即便禮數周全了，也沒有什麼值得可貴的。」

文學曰：「周襄王之母非無酒肉也[1]，衣食非不如曾皙也，然而被不孝之名，以其不能事其父母也。君子重其禮，小人貪其養。夫嗟來而招之[2]，投而與之，乞者由不取也。君子苟無其禮，雖美不食焉。故禮：主人不親饋[3]，則客不祭。是饋輕而禮重也。」

注釋 1周襄王：東周君主，據説他對母親不孝。2嗟：文言歎詞。3饋：進獻。

譯文 文學説：「周襄王的母親不是沒有肉吃、沒有酒喝，吃穿用度並不是不如曾皙，然而周襄王卻背着不孝子的名聲，這是因為他不能按照禮節侍奉父母。君子看重禮義，小人貪圖供養。將人吆喝過來，把東西扔在地上給別人，即便是乞丐也不會要。假如不合禮義，即便是美食，君子也不會吃。所以主人不親自把飯菜送到客人面前，客人就不吃，這就是因為飯菜無足輕重而禮義重要的原因。」

丞相史曰：「孝莫大以天下一國養[1]，次祿養，下以力。故王公人君，上也[2]，卿大夫，次也。夫以家人言之，有賢子當路於世[3]，高堂邃宇，安車大馬[4]，衣輕暖，食甘毳。無者，褐衣皮冠[5]，窮居陋巷，有旦無暮，食蔬糲葷茹[6]，膢臘而後見肉[7]。老親之腹非唐園[8]，惟菜是盛。夫蔬糲，乞者所不取，而子以養親，雖欲以禮，非其貴也。」

注釋

1以天下一國養：以全天下或者一個諸侯國的財富來贍養父母。2上：第一等孝順。3當路：位居顯要官職。4安車：古代可以乘坐的小車。5褐衣：粗布衣服。6葷茹：此處「葷」並非指肉食，而是指蔥酸等有刺激性氣味的食品。茹，臭。7膢（粵：流；普：lǘ）臘：古代的兩種祭名。其祭多在歲終，故常並稱。8唐園：菜園子。

譯文

丞相史說：「最大的孝就是以全天下或者一個諸侯國的財富來贍養父母，用自己的俸祿供養父母稍微差一點，最次的就是靠自己的勞動力供養父母了。所以，君主和王公貴族是最孝順的人，其次是公卿、大夫。拿老百姓來說，如果有個有出息的兒子在朝為官，就可以住在高屋大宅深院子裏面，乘坐着駿馬拉的車子，穿着質輕保暖的衣服，吃着美味佳餚。若沒有為官的兒子，就穿着粗布衣服，戴着獸皮做的帽子，貧困地居住在偏遠貧窮的巷子裏面，吃了上頓沒下頓。吃的是粗糧雜菜，過年過節才能吃上肉。父母親的肚子不是菜園子卻只能裝蔬菜。那些雜菜粗飯，就是乞丐都不要，而子孫拿來侍奉父母，即便按照禮儀去做，也沒有可取之處。」

賞析與點評

丞相史是從末來看孝道，重形式而不重內涵，其實供養與敬意二者缺一不可，內外合一，本末並重。

文學曰：「無其能而竊其位，無其功而有其祿，雖有富貴，由蹠、蹻之養也[1]。高臺極望，食案方丈[2]，而不可謂孝。老親之腹非盜囊也[3]，何故常盛不道之物。夫取非有非職[4]，財入而患從之，身且死禍殃，安得膢臘而食肉？曾參、閔子無卿相之養，而有孝子之名；周襄王富有天下，而有不能事父母之累[5]。故禮菲而養豐[6]，非孝也。掠困而以養[7]，非孝也。」

注釋

1蹠、蹻：古時兩個大盜的名字。2方丈：一丈見方。3盜囊：盜賊用來裝盜竊物品的袋子。4非有：不是自己的。非職：不是憑自己官職掙來的。5累：過失。6菲：薄。7困：積聚，聚攏。

譯文

文學說：「沒有才能卻竊取官位，沒有功勞卻拿朝廷俸祿，即便享用富貴，也是如同強盜那樣贍養父母。讓父母居住在高大的房屋裏面，吃一大桌子豐盛的菜餚，也不能稱為孝敬。父母的肚子不是盜賊的口袋，為什麼經常要裝些不義之物呢？這些人拿的不是自己所有和自己憑藉官職正當謀取的東西，財物一到手禍患就接着來，遭殃喪命，還談什麼過年的時候吃肉呢？閔子騫和曾參他們沒有用公卿的俸祿奉養父母，但被稱為孝子。周襄王雖然擁有天下的財富，但有不孝順父母的罪名。所以禮義薄而供養父母的物品豐盛也不能稱為孝敬。掠奪聚攏不義之財供養父母，不是孝敬。」

丞相史曰：「上孝養色，其次安親，其次全身。往者，陳餘背漢[1]，斬於泜水；五被邪逆[2]，而夷三族。近世，主父偃行不軌而誅滅[3]，呂步舒弄口而見戮[4]，行身不謹，誅及無罪之親。由此觀之：虛禮無益於己也。文實配行，禮養俱施，然後可以言孝。孝在於實質，不在於飾貌；全身在於謹慎，不在於馳語也。」

注釋

1陳餘：秦朝末年人，曾投奔陳涉，後當過代王。劉邦出兵擊楚，陳餘派兵協助，劉邦兵敗後，陳餘就背叛了劉邦，後被劉邦派的大軍殺死。2五被：指「伍披」，西漢初年淮南王劉安的謀士，因伙同劉安謀反而被殺。3主父偃：漢武帝時大臣，好揭發別人隱私，又收受賄賂，最終被滅族。4呂步舒：董仲舒的學生，因說話不謹慎，差點害死董仲舒。

譯文

丞相史說：「第一等的孝是對父母和顏悅色，第二等的孝是讓父母覺得安定，再差一點就是保全父母的性命。過去，陳餘背叛漢朝，在泜水被斬首。伍被邪惡叛逆，被誅滅三族。不久前，主父偃行為不端而全族被殺，呂布舒搬弄口舌而被斬。自己所作所為不謹慎，導致無辜親屬被殺。由此可見：講究虛假的禮對自己沒有什麼好處，形式和實際要結合起來，禮和奉養要一起施行，這樣之後才可以談得上孝。孝根本在於實質，而不是表面上看起來好看。保全身體的關鍵是謹言慎行，不在於耍嘴皮。」

文學曰：「言而不誠，期而不信，臨難不勇，事君不忠，不孝之大者也。孟子曰：『今之士，今之大夫，皆罪人也。皆逢其意以順其惡[1]。』今子不忠不信[2]，巧言以亂政，導諛以求合[3]。若此者，不容於世。《春秋》曰：『士守一不移，循理不外援，共其職而已。』故位卑而言高者，罪也；言不及而言者，傲也。有詔公卿與斯議，而空戰口也？」

注釋

1「今之士」四句：語出《孟子．告子下》 2子：指丞相史。3導諛：阿諛奉承。4守一：固守着一個信仰。

譯文

文學說：「說話不誠實，約會不守信用，面對危險不勇敢，侍奉君主不忠誠，這些都是最大的不孝。孟子說：『如今這些士，現在這些大夫們，都是有罪之人。都是逢迎君王意思，順從君主去幹壞事。』如今你們不忠誠不守信，巧舌如簧，禍亂朝政，溜鬚拍馬附和君主。像這類人，在這個世上無法容身。《春秋》上說：『士堅持一定的信仰不動搖，遵循道理辦事，不依賴別人，努力做好自己的事情就可以了。』所以地位低賤的人高談闊論，就是有罪；不到自己發言就說話的人，就是傲慢。皇帝頒佈詔書讓公卿和我們一起議論，就是讓你們和我們來進行口舌之爭麼？」

刺議第二十六

本篇導讀——

上一篇中，文學認為丞相史沒有資格參加辯論，此篇中丞相史和文學繼續前篇的辯論，因此一開篇，丞相史便開始反駁文學，認為「多見者博，多聞者知」，並認為自己是刻苦學習、踏上君子之道之人。文學則反唇相譏，諷刺他們不過是見風使舵、阿諛奉承之人，根本不能位於君子行列。

丞相史曰：「山陵不讓椒跬[1]，以成其崇。君子不辭負薪之言[2]，以廣其名。故多見者博，多聞者知；距諫者塞[3]，專己者孤。故謀及下者無失策，舉及眾者無頓功[4]。《詩》云：『詢於芻蕘[5]』。故布衣皆得風議，何況公卿之史乎？《春秋》

士不載文，而書咺者[6]，以為宰士也[7]。孔子曰：『雖不吾以，吾其與聞諸[8]。』僕雖不敏[9]，亦嘗傾耳下風，攝齊句指受業[10]，徑於君子之途矣[11]。使文學言之而是[12]，僕之言有何害？使文學言之而非，雖微丞相史[13]，孰不非也[14]？」

注釋

1椒跬：低矮的土包。椒：中間高四處低矮的土丘。跬：人走半步，大約三尺的長度。2負薪：背擔的和砍柴的人，此處指普通百姓。3距：通「拒」，拒絕。4頓功：功力不奏效，指沒有成功。5詢於芻蕘：語出《詩經．大雅．板》。芻蕘，砍柴的人。6咺：人名，冢宰的下屬。7宰：人名，冢宰。8「雖不吾以」二句：語出《論語．子路》篇。9僕：對自己的謙稱。10句指：卑恭的樣子。11徑：行，過。12使：假使。13微：無。14非：指責。

譯文

丞相史說：「山川不排斥三尺高的土包，才能夠成就它的高大。君子不拒絕普通人的建議，才能聲名遠揚。所以，看得多的人知識淵博，聽得多的人聰明智慧，拒絕別人建議的人閉塞，只按自己意思行事的人孤獨。所以，和下屬多商量不會做出錯誤的決策，和眾人一起辦事不會不成功。《詩經》上說：『向砍柴的人詢問意見。』百姓都可以參與政事，何況公卿的下屬呢？《春秋》不記載士的言行，卻記錄了咺的事情，因為他是冢宰的屬官。孔子說：『雖然不任我為官，但是我還是了解很多朝政之事。』我們雖然不聰明，也聽過下面的意見，恭恭敬敬地學習，踏上了君子的道路。假使文學說的話是對的，我們的建議又有什麼壞處呢？如果文學說的話不對，即便沒有丞相史，有誰不會批評呢？」

文學曰：「以正輔人謂之忠，以邪導人謂之佞。夫怫過納善者[1]，君之忠臣，大夫之直士也。孔子曰：『大夫有爭臣三人，雖無道，不失其家[2]。』今子處宰士之列，無忠臣之心，枉不能正，邪不能匡，順流以容身，從風以說上。上所言則苟聽，上所行則曲從，若影之隨行，響之於聲[3]，終無所是非。衣儒衣，冠儒冠，而不能行其道，非其儒也。譬若土龍[4]，文章首目具而非龍也[5]。葶歷似菜而味殊[6]，玉石相似而異類。子非孔氏執經守道之儒，乃公卿面從之儒，非吾徒也。冉有為季氏宰而附益之，孔子曰：『小子鳴鼓而攻之，可也。』故輔桀者不為智，為桀斂者不為仁。」

丞相史默然不對。

注釋　1 怫過：君主或上司犯錯了，臣下違逆君主或上司旨意，勸諫他們。2「大夫有爭臣三人」三句：語出《孝經》。爭，同諍，即照直說出別人的過錯，叫人改正。3 **響**：回音。4 **土龍**：泥土捏製成的龍。5 **文章**：花紋圖案。6 **葶歷**：一年生草本藥用植物，籽味苦。

譯文

文學說：「用正道輔佐人叫作忠誠；用歪門邪道輔佐人叫做奸邪。君主或上司犯錯了，違逆君主或上司意旨阻止他們犯錯，將他們引入正道的人，就是君主的忠臣，是大夫的正直之士。孔子說：『大夫應該有三個直言進諫的人。即便不懂得治國之道，但是也不會家破人亡。』如今你們位居宰相謀士的行列，沒有一顆忠誠的心，不能制止錯誤，不能制止邪氣，只會隨波逐流保全自己，順從上司的意思以討上司喜歡。上司說什麼就聽什麼，上司做什麼你都跟從，就像影子跟隨身體、回音呼應聲響一樣，始終分不清是非。穿戴和儒生一樣，卻不走儒家提倡的正道，你們不是真正的儒生。如同土捏成的龍，即便顏色、花紋、腦袋、眼睛都具備了，也還不是真龍。葶歷像菜但是味道不一樣，玉和石頭外形相似但是不同類。你們並不是堅持儒家學說的儒生，而是看公卿眼色行事的儒生，不是我們這條道上的人。冉有作為季氏的家臣，積極輔佐季氏斂財。孔子說：『弟子們可以大張旗鼓地討伐他。』所以，輔佐夏桀的人不明智，為夏桀橫徵暴斂的人不仁義。」丞相史沉默，不應對。

賞析與點評

《孝經》云：「昔者天子有爭臣七人，雖無道，不失其天下；諸侯有爭臣五人，雖無道，不失其國；大夫有爭臣三人，雖無道，不失其家；士有爭友，則身不離於令名；父有爭子，則身不陷於不義。故當不義，則子不可以不爭於父，臣不可以不爭於君。故當不義則爭之，從父之令，又焉得為孝乎？」

利議第二十七

本篇導讀——

上一篇，文學將丞相史批評得無話可說。本篇中，大夫又重新回到辯論的隊伍中，與文學展開辯論。本篇的辯論中心是文學是否有真材實料，其建議是否可行。大夫指出，在場的儒生庸碌無能、話多沒有實在的用處，表裏不一。沒有一個能為國家提出宏圖大略，只會死守教條吵吵嚷嚷。文學反駁大夫觀點，辯解稱雖然儒生們所說的有所區別，但是都是崇尚禮義、放棄財利，恢復古代治國的方法。自己的觀點之所以被排斥，是因為公卿們一心追逐財利。

大夫曰：「作世明主，憂勞萬民，思念北邊之未安，故使使者舉賢良、文學高第，詳延有道之士[1]，將欲觀殊議異策，虛心傾耳以聽，庶幾云得[2]。諸生無能

出奇計遠圖，伐匈奴安邊境之策，抱枯竹[3]，守空言，不知趨舍之宜[4]，時世之變，議論無所依，如膝癢而搔背，辯訟公門之下[5]，訩訩不可勝聽[6]，如品即口以成事，此豈明主所欲聞哉？」

注釋

1詳延：廣泛邀請。2庶幾：或許可以，表示希望。3枯竹：竹簡。古時，在發明紙張之前，人們會砍伐竹子，並經過一系列製作，串成竹簡，在竹簡上面記事。此處枯竹指陳舊的儒家經典。4趨舍：即取捨。5公門之下：指朝廷。6訩訩（粵：凶；普：xiōng）：喧爭貌，議論紛紜貌。

譯文

大夫說：「治理天下賢明的君主擔心百姓辛勞，考慮到北方邊疆還沒有安定下來，所以派遣使者舉薦賢良方正和文學高第，廣泛聘請有治國之道的人，本來是想聽到他們提出與眾不同的建議和出色的策略，虛心聽取，希望能有收穫。你們這些儒生沒有一個能夠提出出色計謀和長遠宏圖大略、討伐匈奴平定邊疆的良策，只守着陳舊的儒家經典，死守空洞的教條，不知道如何取捨才好，不知道時代的變化，議論毫無根據，就像膝蓋發癢卻去撓後背，在朝廷上爭辯，吵吵嚷嚷，使人不想聽。就像『品』字由很多口組成，只有口才能組成這個字一樣。這些又怎麼是聖明的君主想聽的呢？」

文學曰：「諸生對冊[1]，殊路同歸，指在於崇禮義，退財利，復往古之道，匡當世之失，莫不云太平。雖未盡可亶用，宜若有可行者焉。執事闇於明禮[2]，而喻於利末[3]，沮事隋議[4]，計慮籌策，以故至今未決。非儒無成事，公卿欲成利也。」

注釋

1對冊：回答皇上提出的問題。2闇：糊塗。3喻：明白。4隋：通「墮」，毀壞。

譯文

文學說：「我們回答皇上的問題，雖然答案不一樣，但是目的卻是一樣的，旨在崇尚禮義，放棄財利，恢復古代治理國家的方法，修正當代的過失，沒有一個不是講天下太平的。雖然我們的建議不是全部都可取，但是多少也有可以值得採納的地方。你們這些掌管國事的人，不懂得禮義，只知道追求財利，敗壞了國家大事，破壞了我們的建議，終日謀劃策略，以至於到現在還沒有作出決定。現在不是我們不能把事情做成，而是你們想確保財利而已。」

大夫曰：「色厲而內荏[1]，亂真者也。文表而枲裏，亂實者也。文學裒衣博帶[2]，竊周公之服[3]；鞠躬踧踖[4]，竊仲尼之容；議論稱誦，竊商、賜之辭[5]；

刺譏言治，過管、晏之才[6]。心卑卿相，志小萬乘。及授之政，昏亂不治。故以言舉人，若以毛相馬[7]。此其所以多不稱舉。詔策曰[8]：『朕嘉宇內之士，故詳延四方豪俊文學博習之士，超遷官祿[9]。』言者不必有德，何者？言之易而行之難。有舍其車而識其牛[10]，貴其不言而多成事也。吳鐸以其舌自破[11]，主父偃以其舌自殺。鶡鴠夜鳴[12]，無益於明。主父鳴鴞[13]，無益於死。非有司欲成利，文學桎梏於舊術[14]，牽於間言者也。」

注釋

1厲：強硬。荏：軟弱。2褎（粵：peu4；普：bāo）衣：寬大的衣服。3竊：盜用，這裏指模仿，學習。4踧踖（粵：促即；普：cù jí）：恭敬不安的樣子。5商、賜：孔子的兩個學生，「商」指卜商，字子夏；「賜」指端木賜，字子貢。6管、晏：指管仲和晏嬰。7毛：毛色。8昭策：皇帝發佈的命令。9超遷：越級提升。10識：做標識。11吳鐸：吳地的大鈴。12鶡鴠（粵：渴旦；普：hé dàn）：鳥名，又叫寒號鳥。13鴞：貓頭鷹。14桎梏：本意是手銬和腳鏈。此處指被困。

譯文

大夫說：「表面剛強內心軟弱，這是以假亂真。衣服外表很華麗，但是內裏卻是粗糙的爛布，這是以虛亂實。你們穿着寬大袍子，繫着寬大的帶子，模仿周公的服裝；一副恭敬不安的樣子，效仿孔子的樣子；發表議論，稱頌儒家，剽竊子貢、子夏的言論；批評政事，談論治國之道，超過管仲、晏嬰的才能；看不起王公大臣，甚至連皇上也不放在眼裏。但是真的授權讓你們管理國家政事，就會使國家混亂不安。所以，如果依靠言論來選拔人就像通過看毛色好壞來鑒定馬的好壞一樣。這就是你們說的多數推舉的人和官職不相稱的原因。皇上的文告上說：『我器重天下有才幹的人，所以廣泛地聘請各地的豪傑和有才幹的人，越級升遷，增加俸祿。』能言善辯的人並不一定有高尚的品德，為什麼這麼說呢？說起來容易做起來難。有的人可以不要他的車子，但會在牛身上做標記以防丟失，這是因為他看重牛，雖然不說話，但是能幹很多事情。吳地製作的大鈴由於鈴舌常年被敲擊而破裂，主父偃因為說話厲害而被殺。寒號鳥每天晚上鳴叫，也不能使天早一點亮；主父偃像貓頭鷹那樣鳴叫也沒有辦法讓自己免於一死。並不是官吏想要謀求財利，而是你們這些儒生被陳舊的儒術局限，拘泥於不切實際的空話。」

文學曰：「能言之，能行之者，湯、武也。能言，不能行者，有司也。文學竊周公之服，有司竊周公之位。文學桎梏於舊術，有司桎梏於財利。主父偃以舌自殺，有司以利自困。夫驥之才千里，非造父不能使[1]；禹之知萬人[2]，非舜為相不能用[3]。故季桓子聽政[4]，柳下惠忽然不見；孔子為司寇，然後悖熾[5]。驥，舉之在伯樂，其功在造父。造父攝轡[6]，馬無駑良，皆可取道。周公之時，士無賢不肖，皆可與言治。故御之良者善調馬，相之賢者善使士。今舉異才而使臧騶御之[7]，是猶枙驥鹽車而責之使疾[8]。此賢良、文學多不稱舉也。」

注釋

1造父：古時善於駕馭馬車的人。2萬人：萬人之上。3相：主持政事。4季桓子：春秋末期魯國大夫。聽政：主持政事。5悖熾：興旺，指賢人大量湧現。6轡：駕馭馬的嚼子和韁繩。7臧：古代對奴僕的賤稱。騶：古代養馬的人。8枙：駕馭。

譯文

文學說：「能夠說到和做到的是商湯和周武王，說到做不到的是你們這些官吏。我們模仿周公的服飾，你們竊取了周公的官職；如果說我們被陳舊儒術束縛，你們則被財利捆綁。主父偃因為言語犀利被殺害，你們因為追求財利而使自己陷入困境。千里馬能日行千里，但不是造父這樣的人是不能驅使的；大禹的智慧頂得上一萬個人，但若不是舜主持政事也不能發現他。所以，季桓子一執政，柳下惠就趕快棄官逃跑了；孔子當了司寇，賢能之士才大量湧現。挑選千里馬靠的是伯樂，但發揮牠的作用卻要靠造父。造父駕車，無論馬的好壞，都可以上路。周公在的時候，儒生無論賢與不賢都可以參與討論治國之道。所以，好的趕車人善於馴馬，賢明的丞相善於用人。現在推舉出來優秀的人才卻讓無能的奴僕去使喚他們，就像把千里馬套在鹽車上還要迫使牠快跑一樣。這就是選舉出來的賢良和文學不稱舉的原因。」

大夫曰：「嘻[1]！諸生闒茸無行[2]，多言而不用，情貌不相副。若穿踰之盜[3]，自古而患之。是孔丘斥逐於魯君，曾不用於世也。何者？以其首攝多端[4]，迂時而不要也。故秦王燔去其術而不行[5]，坑之渭中而不用[6]。乃安得鼓口舌，申顏眉，預前論議[7]，是非國家之事也？」

注釋

1嘻：歎詞，表示驚訝。2闒：庸碌、鄙下。茸：鹿茸、細毛。闒茸合起來指人品卑劣、庸碌無能。3踰：從牆上爬過去。4首攝多端：瞻前顧後，猶豫不決。5燔去其術：此處指秦始皇焚燒儒家經典。燔，焚燒。6坑之渭中：指秦始皇將儒生坑殺在渭中。7預：參與。前：皇帝面前。

譯文

大夫說：「嘿！你們這些儒生人品卑劣，庸碌無能，話多沒有實在的用處，表裏不一。就像穿牆和翻牆的盜賊，從古到近都是被認為是社會的禍害。所以孔子被魯國國君斥退驅逐，竟然不被當世所任用。這是什麼原因呢？因為他瞻前顧後，畏首畏尾，迂腐不合時宜又抓不住治國的要領。因此，秦始皇燒毀了儒家經典而不實行儒家學説，把儒生活埋在咸陽而不任用他們。在那個時候，你們怎麼能逞口舌之快，眉飛色舞地參與皇帝召開的會議，發表議論，對國家大事評頭論足呢？」

國疾第二十八

本篇導讀——

國疾就是國家的弊病之意。篇中，文學總結了「邪臣各以伎藝，虧亂至治，外障山海，內興諸利」，「大臣擅權而擊斷，豪猾多黨而侵陵，富貴奢侈，貧賤篡殺」，百姓好逸惡勞、衣物器具質量差等諸多弊病，他們又認為這些弊病的出現是由漢武帝時期的各種政策造成的。至於丞相史則批評文學在辯論中氣勢洶洶、咄咄逼人，無君子之風，並認為他們只會死守教條，不知變通。

文學曰：「國有賢士而不用，非士之過，有國者之恥。孔子，大聖也，諸侯莫能用，當小位於魯[1]，三月，不令而行[2]，不禁而止，沛若時雨之灌萬物[3]，莫

不興起也。況乎位天下之本朝，而施聖主之德音教澤乎？今公卿處尊位，執天下之要，十有餘年，功德不施於天下，而勤勞於百姓[4]，百姓貧陋困窮，而私家累萬金。此君子所恥，而《伐檀》所刺也[5]。昔者，商鞅相秦，後禮讓，先貪鄙，尚首功[6]，務進取，無德厚於民，而嚴刑罰於國，俗日壞而民滋怨，故惠王烹菹其身[7]，以謝天下。當此之時，亦不能論事矣。今執政患儒貧賤而多言，儒亦憂執事富貴而多患也。」

大夫視文學，悒悒而不言也[8]。

注釋

1當小位：孔子在魯國任大司寇一職。實際上，孔子在魯國曾代理相位，並不算小的官職。後文「不令而行，不禁而止」就是孔子相魯三月之後的事情。馬非百《鹽鐵論簡注》認為當作「小當位」，即掌權時間短。2不令而行：不用下命令，好事就可以得以推行。3沛：充盛的樣子。此處指孔子仁德廣大。4勤勞於百姓：讓百姓辛勤勞累。5伐檀：《詩經．魏風》的篇名。該詩諷刺當權者無功受祿。6尚首功：即上首功，秦朝的法令：斬的頭多就是上功，每斬一個人頭就賜爵一級。7惠王：秦孝公子，名駟。孝公死後，惠王繼位，用車裂的酷刑殺死商鞅。8悒悒：悶悶不樂的樣子。

譯文

文學說：「國家有賢良之士卻不任用，不是士的罪過，是君王和諸侯的恥辱。孔子是大賢聖，沒有一個諸侯任用他，孔子掌權時間短，為魯大司寇代相位，三個月後，不用下命令，好事都可以得到推行；不用法律，壞事就能被制止。就像及時雨澆灌萬物一樣，沒有不興旺繁茂的。何況你們這些在朝做官，可以實行君主的仁義德政呢？如今你們位居高位，掌管國家大權。十多年來，對天下沒有什麼功勞，反而讓百姓辛苦勞累。百姓都十分貧困，你們家中卻積累了巨額財富。這些都是君子引以為恥的，也是《詩經·魏風·伐檀》篇所諷刺的。過去，商鞅輔佐秦國時，不講禮讓，貪財卑賤，崇尚斬頭，一味蠻幹，對百姓沒有什麼恩德，而是用殘酷的刑罰治理國家，風俗日益敗壞，百姓對他的怨恨日益強烈。所以被秦惠王五馬分屍，以解除天下人的憤怒。到那個時候，商鞅也不能談論政事了。現在你們這些執政者討厭我們地位卑賤、多嘴多舌，我們儒生也擔心你們貪圖富貴會招致很多災難。」

大夫看着儒生們，悶悶不樂，不再說話。

丞相史曰：「夫辯國家之政事，論執政之得失，何不徐徐道理相喻，何至切切如此乎[1]？大夫難罷鹽鐵者，非有私也，憂國家之用，邊境之費也。諸生誾誾爭鹽鐵[2]，亦非為己也，欲反之於古而輔成仁義也。二者各有所宗，時世異務，又安可堅任古術而非今之理也？且夫《小雅》非人，必有以易之。諸生若有能安集國中，懷來遠方，使邊境無寇虜之災，租稅盡為諸生除之，何況鹽鐵、均輸乎？所以貴術儒者，貴其處謙推讓，以道盡人。今辯訟愕愕然[3]，無赤、賜之辭，而見鄙倍之色[4]，非所聞也。大夫言過，而諸生亦如之，諸生不直謝大夫耳？」

注釋

1 切切：急切，急迫。2 誾誾（粵：銀；普：yín）：急切爭辯貌。3 愕愕：直言爭辯。4 鄙倍：粗野淺薄。

譯文

丞相史說：「辯論國家的政事，討論執政者的得失，為何不慢慢講道理相互說服，何必急迫到這種地步呢？大夫反對取消鹽鐵專營等措施，並不是有私心，而是擔憂國家的財用、邊境的軍費開支。你們這些儒生嚴肅爭辯，要求取消鹽鐵官營等政策，也不是為了自己，而是為了想回到過去，按照仁義來治理國家。你們兩方各有各的道理，現在時代變了，又怎麼可能堅持古代的方法來反對現在的道理呢？《詩經．小雅》作者非議別人，必定提出改良的辦法。如果你們儒生有能力讓國家安定，使遠方的人歸附漢朝，使邊疆沒有外敵侵犯的困擾，所有的租稅政策都可以取消，何況區區的鹽鐵專營和均輸政策呢？我們之所以重視有學識的儒生，是因為看重他們謙虛、禮讓，以仁義之道讓別人盡情發表意見。現在你們辯論時氣勢洶洶，沒有公西赤、子貢那樣得體，只見到你們粗野無理的樣子，這是從來沒有聽說過的。大夫說話有點過火，你們也是這個樣子，你們不應該向大夫道歉麼？」

賢良、文學皆離席曰[1]：「鄙人固陋，希涉大庭[2]，狂言多不稱，以逆執事。夫藥酒苦於口而利於病，忠言逆於耳而利於行。故愕愕者福也，諓諓者賊也[3]。林中多疾風，富貴多諛言。萬里之朝，日聞唯唯[4]，而後聞諸生之愕愕，此乃公卿之良藥鍼石。」

注釋

1 **離席**：起身離開座位，表示恭敬。2 **希**：同「稀」，稀少。3 **諓諓**（粵：箭；普：jiàn）：花言巧語。4 **唯唯**：唯唯諾諾，點頭稱是的樣子。

譯文

賢良、文學們都起身離開座位，說：「我們固然粗淺鄙陋，很少能到朝廷來，狂妄言論不恰當，頂撞了執政的大夫。藥酒苦口卻對治病有好處，忠言聽起來不舒服卻有利於行事。直言善辯是為了給人帶來幸福，花言巧語只會害人。山林中經常颰大風，富貴的人經常聽到阿諛逢迎的話語。管理萬里江山的朝廷裏，每天聽到的都是唯唯諾諾的話，現在聽到我們的直言爭辯，這正是公卿的鍼石良藥啊。」

大夫色少寬[1]，面文學而蘇賢良曰[2]：「窮巷多曲辯，而寡見者難喻。文學守死溟涬之語[3]，而終不移。夫往古之事，昔有之語，已可睹矣。今以近世觀之，自以目有所見，耳有所聞，世殊而事異。文、景之際，建元之始，民樸而歸本[4]，吏廉而自重，殷殷屯屯[5]，人衍而家富。今政非改而教非易也，何世之彌薄而俗之滋衰也！吏即少廉，民即寡恥，刑非誅惡，而奸猶不止。世人有言：『鄙儒不如都士[7]。』文學皆出山東，希涉大論。子大夫論京師之日久[8]，願分明政治得失之事，故所以然者也。」

注釋

1少：通「稍」，稍微。2蘇：即「溯」，向，朝着。3溟涬：漫無邊際，大而不當。4歸本：務農。5屯屯：人丁興旺。7都士：居住在城裏的人。8子大夫：對賢良的敬稱。

譯文

大夫的臉色稍微緩和了一些，背着文學面向賢良說：「窮鄉僻壤詭辯的人很多，見識少的人難以開導。文學死守着那些過時陳舊、大而不當的話語，到死都不知道變通。古時的事情和過去說的話語都已經知道了。如今從現代看來，有眼睛的人都可以看到，有耳朵的人都可以聽到，時代變遷了，事情也有所變化。漢文帝、漢景帝時，漢武帝開始執政時，百姓樸實而務農，官吏廉潔且慎重。國家很富裕，人丁興旺，家庭富足。現在這些治國方法都沒有改變，教化也沒有變化，怎麼講仁德微薄而風俗敗壞呢？他們還說什麼官吏很少有清廉的，百姓很少有知道恥辱的，刑罰沒有懲辦壞人，壞事得不到制止。俗話說：『鄉裏人不如城裏人。』文學都來自華山以東，很少參與過國家大事的討論，賢良在國都參與國家大事已經很久了，希望你們分析一下政治得失的原因。」

賢良曰：「夫山東，天下之腹心，賢士之戰場也。高皇帝龍飛鳳舉於宋、楚之間[1]，山東子弟蕭、曹、樊、酈、滕、灌之屬為輔[2]，雖即異世，亦既閎夭、太顛而已。禹出西羌，文王生北夷，然聖德高世，有萬人之才，負迭群之任[3]，出入都市，一旦不知返數，然後終於廝役而已。僕雖不生長京師，才駑下愚，不足與大議，竊以所聞閭里長老之言，往者，常民衣服温暖而不靡，器質樸牢而致用，

衣足以蔽體，器足以便事，馬足以易步，車足以自載，酒足以合歡而不湛[4]，樂足以理心而不淫[5]，入無宴樂之聞，出無佚遊之觀[6]。行即負嬴[7]，止則鋤耘，用約而財饒，本修民富[8]，送死哀而不華，養生適而不奢，大臣正而無欲，執政寬而不苛。故黎民寧其性[9]，百吏保其官。建元之始，崇文修德，天下乂安[10]。其後，邪臣各以伎藝，虧亂至治，外障山海[11]，內興諸利。楊可告緡，江充禁服，張大夫革令[12]，杜周治獄，罰贖科適[13]，微細並行[14]，不可勝載。夏蘭之屬妄搏[15]，王溫舒之徒妄殺，殘吏萌起，擾亂良民。當此之時，百姓不保其首領，豪富莫必其族姓。聖主覺焉[16]，乃刑戮充等，誅滅殘賊，以殺死罪之怨[17]，塞天下之責，然居民肆然復安。然其禍累世不復，瘡痍至今未息。故百官尚有殘賊之政，而強宰尚有強奪之心。大臣擅權而擊斷[18]，豪猾多黨而侵陵，富貴奢侈，貧賤篡殺，女工難成而易弊[19]，車器難就而易敗，車不累期[20]，器不終歲，一車千石[21]，一衣十鍾[22]。常民文杯畫案，機席緝蹹[23]，婢妾衣紈履絲[24]，匹庶粺飯肉食[25]，里有俗，黨有場，康莊馳逐[26]，窮巷蹋鞠[27]，秉耒抱臿[28]，躬耕身織者寡，聚要斂容[29]、傅白黛青者眾[30]。無而為有，貧而強誇，文表無裏，紈袴枲裝[31]，生不養，死厚送[32]，葬死殫家[33]，遣女滿車[34]，富者欲過，貧者欲及，富者空減，貧者稱貸。是以民年急而歲促，貧即寡恥，乏即少廉，此所以刑非誅惡而姦猶不止也。故國有嚴急之徵，即生散不足之疾矣。」

注釋

1高皇帝：漢高祖劉邦。龍飛鳳舉：比喻皇帝的興起。宋、楚之間：宋、楚交界之地，劉邦是沛縣人，沛縣位於宋、楚交界之地。2蕭：蕭何。曹：曹參。樊：樊噲。酈：酈食其。滕：夏侯嬰。灌：灌嬰。3迭：超過。4湛：沉溺。5淫：荒淫。6佚遊：遊逸過度。7贏：擔。8修：發展。9黎民：老百姓。10乂安：太平，平安。11障：壟斷。12張大夫：指張湯。13罰贖科適：罰錢贖罪，判罪貶官。科，判罪。「適」通「謫」，責罰貶官。14微細：各種繁雜名目和小的刑法。15夏蘭：漢武帝時繡衣直指官（從侍御史選派出外查辦重大案件的官員）。搏：捉拿。16聖主：指漢武帝。17殺：減少。18擊斷：實施刑法。19弊：毀壞。20期：一年。累期，指兩年。21石：容量單位。22鍾：容量單位。六石四斗為一鍾。23機：小而矮的桌子。緝：縫有花邊的蓆子。蹈：墊腳的矮桌子。24紈：絲綢。25粺飯：精米飯。26康莊：四通八達的大道。27蹋鞠：踢足球。28臿：鐵鍬。29聚要歛容：束腰整容，形容裝飾、打扮。「要」通「腰」。30傅：通「敷」，塗抹。黛青：黑眉毛，這裏指塗黑眉毛。31袴：褲子。32厚送：指厚葬。33殫：盡。這裏指掏空。34遣女：嫁女兒。

譯文

賢良說：「華山以東是天下的中心，是賢能人的戰場，高皇帝在宋、楚之間興起，幫助他的華山以東的弟子就有蕭何、曹參、樊噲、酈食其、夏侯嬰、灌嬰等人。雖然時代不同，但是他們也可以稱得上是閎夭、太顛這樣的人物。夏禹出生在西羌，周文王出生在北夷，但是他們都是聖德出眾，有卓爾不群的才智，擔負着超群的治國重擔。那些出入在城市的人，一天到晚奉命不知道奔跑多少趟，然而終究是受人差遣而已。我們雖然沒有生長在京師中，才學駑鈍又愚笨，是不能來參與討論國家大事的。我們聽鄉里的老人講過，以前的百姓衣服能夠穿暖但是不奢華，器具質樸牢固結實，適合使用。衣服足夠蔽體，器具足夠方便使用，馬能夠代替人步行，車足夠自己乘坐，酒足夠達到歡樂而不沉溺，音樂可以調節心情而不荒淫，回到自己家裏聽不到宴請奏樂的事情，出門沒有看到放蕩閒遊的現象，外出就挑着或揹着東西，在家就用鋤頭耕種，國家用度節約卻資產富饒，農業搞得好，百姓就富足，辦理喪事時傷心而不鋪張，贍養雙親適度但不奢侈，大臣正直而沒有私慾，執掌政事寬容而不嚴苛。所以，百姓都能夠安分守己，官員遵守職責。建元初年，崇尚禮義、修養德政，天下太平。後來，奸臣採用各種伎倆，破壞了治國的好辦法，壟斷了山海，設置了各種收利的措施。楊可告發緡令、江充禁止奢侈、張湯改革政令、杜周治理監獄，還有罰錢贖罪、判罰貶官，細小的事情也不能得以避免，記都記不完。夏蘭之流隨意抓人，王溫舒濫殺無辜，殘暴的官吏大量湧現，騷擾了無辜的百姓。在那個時候，百姓不能夠保全性命，富豪人家也不能保全宗族。漢武帝覺察到這些後，殺了江充等壞人，以減輕受死罪處罰人的憤恨，消除天下人的譴責，這樣以後，百姓漸漸地恢復了安定。但是那時造成的禍害多年不能消除，創傷至今沒有完全癒合。所以，現在朝廷中仍有殘忍邪惡的壞人當政，強暴的長官還有強取豪奪的心思。大臣們獨攬大權而肆意實施刑罰，強橫不法之徒勾結朋黨互相傾軋，富貴人家驕奢淫逸，貧困人家掠奪殺人，紡織品質量不好，做成衣服容易破損，車輛器具難以使用，很容易損壞。車子用不了兩年，器具用不了一年。一輛車子要花費一千石糧，一件衣服也要花費六十石糧食。普通老百姓都講究排場，用的杯子和案子都是有色彩和圖案的，酒宴豐盛，丫鬟穿綢質衣服、絲綢鞋子，傭人吃精米飯和肉菜。里巷有自己的風俗，村莊有自己聚會的場所，四通八達的大道上有人騎馬奔馳，偏僻的巷子裏面有人在踢足球。手持農具，親自耕種和紡織的人愈來愈少，束腰整容、塗脂抹粉的人愈來愈多。沒有的冒充富有，貧窮還強誇富貴，表面漂亮內裏空虛，絲綢衣服做面、粗布衣服做裏。父母在時不好好贍養，死後就實行厚葬，葬禮耗盡家產，嫁女兒的時候嫁妝豐厚，富人過分追求享受，貧窮的人又想和富人一樣。富人減少收入，窮人借錢度日。因此，人的日子一年比一年難過，貧窮的人不怕羞恥，錢少的人不講廉潔，這就是刑罰沒有懲辦壞人，但是還是無法制止邪惡的原因。所以，國家有嚴重危急的徵兆，這就是因為過分奢侈消耗造成了各方面的弊端啊！」

卷六

散不足第二十九

本篇導讀——

本篇是書中最長的一篇，也是賢良發言最多的篇章。篇中，賢良一一對比古時和如今衣食住行、喪葬、婚娶、祭祀等各方面的差別，賢良指出古時聖人制定制度防止過度追求享受。近來，士大夫追求權力而荒廢禮義，百姓紛紛模仿，很多人都超越制度，不僅浪費了社會的財力、物力、人力，還形成了鋪張浪費、追求奢靡的社會風氣。大夫和丞相則很少發言。

大夫曰：「吾以賢良為少愈[1]，乃反其幽明[2]，若胡車相隨而鳴。諸生獨不見季夏之蝭乎[3]？音聲入耳，秋至而聲無。者生無易由言[4]，不顧其患，患至而後默，晚矣！」

注釋

1少愈：稍微好一些。2幽明：黑白，善惡。3季夏：夏季最末一個月，即農曆六月。蟂：古書上說的一種蟬。4者：通「諸」。無易：不要輕易。

譯文

大夫說：「我以為賢良要稍微好一些，但是發現你們竟然黑白不分，和文學相互隨聲附和，就像匈奴的車子，行走起來一個跟着一個發出刺耳的聲音。諸位難道沒有看到過農曆六月份的蟬麼？聲音聒噪，聲聲入耳，但是秋天一來就悄無聲息了。你們不要輕易地由着自己的性子胡說，不考慮後果，等到禍患臨頭才默不吭聲，那個時候已經晚了！」

賢良曰：「孔子讀史記[1]，喟然而歎[2]，傷正德之廢，君臣之危也。夫賢人君子，以天下為任者也[3]。任大者思遠，思遠者忘近。誠心閔悼[4]，惻隱加爾，故忠心獨而無累[5]。此詩人所以傷而作[6]，比干、子胥遺身忘禍也。其惡勞人若斯之急[7]，安能默乎？《詩》云：「憂心如惔，不敢戲談[8]。」孔子棲棲[9]，疾固也[10]。墨子遑遑[11]，閔世也。」

大夫默然。

注釋

1史記：指魯國的史書。2喟然：感歎、歎息貌。3任：責任。4閔：憂慮。5獨：特立獨行。累：牽掛。6詩人：《詩經》的作者。7惡勞人：痛恨苛政讓百姓痛苦。8「憂心如惔」兩句：語出《詩經．小雅．節南山》。惔（粵：談；普：tán）：火燒。戲談，詼諧地談話。9棲棲：忙碌不安貌。10固：即痼疾，社會上的弊端。11遑遑：驚慌不安的樣子。

譯文

賢良說：「孔子讀魯國的史書時，感慨歎息，為正統的道德廢除和君臣關係的危害而傷心。賢人君子，把天下的大事作為自己的份內之事。肩負大任的人考慮得長遠，考慮長遠的人常常忽略了眼前的小事。真心誠意憂心國家大事，內心產生對別人的憐憫。所以一片忠心特立獨行而沒有牽掛。這就是《詩經》的作者有感懷就有著作，比干、子胥敢於進諫而不關心自己是否引來災禍的原因。他們十分痛恨苛政讓百姓勞苦，又怎麼能保持沉默呢？《詩經》上說：『憂心如火燒，不敢開玩笑亂說話。』孔子一生忙碌不安，是因為痛恨天下的弊端。墨子奔波行走，是因為憂慮世道衰落。」

大夫默不做聲。

丞相曰[1]：「願聞散不足。」

賢良曰：「宮室、輿馬，衣服、器械，喪祭、食飲，聲色、玩好[2]，人情之所不能已也。故聖人為之制度以防之。間者[3]，士大夫務於權利[4]，怠於禮義[5]。故百姓傚傚，頗踰制度。今故陳之，曰：

「古者，穀物菜果，不時不食[6]，鳥獸魚鱉，不中殺不食[7]。故繳罔不入於澤[8]，雜毛不取[9]。今富者逐驅殲罔罝[10]，掩捕麑鷇[11]，耽湎沉酒[12]，鋪百川[13]。鮮羔䍜[14]，幾胎肩，皮黃口[15]。春鵝秋雛，冬葵温韭[16]，浚茈蓼蘇[17]，豐奕耳菜[18]，毛果蟲貉[19]。

注釋

1丞相：指田千秋，又稱車千秋。他在漢武帝時期擔任丞相。2聲色：音樂與美色。玩好：玩賞的物品。3間者：近來。4務：致力於，專注於。5怠：鬆懈，放鬆。6不時：不到成熟的時節。7不中殺：不符合殺的條件。8繳：當作「纖」，細密的。罔：通「網」，用繩線等結成的捕魚捉鳥器具。9雜毛：指沒有長大的幼禽。10殲：通「纖」。罔罝：泛指捕獵工具。11麑（粵：危；普：ní）：幼鹿。鷇（粵：叩；普：kòu）：需母鳥喂食的幼鳥。12耽湎：沉迷。沉酒：沉湎於酒。13鋪百川：指酒非常多，可以裝滿百條河。14鮮羔䍜：指剛宰的小羊羔肉。䍜，未滿一歲的小羊。15皮：剝皮。

黃口：本指雛鳥的嘴，這裏代指幼鳥。16 温韭：温室裏栽培的韭菜。17 浚茈蓼（粵：俊子了；普：jùn zǐ niǎo）蘇：四種香菜，即香菜、子薑、辛菜和紫蘇。18 豐奕：孫怡讓認為此二字當為「蕈萸」，蕈，蘑菇；萸，木耳。19 毛果蟲貉：應當作「毛倮蟲豸」，指大小動物。

譯文

丞相說：「希望聽到你們所謂的多方面弊端到底指哪些。」賢良說：「宮殿、房屋、車馬，衣服、用具和機械，喪葬祭祀的飲食，音樂、美色、好玩的東西，都是人自身情感不能夠控制追求的東西。因此聖人制定制度防止過度追求享受。近來，士大夫追求權力，而荒廢了禮義。所以，百姓紛紛模仿，很多人都超越了過去制定的制度。今天，我們就陳述一下這些情況：

「古時候，瓜果蔬菜，不到成熟的時候不吃，禽獸及魚類，不長到足夠大的時候不會殺害他們。所以不在池塘裏面撒網捕捉小魚，不到田野裏獵取鳥獸。如今，有錢的人張開細密的網獵取幼鹿、小鳥；沉迷飲酒，酒流成河。宰羊羔，殺小豬，剝小雞。春天的小鵝，秋天的小雞，冬天的葵菜和温室裏面的韭菜、香菜、子薑、辛菜、紫蘇、蘑菇、木耳。大小動物，沒有什麼不吃的。

「古者，采椽茅茨，陶桴複穴[1]，足禦寒暑、蔽風雨而已。及其後世，采椽不斲[2]，茅茨不翦[3]，無斲削之事，磨礱之功[4]。大夫達棱楹，士穎首[5]，庶人斧成木構而已。今富者井幹增梁，雕文檻修，堊懮壁飾[6]。

注釋

1 陶桴（粵：俘；普：fú）：指陶瓦和木棍。2 斲：通「斫」，砍削。3 翦：修剪整齊。4 磨礱（粵：龍；普：lóng）：磨治。5 穎首：把柱子的頂端砍成尖狀。穎，尖銳。6 堊（粵：惡；普：è）：白土，這裏指用白土裝飾。懮：塗抹。

譯文

古時候，人們住的是木棍搭的茅草棚，瓦蓋的窯洞，足夠抵禦寒冷炎熱、擋風遮雨。等到後來，也是椽子不砍削，茅草不剪齊，不進行修飾加工。大夫居住有方木的屋樑和帶柱子的廳堂，士的房子才有砍成尖狀的柱子，老百姓的房子就是用斧子砍伐粗糙的木頭建成的。如今，有錢人用大梁木料蓋成狀若井上圍欄圈的房子，並在欄桿上面雕刻美麗的花紋，用白土粉刷牆壁。

「古者，衣服不中制，器械不中用，不粥於市[1]。今民間雕琢不中之物，刻畫玩好無用之器。玄黃雜青，五色繡衣，戲弄蒲人雜婦[2]，百獸馬戲鬥虎，唐銻追人[3]，奇蟲胡妲[4]。

注釋　1粥：通「鬻」，賣。2蒲人：蒲草紮成的人、婦女。3唐銻（粵：梯；普：tī）：翻轉梯子。追人：古代的幻術。4胡妲：百戲中的女歌妓。

譯文　「古時候，若是衣服不符合規制，器物機械不能夠使用，就不能在集市上販賣。現在民間雕刻一些沒有的東西，刻畫玩弄愛好一些沒有實際功用的器具。花花綠綠，形形色色的刺繡衣服，模仿夷人的雜劇、馬戲、鬥虎、木偶爬杆、幻術表演、珍奇動物觀賞、花旦唱戲等等。

「古者，諸侯不秣馬，天子有命，以車就牧[1]。庶人之乘馬者，足以代其勞而已。故行則服桅，止則就犁。今富者連車列騎，驂貳輜軿[2]。中者微輿短轂，繇髦掌蹄[3]。夫一馬伏櫪[4]，當中家六口之食[5]，亡丁男一人之事。

注釋　1以車就牧：用人力將車拉到牧場就馬套車。2驂：一輛車由三匹馬拉。貳：一輛車由兩匹馬拉。輜軿（粵：之平；普：zī píng）：前後帶有幃蓋和車棚的車子。3繇（粵：

繁；普：fán）髦：馬鬃上佩戴飾物。4伏櫪：指受人馴養。5中家：中等家庭。

譯文

「古時候，諸侯不能私自飼養馬匹，天子下令徵召差遣時，人力拉車到牧場就馬套車。一般人乘馬只是為了代替步行。所以需要馬的時候就套車，不需要的時候就用來拉犁耕田。如今，有錢的人車馬排成排，車有三匹馬拉的、有兩匹馬拉的、有帶車棚的、有掛帷幕的。中等人家也有車，還要在馬鬣佩戴飾物、釘馬掌。餵養一匹馬消耗相當於中等人家六口人口糧，還要損失一個壯年男子的勞動力。

「古者庶人耋老而後衣絲，其餘則麻枲而已，故命曰布衣。及其後，則絲裏枲表，直領無褘[1]，袍合不緣[2]。夫羅紈文繡者[3]，人君后妃之服也。繭紬縑練者[4]，婚姻之嘉飾也。是以文繒薄織[5]，不粥於市。今富者縟繡羅紈[6]，中者素綈冰錦[7]。常民而被后妃之服，褻人而居婚姻之飾[8]。夫紈素之賈倍縑[9]，縑之用倍紈也。

注釋

1褘（粵：揮；普：huī）：佩巾，既可蒙在頭上又可繫在腰間。2不緣：邊緣不加花紋。3羅紈：泛指精美的絲織品。紈，細的絲織品。4繭紬（粵：綢；普：chóu）：

粗絲綢。縑（粵：兼；普：jiān）練：煮熟的細絹。5文繒：帶有花紋的絲織品。6縟（粵：辱；普：rù）繡：絢麗的錦繡。7綈（粵：替；普：tí）：比綢子厚實而粗糙的紡織品，用絲做經，用棉線做緯。錦：有花紋的絲織品。8褻人：指低賤的婦女。9賈：價格。

譯文

古時候一般人到了七十歲才穿絲質的衣服，其他的都穿麻布衣服而已，所以百姓被稱為布衣。到後來，就把麻布衣服做外衣，絲質衣服做內衣，上衣直領沒有衣帶，袍子僅僅是合縫而不加以修飾。至於繡着花紋的精美絲織品，是君主和皇后、妃子的衣服。粗絲綢和細絹、白絹都是結婚時候穿的華麗衣服。因此，帶有文彩的絲薄紡織品是不會在市場上出售的。如今，有錢的人穿着刺繡精美的絲綢，中等人家穿着白色的絲綿混紡的絲織品以及潔白如冰帶有花紋的絲織品。普通百姓卻穿着後宮皇后、妃子的衣服，低賤的婦女穿着過去結婚用的服裝。細絹的價格比粗絹的價格高一倍，粗絹使用壽命卻比細絹長一倍。

「古者椎車無柔[1]，棧輿無植[2]。及其後，木軨不衣[3]，長轂數幅[4]，蒲薦笠蓋[5]，蓋無漆絲之飾。士大夫則單複木具[6]，盤韋柔革。常民漆輿，大軨蜀

輪[7]。今庶人富者銀黃華左搔[8]，結綏韜杠[9]。中者錯鑣塗采[10]，珥靳飛軨[11]。

注釋

1**椎車無柔**：獨輪車車輪沒有邊框。2**棧輿**：即棧車。古代用竹木製成的車，不張皮革，為士所乘。**植**：車廂上的欄木。3**木軨**（粵：玲；普：líng）：車廂的木格欄。即車廂前面和左右兩面橫直相交的欄木。**不衣**：車廂沒有帷幕。4**轂**：車軸。**數**：密。5**薦**：席子。6**單複**：洪頤煊認為此二字應為「蟬攫」，指車輪的外圈。7**蜀**：獨。8**銀黃華**：金子、銀子製成的花狀裝飾品。**搔**：通「瑵」，古代車蓋弓頭伸出像爪的部分。9**綏**（粵：需；普：suí）：古代指登車時手挽的索。10**錯**：鍍金、銀，塗飾。**鑣**：馬嚼子兩端露出嘴外的部分。此處指馬嚼子。11**珥**（粵：耳；普：ěr）**靳**：用珠子或玉石裝飾套在轅馬胸前的皮革。**飛軨**：帶有窗戶的輕便車子。

譯文

「古時候獨輪車的車輪沒有邊框，一般車子用竹子做成，車廂上沒有欄木。到了後來，車前和車子左右也沒有欄木，車子也沒帷幕，只增加了長的車軸和密集的輻條，有了蒲草製成的薦子，草編成車蓋，但不用絲綢和生漆來裝飾。大夫和士的車輪外圈用木頭做成，上面用柔軟的皮革纏起來。一般人在車身上塗漆，車子也是粗欄木做的獨輪車。如今，百姓中有錢的人車蓋上用金銀玉石進行修飾，安着登車的把手，用熟牛皮包裹車轅。中等人家的馬嚼子鑲金劃彩，珠玉裝飾馬和帶有窗戶的輕便車子。

「古者鹿裘皮冒[1]，蹄足不去[2]。及其後，大夫士狐貉縫腋[3]，羔麑豹袪[4]。庶人則毛絝衳彤[5]，樸羝皮禣[6]。今富者鼲鼦[7]，狐白鳧翁[8]。中者罽衣金縷[9]，燕鴼代黃[10]。

注釋

1冒：帽子。2蹄足不去：指製作皮衣皮帽時候不捨棄獸蹄部分的毛皮。3縫腋：衣袖。4羔麑：小羊和小鹿的皮毛。袪（粵：驅；普：qū）：袖口。5衳彤：短褲。6樸：一種頭巾。羝（粵：低；普：dī）：公羊。禣：《類篇》中指短袂衫。即短袖。7鼲（粵：雲；普：hún）：灰鼠。鼦（粵：雕；普：diāo）：古文「貂」字，又稱栗鼠。8鳧（粵：符；普：fú）：野鴨。翁：鳥頸毛。9罽（粵：繼；普：jì）衣：毛織物製成的衣服。10黃：一種黃鼠的皮毛。

譯文

「古時候，用鹿皮做大衣和帽子的時候，獸蹄部分的毛皮是不會捨棄的。到了後來，大夫和士穿的皮大衣用狐狸和狗獾皮毛縫製大袖子，或用小羊和小鹿皮製作衣服配上豹子的皮作袖口的裝飾。平民就用動物皮毛做套褲和短褲，用公羊皮做頭巾，用獸皮做短袖。如今，有錢的人穿着鼲皮、貂皮、狐狸腋下的白色皮毛、野鴨頸部的毛製成的衣服，中等人家也穿着金絲修飾的毛織物做成的衣服，燕地出產的鼠皮，代地出產的黃鼠皮也成了製衣的材料。

「古者庶人賤騎繩控[1]，革鞮皮薦而已[2]。及其後，革鞍氂成[3]，鐵鑣不飾。今富者䩞耳銀鑷革韉[4]，黃金琅勒，罽繡弇汗[5]，華䩸明鮮[6]。中者漆韋紹系，采畫暴乾。

注釋

1 賤騎：騎馬不用馬鞍和馬籠頭。2 鞮（粵：低；普：dī）：用獸皮做成的鞋子。3 氂：此處應為「毛」，譯為毛糙、粗糙。4 䩞：皮革做的耳飾。革韉：熟皮做的馬韁繩。5 弇（粵：掩；普：yān）汗：即障泥，亦稱防汗。垂於馬腹兩側，用以遮擋塵土。6 䩸：細獸毛製成的毯子。

譯文

「古時候平民騎着劣馬不用馬鞍和馬籠頭，只用繩子控制馬匹，腳上穿皮靴，馬背上墊塊皮子就可以了。到了後來，有了皮製的馬鞍，但是做工很粗糙，鐵打的馬嚼子也不加裝飾。如今，有錢人家富人馬匹有皮製的耳飾、銀製的馬頭飾、熟皮製成的韁繩、籠頭上鑲嵌黃金和玉石、遮擋塵土的防汗也用繡有花紋圖案的毛織品做成，覆蓋於馬鞍上的細毛花毯美麗鮮明。中等人家用熟皮製作馬韁繩，在上面塗上油漆再曬乾。

「古者汙尊抔飲[1]，蓋無爵觴樽俎[2]。及其後，庶人器用即竹柳陶匏而已[3]。惟瑚璉觴豆而後雕文彤漆[4]。今富者銀口黃耳[5]，金罍玉鍾[6]。中者野王紵器[7]，金錯蜀杯。夫一文杯得銅杯十[8]，賈賤而用不殊。箕子之譏[9]，始在天子，今在匹夫。

注釋

1 **汙尊**：在地上挖坑以裝酒。尊，古代盛酒器皿。**抔**（粵：pau^4；普：póu）**飲**：用手捧起來喝。2 **爵觴**：全部是酒具的名稱。爵，三足酒器；觴，酒杯。**樽俎**：古代祭祀盛放酒食的器皿。樽以盛酒，俎以盛肉。3 **竹柳**：竹子和柳條製成的器具。**陶匏**（粵：咆；普：páo）：陶器和葫蘆。4 **瑚璉**：宗廟裏盛放黍稷的祭器。**豆**：古代祭祀時常用來盛肉或者其他食品的器皿，形狀像高腳盤。5 **銀口**：用銀修飾器皿的口部。**黃耳**：用金屬做器皿的耳朵。6 **罍**（粵：雷；普：léi）：盛酒的容器。小口，廣肩，深腹，圈足，有蓋，多用青銅或陶製成。鍾：酒杯。7 野王：野王縣，在今河南省沁陽縣。紵：粗麻纖維。8 文杯：嵌有金飾銀花紋美麗的杯子。9 箕子之譏：紂王用象牙做筷子，箕子因而悲歎。

譯文

「古時候人們在地上挖坑用來盛酒，用手捧着喝，因為當時沒有酒杯和祭祀用的俎。到了後來，平民用具也不過是竹子柳條製品和陶器、葫蘆而已。只有宗廟裏面盛祭祀用品的器具和祭祀時用的酒杯才雕刻花紋塗抹紅漆。如今，有錢人用的器皿是白銀飾口，黃金或銅做耳朵，用金或玉做成盛酒的杯子。中等人家就用野王縣出產的麻製漆器，蜀郡國出產的嵌金杯子。一個嵌金飾銀花紋美麗的杯子，價格是銅杯子的十倍，可是銅杯價格雖然低，用處卻是一樣的。箕子當年因紂王用象牙做筷子而悲歎，這是因天子的行為引起的，如今這種事情已經普遍地在平民身上發生了。

「古者燔黍食稗[1]，而燀豚以相饗[2]。其後，鄉人飲酒，老者重豆，少者立食，一醬一肉，旅飲而已[3]。及其後，賓婚相召[4]，則豆羹白飯[5]，綦膾熟肉[6]。今民間酒食[7]，殽旅重疊[8]，燔炙滿案，臑鼈膾鯉[9]，麑卵鶉鷃橙枸[10]，鮐鱧醢

醯[11]，眾物雜味。

注釋

1 燔（粵：凡；普：fán）：加熱石塊，用石塊烤東西。稗：稗草。形狀像稻子，果實可以釀酒、做飼料。2 燀（粵：淺；普：chǎn）：用柴燒。豚：小豬。饗：用酒食招待客人。3 旅飲：湊在一堆喝酒。4 賓婚：宴請客人和結婚。5 羹：用蒸煮等方法做成的糊狀、凍狀食物。6 綦（粵：其；普：qí）膾：切得極細的肉。7 酒食：指設宴。8 旅：擺放。9 臑（粵：而；普：ér）：通「胹」，煮。10 麑卵：鹿胎。鶉鷃（粵：春晏；普：chún yàn）：鵪鶉。11 鮐鱧（粵：台禮；普：tái lǐ）：鮐魚和鱧魚。醯（粵：希；普：xī）：醋。

譯文

「古時候人們用石塊烤食物，吃的是黍和稗草籽，只有在款待客人的時候才殺掉小豬，用柴烤製。到了後來，鄉裏舉行酒會，也只有老年人才有幾盤菜，年輕的人必須站着吃飯，只有一碗醬一盤肉，只能湊在一堆喝酒。再後來，人們結婚和宴請賓客的時候召集親朋，也只是提供豆湯和白米飯、切得很細的熟肉。可是現在民間設宴，裝肉食的盤子都疊起來了，燒烤的食物擠滿了桌子，有燉甲魚和切得很細的鯉魚肉，有鹿胎、鵪鶉、香橙、枸杞、有鮐魚、鱧魚、肉醬和醋。總之，各種味道、各種食物一應俱全。

「古者庶人春夏耕耘，秋冬收藏，昏晨力作，夜以繼日。《詩》云：「晝爾於茅[1]，宵爾索綯[2]，亟其乘屋[3]，其始播百穀[4]。」非膢臘不休息[5]，非祭祀無酒肉。今賓昏酒食，接連相因，析酲什半[6]，棄事相隨，慮無乏日[7]。

注釋

1 於茅：割茅草。2 索綯（粵：陶；普：táo）：搓繩子。綯，繩索。3 亟：急切地。4「晝爾於茅」四句：語出《詩經．豳風．七月》。5 膢臘：古代的兩種祭名。其祭多在歲末，故常並稱。6 析酲：解酒、醒酒。7 慮：幾乎。

譯文

「古時候平民春天夏天耕種鋤草，秋天冬天收割儲藏，每天從清晨到傍晚都努力勞作，還常常夜以繼日。《詩經》說：「白天割茅草，晚上搓繩子，得趕時間把屋子修好，因為又要開始播種了。」不到歲末不休息，不是祭祀時就不喝酒吃肉。如今，民間宴請賓客、辦婚宴一類的宴會連接不斷，參加宴飲的人總有一半喝得酩酊大醉。他們不幹正事，湊在一起飲酒作樂，幾乎沒有間斷的時候。

「古者庶人糲食藜藿[1]，非鄉飲酒膢臘祭祀無酒肉。故諸侯無故不殺牛羊，大夫士無故不殺犬豕。今閭巷縣佰[2]。阡伯屠沽[3]，無故烹殺，相聚野外。負粟而往，挈肉而歸[4]。夫一豕之肉，得中年之收，十五斗粟，當丁男半月之食[5]。

注釋

1糲：粗糙的米。藜藿（粵：霍；普：huò），粗劣的飯菜。2縣佰：惡霸。3阡伯：應是「阡陌」。阡陌本意是鄉間小路，此處指農村。屠沽：指殺牲畜和賣酒的，此處偏重指屠夫。4挈：用手提着。5當：相當於。

譯文

「古時候平民吃粗糧野菜，不是鄉里敬老酒會和歲末祭祀就不吃肉不飲酒。所以，諸侯不會無故殺牛宰羊，大夫和士沒有特殊的原因不會殺狗宰豬。如今，街巷上欺行霸市的惡霸，農村裏殺牲畜賣肉的屠戶沒有其他原因也照樣屠殺牲口，聚集在野外販賣。人們背着糧食前往，換了肉提回家。殺一頭豬得的肉，其價值可以抵得上一個中等人家一年的收入，一斤肉需要十五斗糧食去換，十五斗糧相當於壯年男子半個月的口糧。

「古者庶人魚菽之祭[1]，春秋修其祖祠[2]。士一廟[3]，大夫三，以時有事於五祀[4]，蓋無出門之祭。今富者祈名嶽，望山川，椎牛擊鼓[5]，戲倡舞像。中者南居當路，水上雲臺[6]，屠羊殺狗，鼓瑟吹笙。貧者雞豕五芳[7]，衛保散臘，傾蓋社場。

注釋

1魚菽之祭：用魚肉和豆製品作為祭品祭祀。2修：打掃。3士一廟：古時受祭祀祖先的廟數量因祭祀人地位不同而有異。士有一廟，大夫有三廟，諸侯有五廟，天子有七廟。4五祀：即祭祀户、灶、中霤、門、井五個家居之神。5椎：敲打。6雲臺：修建高聳的亭臺。7五芳：指五種調味品。

譯文

「古時候平民祭祀用魚肉和豆類製品做祭品，只在春季和秋季才打掃祖廟祭祖。士只設一廟，大夫設三廟，大夫按時祭祀門、戶、中霤、灶、井五種神祇，這幾類人都不從事郊外祭天。如今，有錢人家向名山祈福，遠望山嶽祭祀，祭祀時殺牛為祭品，敲起鼓來，安排樂人演戲，帶假面具的人跳舞。中等人家為祭祀在大路邊修建朝南的房屋，在水上修建高聳的亭臺，殺羊宰狗為祭祀品，祭祀之際鼓瑟吹笙。就是窮人也用五種調味品烹調雞肉豬肉以敬神，舉行臘祭，求神保佑，當活動結束散場之時，社場上馬車相互擁擠，車蓋都被擠歪了。」

「古者德行求福，故祭祀而寬[1]。仁義求吉，故卜筮而希[2]。今世俗寬於行而求於鬼，怠於禮而篤於祭，嫚親而貴勢[3]，至妄而信日[4]，聽訑言而幸得[5]，出實物而享虛福[6]。

注釋

1寬：應為「寡」，指次數少。2卜筮：占卜。3嫚：輕視，侮辱。4至妄：荒誕到了極點。日：日者，古時以占卜為業的人。5訑：古同「誕」，荒誕。6出實物：指拿出卦資酬謝占卜者。

譯文

古時候人們憑德行求上天賜福，所以雖然他們會祭祀，但次數卻不多。憑藉仁義求取吉祥，所以很少有占卜之事。如今社會風氣很少注意修養德行，卻一味地想求取鬼神保佑，禮義鬆懈而專注於祭祀，輕慢親人而尊重權勢，十分荒誕還相信占卜之人，聽到荒誕的言論，希望僥倖得到自己想要的東西，拿出實在的錢物酬謝占卜的人，自己享受的是根本不存在的福佑。

「古者君子夙夜孳孳思其德[1]，小人晨昏孜孜思其力[2]。故君子不素餐[3]，小人不空食。今世俗飾偽行詐，為民巫祝[4]，以取釐謝[5]，堅頟健舌，或以成業致富，故憚事之人[6]，釋本相學。是以街巷有巫，閭里有祝[7]。

注釋

1孳孳（粵：之；普：zī）：一心一意努力的樣子。2孜孜：勤勉，努力不懈。3素餐：不勞而食，無功受祿。4巫祝：古代稱事鬼神者為巫，祭主贊詞者為祝；後來連用以指占卜祭祀的人。5釐謝：用胙肉作為報酬。6憚事：害怕勞動。7「是以街巷有巫」兩句：這兩句採用了互文的修辭手法，指街巷、閭里有巫祝。

譯文

「古時候，君子白天黑夜一心一意想的是修身養性，平民一天到晚念念不忘的是努力勞動。所以君子不會不勞而食，平民靠勞動獲取糧食。如今，社會上弄虛作假、坑蒙拐騙風氣濃厚，一些人冒充巫祝以騙取報酬，他們額頭堅硬，口舌如簧，有人竟然靠這一行業發家致富，所以一些害怕勞動的人就丟下農業，向他們學習。這樣一來，街巷上有巫祝，鄉間村落裏也有這樣的人。

「古者無杠樠之寢[1]，牀移之案[2]。及其後世，庶人即采木之杠[3]，葉華之樠。士不斤成，大夫葦莞而已。今富者黼繡帷幄[4]，塗屏錯跗[5]。中者錦綈高張[6]，采畫丹漆。

注釋

1杠（粵：剛；普：gāng）：床前橫木。樠：古書上記載的一種樹，木材像松木。2牀移（粵：而；普：yí）之案：放在床上的移木小桌子。移，樹名。案，小桌子。3采木：櫟木。4黼（粵：斧；普：fǔ）繡：繡上各種各樣花紋。5跗（粵：膚；普：fū）：

腳背，這裏指屏風的腳部。6張：通「帳」，蚊帳。

譯文

「古時候，沒有帶橫杠的樠木床，也沒有放在床上的栘木小桌子。到了後來，平民就用櫟木作床前橫木，用帶花葉的小樠樹作床板。士的床上構件也不會經過砍削加工，大夫的床上也只是採用葦蓆、莞草蓆罷了。可是，如今的有錢人家中帳幕都繡滿了美麗的花紋，屏風上塗有油漆，屏腳嵌金。中等人家也用彩色的絲織品做成高高的帳子，床上塗飾紅漆繪滿彩色圖案。

「古者皮毛草蓐[1]，無茵席之加，旃蒻之美[2]。及其後，大夫士復薦草緣，蒲平單莞。庶人即草蓐索經，單藺蘧蒢而已[3]。今富者繡茵翟柔[4]，蒲子露牀[5]。中者獏皮代旃，闒坐平莞[6]。

注釋

1**蓐**（粵：育；普：rù）：本意是陳草復生，此處指草墊子，草蓆。2**旃**（粵：煎；普：zhān）：通「氈」，氈子。**蒻**（粵：弱；普：ruò），細蒲草。3**單藺**（粵：論；普：lìn）：單張藺草蓆。**蘧蒢**（粵：渠除；普：qú chú）：用葦或者竹子編成的粗蓆。4**翟柔**：野雞毛編織的柔軟的毯子。翟，野雞羽毛。5**露牀**：鋪設竹蓆的涼床。6**闒坐**：窗前的榻凳。

譯文

「古時候人們使用動物的毛皮和草作薦子，上面沒有加其他墊的東西，也沒有氈子、嫩蒲草薦這樣的東西。等到後來，士和大夫開始墊兩層薦子，但薦子也還是用草鋪成的，只是邊緣稍微加工過，有平滑的蒲草薦和莞草做的單薦。平民用的是繩索作經編成的草墊、藺草編成單薦及粗竹薦罷了。現在，有錢人家用繡花墊子、毛織地毯，以嫩蒲草編成薦子放在涼床上。中等人家則用貘地出產的毛皮、代地出產的氈子，連榻凳上面都鋪上了光滑的莞草薦。

「古者不粥飪[1]，不市食[2]。及其後，則有屠沽，沽酒市脯魚鹽而已。今熟食遍列，殽施成市，作業墮怠，食必趣時[3]，楊豚韭卵[4]，狗䐗馬朘[5]，煎魚切肝，羊淹雞寒[6]，挏馬酪酒[7]，蹇捕胃脯[8]，胹羔豆賜[9]，鷇膹雁羹[10]，臭鮑甘瓠[11]，熟粱貊炙[12]。

注釋

1 粥飪：出售熟食。飪，煮熟了的食物。2 市食：到集市上買食物。3 趣時：趕時令。

4 楊豚：揚地出產的豬肉食品。韭卵：韭菜炒雞蛋。5 馬朘（粵：追；普：zuī）：馬鞭。6 羊淹：腌製的羊肉。淹同「腌」。雞寒：冷醬雞。7 挏（粵：動；普：dòng）馬：

取馬乳製酒。8 蹇：拐腿的驢子。捕：當作脯，肉乾。9 胹（粵：而；普：ér）：燉爛。豆暘：豆豉。10 鷇（粵：叩；普：gòu）：需母鳥哺食的雛鳥。膹（粵：憤；普：fèn）：肉羹。11 臭鮑：鹹魚。12 瓠（粵：戶；普：hù）：瓠瓜。貊（粵：陌；普：mò）炙：將整隻動物置於火上燒烤，烤熟後用刀切割成片而食用。貊，少數民族地名。

譯文

「古時候，沒有人賣熟食，也沒有人到集市上買東西吃。到後來，出現了屠夫和賣酒的人，但是人們所買的也不過是酒、生肉、生魚、鹽這些東西而已。現在，各個店鋪都擺滿了熟食，賣肉類食品的攤位一家挨着一家，形成了集市。人們怠慢懶惰不想工作，吃起來卻定要買時令佳餚。有揚地出產的豬肉食品、韭菜炒蛋，有切得很薄的狗肉、馬鞭，有油炸魚、切肝片，有腌羊肉、冷醬雞，有馬乳酒，有乾驢肉、乾胃片，有燉的很爛的小羊肉、豆豉，有小鳥肉和大雁肉燉成的羹湯，有鹹魚、甜瓠瓜、精米飯、烤全豬、烤全羊之類的。

「古者土鼓凷枹[1]，擊木拊石[2]，以盡其歡。及其後，卿大夫有管磬[3]，士有琴瑟。往者，民間酒會，各以黨俗，彈箏鼓缶而已[4]。無要妙之音[5]，變羽之轉[6]。今富者鐘鼓五樂，歌兒數曹[7]。中者鳴竽調瑟，鄭舞趙謳[8]。

注釋

1凷枹：用茅草莖捆綁而成的鼓槌。2拊：拍。3管磬：古代的兩種樂器名。管，類似笛子的管樂器。磬，石製拍打樂器。4缶：一種陶製樂器，擊打時會發出聲音。5要妙之音：美妙的音樂。6變羽之轉：指音調的變化。7歌兒：指歌童。數曹：好幾隊。8鄭舞趙謳：鄭地的舞女和趙地的歌女。

譯文

「古時候的鼓以土為框，鼓槌都是用茅草捆綁而成的，人們敲擊木頭，拍打石塊，用來娛樂盡歡。等到後來，公卿大夫有了管和磬，士有了琴和瑟這樣的樂器。從前民間舉行酒會，就根據自己的風俗，彈箏擊缶罷了，沒有精美的音樂，沒有音調的變化。現在，富人家裏鐘鼓齊備，什麼樣的歌曲都能聽到，有好幾隊歌童。中等人家也吹竽彈瑟，有趙地和鄭地的女子在唱歌跳舞。

「古者瓦棺容尸，木板堲周[1]，足以收形骸，藏髮齒而已。及其後，桐棺不衣[2]，采槨不斲[3]。今富者繡牆題湊[4]。中者梓棺楩槨[5]，貧者畫荒衣袍[6]，繒囊緹橐[7]。

注釋

1堲（粵：即；普：jí）周：燒土為磚繞於棺材四周。2不衣：不加紋飾。3椁：套在棺材外面的大棺材。4繡牆：此處指棺材四周繡滿紋飾的帷帳。題湊：古代天子的椁制，也賜用於大臣。椁室用大木累積而成，木頭皆內向為椁蓋，上尖下方，猶如屋簷四垂。5楩（粵：pin4；普：pián）：又叫黃楩木。6荒：古時指載棺車上的幃蓋。7繒（粵：增；普：zēng）囊緹橐（粵：提託；普：tí tuó）：用絲織品做成的袋子，將屍體裝進去。繒，絲織品。緹，丹黃色的帛。橐，袋子。

譯文

「古時候用瓦製作的棺材盛放屍體，或用木棺材並在四周砌上燒製的土磚就可以收納人的身體和髮齒。等到後來，用桐木做棺材，但是上面不刻畫紋飾，用櫟木作外棺，但是不經過修飾加工。如今，有錢人家，家人去世後，棺材四周都掛起了帶有華麗文采的帷帳，墓穴中外棺外面還堆着頭向內的木料。中等人家用梓木作內棺，用楩木作外棺。連窮人也在載棺車上樹起繪有圖案的帷蓋，給死人穿上長袍，將屍體裝入絲質袋子。

「古者明器有形無實[1]，示民不可用也。及其後，則有醯醢之藏，桐馬偶人彌祭[2]，其物不備。今厚資多藏[3]，器用如生人。郡國徭吏素桑楺，偶車櫓輪[4]；

四夫無貌領[5]，桐人衣紈綈。

注釋

1明器：專為陪葬而製作的器物。2桐馬偶人：桐木馬、土人偶。彌祭：祭祀結束。3厚資多藏：花費足額資產，置辦很多隨葬品。4櫓輪：高大的輪子。5貌領：今依張敦仁說此二字是「繞領」。繞領，即披肩。

譯文

古時候隨葬用品模擬真物的形狀而沒有實際內容，用以向士人昭示：這些東西是不能夠實際使用的。到了後來，就有了以醋和肉醬這樣的實物隨葬，用桐木馬、土人偶這樣的隨葬品，至到祭祀結束，這類的隨葬品並不齊備。如今，辦喪事花費大量的財產，置辦了非常多的隨葬品。私人的隨葬品和活人使用的器具沒有什麼區別。地方服役的官吏乘坐的車子也不過用桑木做輪框，上面還沒有雕飾，可是那些隨葬品的土車子卻有高大的車輪，普通百姓連披肩都披不上，而桐木俑卻穿着絲綢衣服。

「古者不封不樹[1]，反虞祭於寢[2]，無壇宇之居[3]，廟堂之位。及其後，則封之，庶人之墳半仞[4]，其高可隱[5]。今富者積土成山，列樹成林，臺榭連閣，集觀增樓[6]。中者祠堂屏閣，垣闕罘罳[7]。

注釋

1封：積土增山。2反：通「返」，返回家中。虞祭：古祭名，下葬之後在家中舉行。3壇宇：祭祀的壇場。4半仞：四尺。古時以八尺為一仞。5可隱：指墳的高度可以讓站着的人講手肘憑依在上面。隱，憑依。6增樓：多層樓。7垣：圍牆。罘罳（粵：浮思；普：fú sī）：鏤空的窗櫺。

譯文

「古時候，埋葬死者不在地面上疊墳堆，不在墓周圍種樹木，下葬後回家在死者生前的臥室舉行虞祭，沒有祭壇、廟宇這些建築，也沒有牌位。到後來，就在埋葬死者的地面上疊墳堆，平民的墳堆有四尺高，剛好夠行虞祭。如今，有錢人家的墳堆高的像山一樣，墓周圍排列的樹木都形成了樹林，並築造了亭台、相連的樓閣，廟宇成群、樓高數層。中等人家也有祠堂、照壁、樓閣，圍牆圍繞、雙闕高聳、窗櫺美貌。

「古者鄰有喪，舂不相杵[1]，巷不歌謠。孔子食於有喪者之側，未嘗飽也，子於是日哭，則不歌。今俗因人之喪以求酒肉[2]，幸與小坐而責辨[3]，歌舞俳優[4]，連笑伎戲。

注釋

1杵：衝撞。2因：趁機。3辨：通「辦」。4俳優：古代以樂舞諧戲為業的人。

譯文

「古時候鄰居辦喪事，舂米的時候都要小聲以免衝撞喪事的聲音，巷子裏面也沒有人唱歌。孔子在有喪事的人身邊吃飯，從來沒有吃飽過。孔子在弔喪的這天哭過，該天就不再唱歌。如今的風俗卻是趁人家辦喪事的時候去喝酒吃肉，碰巧主人留他坐一會兒，他就要主人置辦酒食。辦喪事的時候藝人們唱歌跳舞，互相調笑，獻技演戲。

「古者男女之際尚矣[1]，嫁娶之服，未之以記。及虞、夏之後，蓋表布內絲，骨笄象珥[2]，封君夫人加錦尚褧而已[3]。今富者皮衣朱貉，繁露環佩[4]。中者長裾交褘[5]，璧瑞簪珥。

注釋

1男女之際：男女婚配關係。2骨笄（粵：雞；普：jī）象珥：獸骨作簪子、象牙做耳飾。笄，古代一種簪子。3褧（粵：炯；普：jiǒng）：麻布做成的外衣。4繁露：像露水一樣繁多。5裾（粵：居；普：jū）：衣服的前後襟。褘（粵：揮；普：huī）：褘衣，古代婦女遮蔽膝部的衣服。

譯文

「男女相互婚配，始於遠古，由來已久，只是古代人在婚嫁時必須穿什麼衣服，並沒有記載下來。等到虞、夏之後，大概使用麻布做衣面，絲綢做衣裏，獸骨作簪子、象牙做耳飾，國君的夫人也只是在錦衣上再罩一件麻布外衣罷了。如今，有錢人家辦婚事，新郎新娘穿的是大紅狗獾皮衣一類的華麗皮衣，身上佩戴的珠玉像露水一樣繁多、一樣亮。中等人家辦婚事，新娘也要穿長袍、繫蔽膝，佩戴玉製的簪子和耳飾。

「古者事生盡愛，送死盡哀。故聖人為制節[1]，非虛加之[2]。今生不能致其愛敬，死以奢侈相高[3]。雖無哀戚之心，而厚葬重幣者，則稱以為孝，顯名立於世，光榮著於俗。故黎民相慕效[4]，至於發屋賣業[5]。

注釋

1制節：制定相關禮節。2虛加：憑空進行。3相高：互相誇耀。4慕效：羨慕仿效。5發：通「廢」，出售。

譯文

「古時候人們盡心盡力侍奉在世父母，十分悲痛地辦理父母的喪事。所以聖人贍養父母和為父母送葬制定了相關的禮儀，人們從事孝敬活動並非憑空進行。如今，人們在父母活着的時候不盡愛敬之心進行照顧，父母去世後就紛紛大肆鋪張地操辦喪事，藉此相互誇耀。即便沒有哀痛之情，只要花費鉅資辦理了喪事，這樣就被稱為孝子，在社會上樹立孝子的名聲，在世俗中享受殊榮。所以，普通百姓紛紛羨慕效仿，以至於為了給父母送葬就出售房屋家業。

「古者夫婦之好，一男一女，而成家室之道。及後，士一妾，大夫二，諸侯有姪娣九女而已[1]。今諸侯百數，卿大夫十數[2]，中者侍御[3]，富者盈室。是以女或曠怨失時[4]，男或放死無匹[5]。

注釋

1 姪娣：妻子的妹妹和妻子的侄女。古時，做姐姐的出嫁，以妹妹和侄女隨嫁作為媵，媵地位高於妾，也是男子的正式配偶。2 十數：數十個。3 侍御：泛指婢妾。4 曠怨：怨恨荒廢時光。5 放死：至死。無匹：沒有配偶。匹，匹配，配偶。

譯文

「古時候夫妻恩愛，一男一女兩個人就構成了一個家庭。到後來，士有一個妾，大夫納兩個妾，諸侯有妻及隨嫁過來的妻妹、妻侄女，妾室等九個罷了。但是如今，諸侯有數百個妻妾，卿大夫妻妾也有幾十個，中等人家也有一些婢妾，富人家則妻妾滿室。因此有些婦女怨恨青春虛度，有些男子到死也娶不上妻子。

「古者凶年不備[1]，豐年補敗[2]，仍舊貫而不改作[3]。今工異變而吏殊心[4]，壞敗成功[5]，以匿厥意[6]。意極乎功業，務存乎面目[7]。積功以市譽[8]，不恤民之急[9]。田野不辟而飾亭落[10]，邑居丘墟而高其郭。

注釋

1 備：儲備糧食。2 補敗：填補空缺。3 仍：沿襲。4 工：官。5 成功：已成的事業。6 厥意：古法的用意。7 面目：表面文章。8 市譽：沽名釣譽。9 恤：救濟。10 亭落：漢代設置招待過往官員的館舍。

譯文

「古時候年歲不好的時候不儲備糧食，收成好的時候把荒年造成的儲備空缺補上，這些老規矩沿襲了很久，一直沒有改變。如今，官吏們都變了，思想與古人大不一樣，喜歡敗壞已經成就了的事業，遮蔽古法的用意。全部心思用來追求功業上面，精力都放在追求表面文章上，積累功績用來沽名釣譽，不救濟百姓於危急之中。不開闢土地而去裝飾招待過往官員的館舍；不關心城市民居變成了廢墟，卻將城牆修得又高又大。

「古者，不以人力徇於禽獸[1]，不奪民財以養狗馬，是以財衍而力有餘。今猛獸奇蟲不可以耕耘，而令當耕耘者養食之。百姓或短褐不完，而犬馬衣文繡，黎民或糟糠不接[2]，而禽獸食粱肉[3]。

注釋

1徇：通「殉」，浪費。2不接：有一頓沒一頓。3粱：精米飯。

譯文

「古時候不會將人力浪費在豢養禽獸身上，不會侵奪百姓的財產來飼養動物，因此財富充足、人力有餘。如今那些珍禽野獸不能夠耕田種地，卻使喚本該去耕地種地的人去餵養牠們。老百姓有的連粗布短衫都是破損的，那些狗和馬卻披着華麗的繡花綢衣，平民有的連糠麩酒渣都是吃了上頓沒下頓，那些豢養的禽獸卻可以吃精米飯和肉。

「古者人君敬事愛下，使民以時，天子以天下為家，臣妾各以其時供公職[1]，古今之通義也。今縣官多畜奴婢，坐稟衣食[2]，私作產業，為奸利，力作不盡，縣官失實[3]。百姓或無斗筲之儲[4]，官奴累百金。黎民昏晨不釋事，奴婢垂拱遨遊也[5]。

注釋

1臣妾：此處指百姓。供公職，服傜役。2稟：享受。3縣官失實：朝廷從他們身上得不到實際的利益。4斗筲：斗和筲，都是容量小的容器。斗容十升；筲，竹器，容一斗二升。5垂拱：指垂衣拱手，無事可做。

譯文

「古時候君主勤於政事、愛護臣民，農閒時候才讓百姓服役，天子把天下當成自己的家，百姓各在適宜的時候為朝廷服傜役，這是從古至今通行的道理。如今，官府養了一大批奴婢，他們坐在那裏享受朝廷提供的衣服和食物，私自經營產業，追求非法的財利，不盡心盡力為朝廷工作，朝廷從他們身上得不到實際的利益。百姓中有些人家裏存放的糧食還不到一斗一筲，而官府奴婢積聚的錢財卻可能有白金之多。平民百姓從早到晚不放棄辛苦勞動，奴婢們卻垂衣拱手、清閒無事，整天到處遊玩。

「古者親近而疏遠，貴所同而賤非類[1]，不賞無功，不養無用。今蠻、貊無功[2]，縣官居肆[3]，廣屋大第，坐稟衣食。百姓或旦暮不贍，蠻、夷或厭酒肉。黎民泮汗力作[4]，蠻、夷交脛肆踞[5]。」

注釋

1同：同族人。非類：不是同一個民族的人。2蠻、貊：古時對南方少數民族和北方少數民族的統稱。3居肆：傲慢放肆。居通「倨」，傲慢。4泮（粵：判；普：pàn）汗：流汗。5脛：小腿。踞：坐。

譯文

「古時候親近那些近處的人、疏遠那些遠處的人；看重本族人、輕視異族人，不賞賜沒有功勞的人、不贍養沒有用處的人。如今，少數民族沒有功勞，卻在朝廷上傲慢放肆，擁有大片住宅、高大的房屋，坐在那裏享受朝廷提供的衣食。百姓們一天到晚吃了早餐沒有晚餐，少數民族酒肉吃多了都感到厭煩了。平民百姓流着大汗努力工作，少數民族小腿交叉，放肆地坐在那裏享清福。」

「古者庶人粗菲草芰[1]，縮絲尚韋而已。及其後，則綦下不借[2]，鞔鞮革舄[3]。今富者革中名工[4]，輕靡使容，紈裏紃下[5]，越端縱緣[6]。中者鄧里間作蒯苴[7]。蠢豎婢妾[8]，韋遝絲履[9]。走者茸芰絇綰[10]。

注釋

1菲：通「屝」，草鞋。芰：通「屐」。2綦：鞋帶。不借：麻鞋。3鞔（粵：門；普：mán）：皮鞋。鞮（粵：低；普：dī）：單底的皮鞋。革舄（粵：色；普：xì）：雙重底的皮鞋。4中：符合要求。5紃下：用彩色繩子打鞋底。紃，彩色的繩子。6越端：用絲織品做鞋掛。越，通「絨」，絲織品。縱緣：用絲給鞋口緣邊。縱通「總」。7鄧里：兩個產鞋地。閒作：本指不慌不忙地作，此處應指精心地製作。蒯苴（粵：拐追；普：kuǎi jū）：蒯草製作的鞋墊。苴，鞋中墊的東西。8蠢豎：愚蠢無知的男僕人。豎，年輕的僕人。9韋遝（粵：踏；普：tà）：皮鞋。10走者：一般從事勞動的人。絇（粵：渠；普：qú）：古時候鞋上的裝飾物。綰（粵：wan^{2}；普：wǎn）：把長條的東西繞起來打成結。

譯文

「古時候平民穿着粗糙的草鞋或厚木底鞋，用絲繩作鞋帶，在鞋底安皮條用於套在腳上罷了。到了後來，人們也只是穿着帶子安在鞋底的麻鞋以及單底或雙重底的皮鞋。可是現在，有錢人鞋子的皮革都符合名鞋匠要求，鞋子做的輕便華麗，十分好看，鞋的裏子都是用細緻潔白的絲綢做成的，鞋底也是用彩繩打的，鞋頭用絲織品作飾，鞋口用絹作邊緣。中等人家的穿的也是由知名產鞋地區精心製作的蒯草做鞋墊的鞋子。無知的少年男僕和婢妾也有皮鞋絲鞋穿，普通的勞動人民也穿上了鞋幫柔軟的厚木底鞋，鞋頭上有花結作裝飾。

「古聖人勞躬養神，節欲適情[1]，尊天敬地，履德行仁。是以上天歆焉[2]，永其世而豐其年。故堯秀眉高彩[3]，享國百載。及秦始皇覽怪迂[4]，信禨祥，使盧生求羨門高[5]，徐市等入海求不死之藥[6]。當此之時，燕、齊之士釋鉏耒，爭言神仙方士。於是趣咸陽者以千數[7]，言仙人食金飲珠，然後壽與天地相保。於是數巡狩五嶽、濱海之館[8]，以求神仙蓬萊之屬。數幸之郡縣[9]，富人以貲佐，貧者築道旁[10]。其後，小者亡逃，大者藏匿。吏捕索掣頓[11]，不以道理。名宮之旁，廬舍丘落[12]，無生苗立樹。百姓離心，怨思者十有半。《書》曰：『享多儀，儀不及物曰不享[13]。』故聖人非仁義不載於己，非正道不御於前[14]。是以先帝誅文成、五利等[15]，宣帝建學官[16]，親近忠良，欲以絕怪惡之端，而昭至德之途也[17]。」

注釋

1適情：調節心情。2歆：祭祀時神靈享受祭品、香火。這裏指享受祭祀並賜福。
3秀美高彩：據古書記載，堯的眉毛有八種顏色。4怪迂：記載荒誕怪謬事情的書籍。5盧生：秦時博士，名敖。羨門高：傳說中記載怪誕事情的書籍。6徐市：徐福。7趣：通「趨」，奔向。8巡狩：天子出行，視察州國邦郡。9幸：指帝王到達某地。10築道旁：在路邊修行宮。11掣頓：硬拉。12丘落：廢墟。13「享多儀」兩句：語出《尚書・洛誥》。享：敬事天子。多儀：講究各種禮義。物：貢物。14御：進用。15文成：漢武帝時方士少翁，曾被封文成將軍，後因偽造牛肚子中的帛書，被誅殺。五利：漢武帝時方士欒大，曾被封五利將軍，後因騙術敗露而被殺死。16宣帝：此處不應指漢宣帝，因為漢宣帝為漢武帝的曾孫，是漢昭帝之後漢代的皇帝，而開展鹽鐵論的時期是漢昭帝時期，因此「宣帝」二字有誤，聯繫前後文，此二字可刪除。17昭：使明顯，使卓著。

譯文

「古上時候聖人親自勞動，保養精神，節制慾望，調節性情，尊敬天地，施行仁德。所以上天享受他的祭品並賜予福佑，使他們能夠久居正位，壽命長久。因此，堯眉毛漂亮，有八種色彩，居王位百年之久。等到秦始皇瀏覽記載荒誕怪謬的書籍，相信吉凶鬼神之事，派遣盧生去尋找羨門高，派遣徐市到海外尋找長生不老藥。那個時候，燕、齊一地的人都放下了農具，爭先恐後討論神仙方術的事情，於是奔向咸陽的人就有數千名，這些人說神仙是吃黃金喝珍珠的，因此壽命與天地一樣長久。所以秦始皇多次出去巡視五嶽、駕臨海邊的館舍，以尋找神仙和海上仙山之類。他多次巡視的郡縣，富人要出財務贊助，窮人要修路並在路邊建行宮。後來，貧窮小民聽到秦始皇出巡的消息就逃跑了，有錢的人就躲藏起來。官吏搜索他們，用暴力硬拉他們，完全不講道理。結果那些行宮旁邊，村莊房屋都變成了廢墟，沒有活着的禾苗、站立的樹木。百姓不和秦朝一條心，怨恨憂愁的人有十分之五。《尚書》上說：「敬事天子要講究各種禮節儀容，如果忽視禮節儀容，即便有好的貢物，也算不上敬事天子。」因此不是仁義之事，聖人從來不做；不是正道，絕不踐行。因此武帝處死了文成將軍和五利將軍等方士，設置傳授經學的博士官，親近賢良，想用這些措施消滅怪誕邪惡的根源，彰明仁德治國的正確道路。

「宮室奢侈，林木之蠹也[1]。器械雕琢，財用之蠹也。衣服靡麗，布帛之蠹也。狗馬食人之食，五穀之蠹也。口腹從恣，魚肉之蠹也。用費不節，府庫之蠹也。漏積不禁，田野之蠹也。喪祭無度，傷生之蠹也[2]。墮成變故傷功[3]，工商上通傷農[4]。故一杯棬用百人之力[5]，一屏風就萬人之功，其為害亦多矣！目修於五色，耳營於五音[6]，體極輕薄，口極甘脆，功積於無用，財盡於不急，口腹不可為多[7]。故國病聚不足即政怠[8]，人病聚不足則身危。」

丞相曰：「治聚不足奈何？」

注釋

1蠹（粵：妒；普：dù）：本意為木中的蛀蟲，引申為侵蝕或損耗財物的禍害。2生：活着的人。3墮成變故：毀壞已經成功的，改變已經固有的。4工商上通：工商業由國家經營。5杯棬：杯盞這樣的器具。6營：通「熒」，迷惑。7不可為多：不能再多，指已經到了極點。8聚不足：指多方面的弊端。

譯文

「宮殿房屋修得奢侈華麗，是樹林裏的禍害。器械雕琢得精美，是錢財的禍害。衣服製作得華麗精美，是布帛的禍害。狗、馬食用人的糧食，是糧食的禍害。肆意大吃大喝，是魚肉裏的禍害。開支沒有節制，是國庫和少府的禍害。儲存糧食等漏洞不禁止，是田野的禍害。過度喪葬和祭祀，是傷害生者的禍害。毀壞成規改變舊法會使事情難以成功，工商業由政府經營會使農業生產受到限制。所以一個杯盞這樣的器具就要耗費百人的勞動力，一個屏風就要使用上萬人的勞動力，這種危害也太多了！眼睛被五顏六色搞得頭暈目眩，耳朵被各種音樂整得神魂顛倒，身體追求享受又輕又暖的衣服，嘴巴享受甘甜香脆的食物。功勞建立在無用的事情上，錢財在不急需的事業上耗費一空，口福享受到了極點。因此國家一旦存在多方面的弊端，政權上就會面臨危險；人患上類似的大病，生命就難以保全。」

丞相說：「可以用什麼辦法克服多方面的弊端呢？」

救匱第三十

本篇導讀——

本篇和《散不足》篇精密相連，上篇中，賢良列舉了國家的諸多不足之處，針對篇末丞相田千秋提出的「治聚不足奈何」的疑問，賢良提出了相關的補救措施：公卿及其家屬用節儉和守禮為百姓做示範，取消鹽鐵官營等政策。大夫則認為節儉對於治理國家弊病沒有作用，更指賢良文學只會鼓唇搖舌，對於治理國家沒有任何作用。

賢良曰：「蓋橈枉者以直[1]，救文者以質[2]。昔者，晏子相齊，一狐裘三十載。故民奢，示之以儉[3]；民儉，示之以禮。方今公卿大夫子孫，誠能節車輿，適衣服[4]，躬親節儉，率以敦樸[5]，罷園池，損田宅，內無事乎市列，外無事乎山澤，

農夫有所施其功，女工有所粥其業。如是，則氣脈和平[6]，無聚不足之病矣。」

注釋

1橈枉：矯正彎曲。2文：此處指奢靡的風氣。3儉：儉樸的典型。4適：適度。5率：表率。6氣脈：氣象和脈象。

譯文

賢良說：「要矯正彎曲的東西就必須用矯正工具，要改變奢靡的社會風氣就必須提倡質樸。過去，晏嬰在齊國作宰相，一件狐皮大衣穿了三十年。因此民生奢侈，便用節儉的典型來作示範。民風簡樸，就用守禮來示範。如今公卿大夫的子孫，要是都能夠節省車馬，適度穿衣，親身實踐節約儉樸的生活，起到敦厚樸實的表率，解除花園水池的封禁，減少家裏擁有的土地住宅，既不從事市場上買賣活動又不經辦鹽鐵官營之事，使農夫有地方勞動，女工也有地方出售自己的紡織品。做到了這些，就像一個人氣脈平和不會生病一樣，國家就不會有各方面弊端聚集的病徵了。」

大夫曰：「孤子語孝，躄者語杖[1]，貧者語仁，賤者語治。議不在己者易稱，從旁議者易是，其當局則亂。故公孫弘布被[2]，倪寬練袍[3]，衣若僕妾[4]，食若庸夫[5]。淮南逆於內[6]，蠻、夷暴於外，盜賊不為禁，奢侈不為節。若疫歲之巫[7]，徒能鼓口耳，何散不足之能治乎？」

注釋

1躄者：雙腿殘廢不能行走的人。2布被：棉布做的被子。3練：白素絹。4衣：穿着。5庸夫：同「傭夫」，僱傭的工人。6淮南：指淮南王劉安。7疫歲：瘟疫流行的年份。

譯文

大夫說：「無父無母的孤兒談孝道，雙腿殘廢的人談論拐杖，貧窮的人談論仁慈，地位卑賤的人談論治國。談論和自己無關的事情可以隨便發表意見，在旁邊的人提的建議聽起來正確，但處在那個地步時就會把事情搞糟。所以，公孫弘蓋麻布被子，倪寬穿着白絹做的樸素長袍，穿得和奴僕、婢妾一樣，吃的食物跟僱工一樣。淮南王劉安在國內陰謀叛亂，少數民族在邊疆騷擾侵略，盜賊不因為他們的儉樸而得到禁止，社會奢侈的風氣也沒有因為他們的節儉而改變。好比疫病流行年份的巫，只能搖唇鼓舌，哪裏能夠治理國家各方面弊端積聚產生的疾病呢？」

賢良曰：「高皇帝之時，蕭、曹為公[1]，滕、灌之屬為卿[2]，濟濟然斯則賢矣[3]。文、景之際，建元之始，大臣尚有爭引守正之義[4]。自此之後，多承意從欲[5]，少敢直言面議而正刺，因公而徇私[6]。故武安丞相訟園田[7]，爭曲直人主之前。夫九層之臺一傾，公輸子不能正；本朝一邪，伊、望不能復。故公孫丞相、倪大夫側身行道[8]，分祿以養賢，卑己以下士，功業顯立，日力不足[9]，無行人、子產之繼[10]。而葛繹、彭侯之等[11]，隳壞其緒[12]，紕亂其紀，毀其客館議堂，以為馬廄婦舍，無養士之禮[13]，而尚驕矜之色，廉恥陵遲而爭於利矣[14]。故良田廣宅，民無所之。不恥為利者滿朝市，列田畜者彌郡國[15]，橫暴掣頓，大第巨舍之旁，道路且不通，此固難醫而不可為工。」

大夫勃然作色[16]，默而不應。

注釋

1蕭、曹：指蕭何、曹參。2滕、灌：指滕公和灌嬰。3濟濟然：人才眾多的樣子。4爭引：諫諍引導。爭通「諍」。5承意：奉承聖上的旨意。6因公而徇私：打着公家的口號為自己謀取私利。「因公而徇私」一句與「多承意縱欲」相連接翻譯更容易解釋。7武安丞相：指武安侯田蚡。他和竇嬰產生田產糾紛，二人曾經在漢武帝面前爭論。8側身行道：指謹慎行事。9日力：時間。10行人、子產：春秋時期鄭國賢臣子羽和子產。行人，外交官。子羽曾任鄭國外交官。11葛繹：葛繹侯公孫賀。彭侯：彭侯劉屈氂。12緒：事業。13養士：蓄養士人。14陵遲：衰敗。15彌：充滿。16勃然：猛然。

譯文

賢良說：「漢高祖的時候，蕭何、曹參先後擔當過丞相，滕公、灌嬰前後當過九卿，人才眾多，都是賢良之士。漢文帝、漢景帝的時候，武帝即位的初年，大臣們還能堅持正道，諫諍引導。從那時以後，很少有直接當面提出不同意見，憑藉正道指責皇帝的過失；大多都是奉承皇帝的旨意、順從皇帝的意思，打着公家的口號為自己謀取私利。所以，武安侯田蚡為索要園田與竇嬰結下仇怨，在漢武帝面前爭辯是非曲直。九層的高台一旦傾斜，公輸子這樣的能工巧匠也不能將他扶正。作為天下根本的朝廷一旦邪僻，即便是伊尹、姜太公那樣的人也沒有辦法挽救。所以公孫弘、倪寬小心謹慎地走正道，拿出自己的俸祿蓄養賢人，降低自己的身份禮敬才士，建立了顯赫的功業，但是他們壽命有限，沒有子羽、子產那樣的人可以繼承他們的事業。然而，葛繹侯公孫賀、彭侯劉屈氂這樣的人卻毀壞了他們開創的事業，擾亂他們建立的綱紀，把他們的堂館和議事廳廢掉，改成馬廄和女僕住房，沒有蓄養賢士的禮義，卻喜歡擺出驕傲自大的樣子，沒有廉恥之心卻追逐財利。所以，即便有大片的良田、廣闊的房宅，百姓卻沒有立錐之地。不知羞恥一心逐利的人擠滿了朝廷和市集，遍佈各個諸侯國，擁有大量農田和牲畜的人遍佈各郡各諸侯國，權貴富豪蠻橫兇殘地制服別人；高屋大宅旁邊，道路都不允許別人通行，這種局面本來就很難醫治，無法讓它好。」

大夫臉色大變，十分生氣，沉默不予回應。

賞析與點評

賢良之言與太史公不謀而合，司馬遷認為漢初政府奉行無為而治，寬減了秦代的嚴刑峻法，故對漢初政府的評價甚高[1]，他認為此一政策增加了商人投資的意慾，使得虞農工商百業並興，人民生活水平上升，人民富足、社會繁榮安定，其描寫出來的景象，實在是人類生活最幸福的模式。政府連刑罰也不常用，這就代表人民懂得自律，懂得自律的原因是當時社會經濟已相當富足。細閱《史記》，發現書中不乏對西漢初年清靜無為政策的讚頌之辭，譬如他講到惠帝初登位時，曹參甫於齊國任相，他立即採用當代道家名士蓋公之言，實行清靜無為的黃老治國之術，在司馬遷的歷史敍述中，曹氏終使齊國大治。[2]後來，曹氏繼蕭何為丞相，把黃老之

1 司馬遷：《史記・太史公自序》，第 3303 頁：「漢既初興，繼嗣不明，迎王踐祚，天下歸心；蠲除肉刑，開通關梁，廣恩博施，厥稱太宗。作孝文本紀第十。」

2 司馬遷：《史記・曹相國世家》，第 2029 頁：「聞膠西有蓋公，善治黃老言，使人厚幣請之。既見蓋公，蓋公為言治道貴清靜而民自定，推此類具言之。參於是避正堂，舍蓋公焉。其治要用黃老術，故相齊九年，齊國安集，大稱賢相。」

術奉為國策，司馬遷對此更是推崇備至，在他的筆下，幾乎天下人對曹氏的功德一致稱好。[3]司馬遷如何得知天下人的想法？他能否代表天下人的意見呢？答案是存疑的。不難理解，當中是有誇張的文學成分。

3 司馬遷：《史記・曹相國世家》，第2031頁：「參為漢相國，清靜極言合道。然百姓離秦之酷後，參與休息無為，故天下俱稱其美矣。」

箴石第三十一

本篇導讀——

丞相田千秋指出朝廷請文學之士參加鹽鐵會議是為了讓他們一起討論國家大事，希望他們可以起到「鍼石」治療「國疾」的作用，但是田千秋卻認為文學和儒生們談吐粗俗、不知謙虛。文學則辯稱自己說話切直是為了達到規勸的目的，話語說得太輕又不能被別人聽進去，「君子之路，行止之道固狹耳。」

丞相曰：「吾聞諸鄭長者曰：『君子正顏色，則遠暴嫚[1]。出辭氣[2]，則遠鄙倍矣。』故言可述[3]，行可則[4]。此有司夙昔所願睹也[5]。若夫劍客論、博奕辯[6]，盛色而相蘇[7]，立權以不相假[8]，使有司不能取賢良之議，而賢良、文學

被不遜之名，竊為諸生不取也。公孫龍有言[9]：『論之為道辯，故不可以不屬意，屬意相寬，相寬其歸爭，爭而不讓，則入於鄙。』今有司以不仁，又蒙素飡，無以更責雪恥矣[10]。縣官所招舉賢良、文學，而及親民偉仕[11]，亦未見其能用箴石而醫百姓之疾也。」

注釋

1暴嫚（粵：慢；普：màn）：粗暴傲慢。2出辭氣：指語言談吐。3述：遵循。4則：以之為法則，效法。5夙昔：一直。6劍客論、博奕辯：像劍客那樣劍來劍往，像下棋手那樣楚漢爭鬥。7盛色：怒氣沖沖。8立權：抱定自己的是非標準。假：寬容。9公孫龍：戰國時趙人。孔子學生，字子石。10更責：推卸責任。11偉仕：當上大官。

譯文

丞相說：「我從鄭地的長者那裏聽說：『君子端正自己的容貌，毫無粗暴傲慢之色，君子談吐，一點也不粗野鄙俗。』所以他們說的話別人可以遵循，他們的行為別人可以效法。這都是我們這些官員素來所願意看到的。至於你們賢良、文學在辯論中就像劍客、像棋手那樣爭戰，怒氣沖沖地面對對方，抱定自己的是非標準，對別人不寬容，你們這種態度使我們這些官員不能採納你們的意見。而你們也蒙上了『不謙虛』的標籤，我私下裏認為這樣不可取。公孫龍曾經說過：『辯論的目的是為了說清是非，所以不可以不留意，要留意的是相互寬容，相互寬容就可以避免爭吵，相互爭吵不謙讓，就不免流於粗俗。』現在我們這些官員被你們指責為不仁義，又蒙上了光吃不做的惡名，沒有辦法推卸責任，洗脫羞辱。可是你們這些由朝廷招攬選拔上來的賢良、文學，等到你們當上大夫官員親自治理百姓、當上大官的時候，也未必看到你們能夠提出良策拯救百姓的疾苦。」

賢良曰：「賈生有言[1]：『懇言則辭淺而不入，深言則逆耳而失指[2]。』故曰：『談何容易。』談且不易，而況行之乎？此胡建所以不得其死[3]，而吳得幾不免於患也。語曰：『五盜執一良人，枉木惡直繩。』今欲下箴石[4]，通關鬲[5]，則恐有盛、胡之累[6]，懷箴橐艾[7]，則被不工之名[8]。『狼跋其胡[9]，載踕其尾[10]。』君子之路，行止之道固狹耳。此子石所以歎息也[11]。」

注釋

1賈生：漢文帝時潁川人賈山。2深言：說話切直透徹。失指：此處指不能達到目的。3胡建：漢武帝時期人，敢作敢為，曾官至渭城縣令，因得罪漢昭帝之姊蓋公主而被追究，自殺而死。4箴：石鍼。石：砭石，過去用於治病的一種石頭。5關：泛指人體穴位。鬲：人體胸腔和腹腔的橫膈膜。6累：災禍。7艾：艾絨。點燃後可以用來灸穴位治病。8不工：不高明。9跋：向前走。10「狼跋其胡」兩句：語出《詩經・豳風・狼跋》。11子石：即公孫龍，他曾登上吳山，歎息「君子道狹。」

譯文

賢良說：「賈山曾經說過：『說話很誠懇則語意輕微就不能使人慎重地聽取；說話說得切直透徹就會讓人感到刺耳，也不能達到勸諫的目的。』所以有人說：『談話哪有那麼容易啊！』談話尚且不容易，何況是做事呢？因此胡建死於非命，吳得差一點就要遭殃。俗語說：『五個盜賊反過來咬定一個好人，彎曲的木料厭惡筆直的墨繩。』如今想要使用鍼和砭石打通穴位和關節，恐怕會遭遇成顒、胡建的災禍；想把鍼石、砭石、艾絨這些治療器具收起來裝進袋子裏，就又背上了醫術不高明的罪名。《詩經》上說：『老狼向前走就會踩到自己脖子上下垂的肉，往後退就會被自己的尾巴絆倒。』我們這些君子無論是前進或是後退，道路本來就很狹窄，這就是子石歎息的原因。」

除狹第三十二

本篇導讀——

針對上篇篇末賢良提出的君子之道狹窄的感歎，大夫在本篇中進行了駁斥。大夫認為一切的問題都是源於人的自身，與他人無關，君子之道不曾狹窄。賢良對比古時和當時推舉士的不同，認為應該「開臣途」、「選賢而器使之」，「擇練守、相然後任之。」

大夫曰：「賢者處大林，遭風雷而不迷。愚者雖處平敞大路，猶暗惑焉。今守、相親剖符贊拜[1]，蒞一郡之眾[2]，古方伯之位也[3]。受命專制，宰割千里[4]，不御於內。善惡在於己，己不能故耳，道何狹之有哉？」

注釋

1守、相：指郡太守和諸侯王國的國相。剖符：古代用各種材質製成符，分成兩半，分別為不同的人持有，叫做剖符。必要的時候，兩塊符吻合在一起可以用來驗證對方身份。2涖：管理。3方伯，古代的諸侯領袖。4宰割：管轄。

譯文

大夫說：「賢良的人在森林裏面，遭遇大風打雷都不會迷失道路。愚笨的人即便在寬闊平坦的大路上走，也會辨別不清方向。如今郡太守和諸侯王的國相持半塊符去拜見天子，跪拜行禮，親自接受天子的任命，統治一個地區的百姓，地位相當於古代的諸侯領袖。受命於天子，獨立行使職權，管轄數千里的境地，不受朝廷的牽制約束。治理的好壞都是他們自己的原因，如果沒有治理好那就是他們的能力不夠，道路何曾狹窄呢？」

賢良曰：「古之進士也[1]，鄉擇而里選，論其才能，然後官之，勝職任然後爵而祿之。故士修之鄉曲[2]，升諸朝廷，行之幽隱，明足顯著。疏遠無失士[3]，小大無遺功。是以賢者進用，不肖者簡黜。今吏道雜而不選[4]，富者以財賈官，勇者以死射功[5]。戲車鼎躍[6]，咸出補吏，累功積日，或至卿相。垂青繩[7]，擐銀龜，擅殺生之柄，專萬民之命。弱者，猶使羊將狼也，其亂必矣。強者，則是予狂夫利劍也，必妄殺生也。是以往者郡國黎民相乘而不能理[8]，或至鋸頸殺不辜而不能正。執綱紀非其道，蓋博亂愈甚[9]。古者封賢祿能，不過百里。百里之中而為都，疆垂不過五十[10]，猶以為一人之身，明不能照[11]，聰不得達[12]，故立卿、大夫、士以佐之，而政治乃備。今守、相或無古諸侯之賢，而莅千里之政，主一郡之眾，施聖主之德，擅生殺之法，至重也。非仁人不能任，非其人不能行。一人之身，治亂在己，千里與之轉化，不可不熟擇也。故人主有私人以財，不私人以官[13]，懸賞以待功，序爵以俟賢[14]，舉善若不足，黜惡若仇讎，固為其非功而殘百姓也。夫輔主德，開臣途，在於選賢而器使之[15]，擇練守、相然後任之。」

注釋

1進士：進身為士。2修：修養仁義，認真學習。3疏遠：指和自己關係比較疏遠的人。4吏道：官員選拔制度。5射功：求取功名。6戲車鼎躍：指表演車技和舉鼎的人。7青繩：古代繫官印的青絲帶。漢代九卿等俸祿為兩千石的官員，才用青絲帶繫印，印章的印鼻為龜形。8乘：欺凌。9博：大。10疆垂：邊境。11明：視力。照：看清楚。12聰：聽力。達：聽到一切。13私人以官：憑藉私人感情授予別人官職。14序爵：制定爵位的高低等級。俟：等待。15器使：量才使用。

譯文

賢良說：「過去推舉士，在鄉裏進行選擇推薦，到了朝廷評定他們的才能，然後授予他們一定的官職，他們能夠勝任官職後才授予爵位和俸祿。所以士人都在偏僻的鄉村修身養性，在朝廷裏面得到提拔，在鄉村時默默無聞，被提拔時就能夠揚名立萬。那時候不因為關係疏遠就不推舉，無論功勞大小都不會棄置不用。因此，賢良的人被推舉出來得到任用，不賢的人就被淘汰罷免。如今用人制度雜亂，任命官吏不經過選拔推薦，有錢的人買官，有力氣的人就靠打仗謀取功業。要車技和舉鼎的雜技演員都出來擔當官吏，累積了功勞，過一段時間有的就可以當上卿相。腰間垂着青色的絲帶，上面繫着龜形印鼻的銀製官印，手操着生死大權，掌握萬民的性命。如果他們是柔弱的人，就像羊帶領一群狼一樣，必然產生動亂；如果他們是強勢的人，就是把利劍授予了瘋子，胡亂定人生死的大事就一定會發生。因此，過去一段時間裏，地方上的百姓相互欺凌卻得不到禁止，甚至有人鋸斷別人脖子、殺害無辜也沒有得到懲罰。掌握綱紀卻不能執行正道，這樣就會愈來愈混亂。古時候，對那些賢能加爵並賞賜領地，也不過數百里的封地範圍。百里領地的中心是都城，從封地四面到都城不到五十里的範圍，還以為憑藉諸侯一個人，眼睛不能夠看清一切，耳朵不能無所不聞。因此，設立了公卿、大夫、士來輔佐他，這樣才具備了完整的行政系統。現在，郡太守和諸侯國的相沒有古代諸侯國的太守和相那樣的賢能，卻管理着數千里地區的政事，主管一個郡的百姓，施行聖明君主的仁德，掌握着生殺大權，責任十分重大。不是仁德之人不能夠擔任，不是賢能之人不能夠承擔這樣的責任。一人獨立主事，轄區內的動亂全都取決於他一個人，千里之地的狀況因他的仁與不仁而轉移，不得不慎重地選擇。因此，君主可以憑私情給他財產，卻不能憑私心授他官爵，應該公佈獎賞制度以等待有功之人，制定爵位的高低等級等待賢能之人，推舉人才好像從來都不夠一樣，罷免邪惡小人好像對待仇人那樣，這樣確實是因為邪惡小人沒有功勞卻殘害百姓。輔佐君主的美德，開通賢臣上進的通道，在於選擇賢良而授予權利讓他使用，挑選好的任郡守和諸侯國相的人選再加以任命。」

疾貪第三十三

本篇導讀——

本篇就貪鄙的源頭問題進行辯論。賢良認為貪鄙的根源「在率不在下，教訓在政不在民也。」大夫則認為貪鄙的源頭在於下面的官吏，而不是上面那些高級官員。他們又認為人的本性不能轉移，高級官員無法綁住下面官吏的手腳以防止他們作惡。賢良便立即以「夫上之化下，若風之靡草，無不從教」來駁斥大夫。

大夫曰：「然。為醫以拙矣，又多求謝。為吏既多不良矣，又侵漁百姓[2]。長吏厲諸小吏[2]，小吏厲諸百姓。故不患擇之不熟[3]，而患求之與得異也；不患其不足也[4]，患其貪而無厭也。」

注釋　1侵漁：侵奪。2厲：欺壓。3孰：深思熟慮，慎重。4不足：俸祿低，不夠用。

譯文　大夫說：「對。作為一名醫術不高明的醫生，卻還想要別人重金酬謝。作為一名作風不好的官吏，還想掠奪百姓的財產。長吏欺壓小吏，小吏欺壓百姓。因此，不擔心推選賢良的官員不慎重，而擔心想選擇的和選舉出來的不一致。不擔心他們俸祿不夠用，而怕他們貪婪卑鄙，不知足。」

賢良曰：「古之制爵祿也，卿大夫足以潤賢厚士[1]，士足以優身及黨[2]，庶人為官者，足以代其耕而食其祿。今小吏祿薄，郡國繇役，遠至三輔，粟米貴，不足相贍。常居則匱於衣食，有故則賣畜粥業[3]。非徒是也，繇使相遣，官庭攝追[4]，小計權吏行施乞貸[5]，長吏侵漁，上府下求之縣，縣求之鄉，鄉安取之哉[6]？語曰：『貨賂下流[7]，猶水之赴下，不竭不止。』今大川江河飲巨海，巨海受之，而欲溪谷之讓流潦[8]。百官之廉，不可得也。夫欲影正者端其表，欲下廉者先之身[9]。故貪鄙在率不在下[10]，教訓在政不在民也。」

注釋　1潤賢：分出自己俸祿來蓄養賢人。2優身及黨：讓自己和親族生活衣食無憂。3故：

意外的事情。粥：通「鬻」，出售。4攝：通「懾」，震懾，威迫。5小計權吏：小小的計吏和其他的小吏。乞貸：向別人借錢，此處指勒索他人。6安：從哪裏。7貨賂：財貨。下流：向下一級索求。8潦：雨後地上的積水。9先之身：自身先做到。10率：指高級官員。

譯文

賢良說：「古代制定爵位俸祿制度，卿大夫的俸祿和爵位足夠用來蓄養厚待賢士，士人足可以讓自己和朋黨衣食無憂，平民當官的人，足可以不耕種光靠俸祿就能滿足生活所需。如今這些小官吏的俸祿很少，為郡縣和諸侯國服傜役還要出遠門到京城一帶，京城一帶米價高，他們的俸祿不夠使用。日常家居就會缺衣少食，有什麼變故的話就只能出售自己的牲畜和家業。不僅僅是這樣，遇上被派遣出去服傜役的官差，地位低的官吏和別的小吏就以借貸名義向百姓勒索，縣就轉向鄉裏面索求，鄉不向百姓索求又到哪裏去要呢？俗語說：『向下面索要錢財就像水往低處流一樣，不到水源乾涸就不會停歇。』如今，大江大河把這些水送進大海，大海就欣然接受，卻要山間的小溪拒絕雨後地面流動的積水。同樣想要官員們都廉潔，是不可能的。要想影子正，必須端正標準，想要下級廉潔就必須自身廉潔。因此，貪婪卑鄙的根源在於上面的高官做了不好的表率而不在下級官吏，需要訓導的是官吏而不是百姓。」

大夫曰：「賢不肖有質[1]，而貪鄙有性[2]，君子內潔己而不能純教於彼。故周公非不正管、蔡之邪[3]，子產非不正鄧晳之偽也[4]。夫內不從父兄之教，外不畏刑法之罪，周公、子產不能化，必也。今一一則責之有司，有司豈能縛其手足而使之無為非哉？」

注釋

1有質：由本指決定。2有性：由本性決定。3管、蔡：指管叔和蔡叔，二人曾在周武王死後發動叛亂。4鄧晳：春秋時鄭國大夫。

譯文

大夫說「人是否賢良由本質決定，貪婪鄙陋也是由本性決定的，君子能夠使自己純潔卻不能教育那些惡人讓他們變得純潔。因此，周公不是不糾正管叔、蔡叔的邪惡，子產不是不糾正鄧晳的虛偽。那些既不聽從父母兄弟的教導，又不畏懼刑法懲處的人，即便是周公和子產也不能教化他，這是必然的。如今，你們把所有的壞事一個一個地責怪到我們這些官員頭上，我們難道能把下級官吏的手腳捆住，使他們不再做壞事麼？」

賞析與點評

宋儒司馬光（一〇一九－一〇八六）在其名著《訓儉示康》說[1]：「『儉，德之共也；侈，惡之大也。』共，同也；言有德者皆由儉來也。夫儉則寡欲：君子寡欲，則不役於物，可以直道而行；小人寡欲，則能謹身節用，遠罪豐家。故曰：『儉，德之共也。』」司馬光不但把節儉視為經濟問題，更視之為道德問題。反之，奢侈則是不合道理，有違世俗禮教的。他又說：「侈則多欲：君子多欲，則貪慕富貴，枉道速禍；小人多欲，則多求妄用，敗家喪身。是以居官必賄，居鄉必盜。故曰：『侈，惡之大也。』」司馬光的說法，某程度上代表了傳統中國文化的主流思想，上至國家，下至平民，大多深信奢侈與道德掛鉤。奢侈不只是經濟行為，而且涉及到道德層面。反觀漢代的司馬遷，他承認了奢侈是人的本性，並指出本性非由外間力量可阻，而司馬光卻完全否定了慾望的追求，從司馬光之保守態度實可反襯太史公對人性面目的包容。

1 此文收於《古文觀止》。

賢良曰：「駟馬不馴，御者之過也。百姓不治，有司之罪也。《春秋》刺譏不及庶人，責其率也[1]。故古者大夫將臨刑，聲色不御[2]，刑以當矣[3]，猶三巡而嗟歎之。其恥不能以化而傷其不全也[4]。政教暗而不著[5]，百姓顛蹶而不扶[6]，猶赤子臨井焉[7]，聽其入也。若此，則何以為民父母？故君子急於教，緩於刑。刑一而正百，殺一而慎萬[8]。是以周公誅管、蔡，而子產誅鄧皙也。刑誅一施，民遵禮義矣。夫上之化下，若風之靡草[9]，無不從教。何一一而縛之也？」

注釋

1率：表率，即統治者。2御：進用。3當：完畢。4不全：不能保全性命。5不著：不讓它變光明。6顛蹶：摔倒。7赤子：初生的嬰兒。8慎萬：使一萬個人謹慎。9靡：倒。

譯文

賢良說：「拉車的四匹馬如果沒有被馴服，這就是駕車人的過錯。百姓沒有治理好，就是政府官員的過錯。《春秋》不把平民當做諷刺對象，只是責怪他們的統治者。因此，古時候大夫在監督小吏行刑的時候，不停音樂，不近女色，刑殺已經執行完畢，還走來走去查看數遍，深深地歎息。他以不能教化這個犯人，導致他不能保全性命而為恥。政治教化昏暗而不能使它變光明，百姓摔倒了不去攙扶，就像看見嬰兒在井邊而聽任他掉下去。像這樣，怎麼能夠做百姓的父母官呢？因此，我們重視教化，而不注重刑法。殺一個是能夠讓一百個人改邪歸正，殺一個人是為了讓一萬個人小心謹慎。因此，周公誅殺管公、蔡公，子產殺了鄧晳。實行刑罰，百姓就會遵守禮義了麼？朝廷教化百姓就像風吹草倒一樣，沒有不聽從的。哪裏需要一個個地捆綁起來呢？」

後刑第三十四

本篇導讀——

本篇是關於用刑的討論。大夫主張使用刑罰，認為這樣能讓惡人變好，引導百姓走向正道。而賢良則主張「假法以成教，教成而刑不施。」認為法律嚴厲但是不能輕易殺人，設置了刑法讓人不敢違犯即可。

大夫曰：「古之君子，善善而惡惡[1]。人君不畜惡民，農夫不畜無用之苗。無用之苗，苗之害也；無用之民，民之賊也。鉏一害而眾苗成[2]，刑一惡而萬民悅。雖周公、孔子不能釋刑而用惡。家之有姐子[3]，器皿不居，況姐民乎？民者敖於愛而聽刑[4]。故刑所以正民，鉏所以別苗也。」

注釋 1善善：喜歡好人。惡惡：憎惡惡人。2鉏：鏟除。3姐：嬌，嬌慣。4敖：通「傲」，傲慢。

譯文 大夫說：「古時的君子，喜歡好人憎惡惡人。君主不贍養邪惡的刁民，農民不種植野草和壞苗。荒草和壞苗是田野裏面的禍害，沒有用的刁民，是百姓的盜賊。剷除一根無用之苗就能讓很多莊稼健康成長，處決一個刁民就能讓萬千百姓心悅誠服。即便是周公、孔子這樣的人也不能放棄使用刑罰來讓惡人變好。家裏有個嬌慣的孩子，器具都不能完好，何況是國家有嬌慣的百姓呢？因此，刑罰是用來引領百姓走向正道，鋤頭是用來剷除無用之苗的。」

賢良曰：「古者，篤教以導民[1]，明辟以正刑[2]。刑之於治，猶策之於御也[3]。良工不能無策而御，有策而勿用。聖人假法以成教，教成而刑不施。故威厲而不殺，刑設而不犯。今廢其紀綱而不能張[4]，壞其禮義而不能防。民陷於罔，從而獵之以刑，是猶開其闌牢[5]，發以毒矢也，不盡不止。曾子曰：『上失其道，民散久矣。如得其情，即哀矜而勿喜[6]。』夫不傷民之不治，而伐己之能得奸[7]，猶弋者睹鳥獸掛罻羅而喜也[8]。今天下之被誅者，不必有管、蔡之邪，鄧晳之僞，恐苗盡而不別，民欺而不治也。孔子曰：『人而不仁，疾之已甚，亂也[9]。』故民亂反之政[10]，政亂反之身，身正而天下定。是以君子嘉善而矜不能[11]，恩及刑人，德潤窮夫，施惠悅爾，行刑不樂也。」

注釋

1篤：加強。2明辟：彰明法律。3策：馬鞭。4張：實施。5闌牢：牲口圈。6「上失其道」四句：語出《論語．子張》。民散：指民心遠離。哀矜：憐憫。7伐：誇耀。8弋者：打獵的人。9「人而不仁」三句：語出《論語．泰伯》。10反之政：返回到政治方面檢查原因。

譯文

賢良說：「古時候，加強教化引導百姓，彰明法律端正刑罰。刑罰對於治國來說，就像駕車所需的馬鞭一樣。好的車夫駕車不能沒有馬鞭，但是有馬鞭卻不輕易使用。聖人憑藉制定刑罰來實施教化，教化成功了之後就可以不使用刑罰了。所以，他們雖然威嚴嚴厲但是不輕易殺人，設置了刑法但無人敢違犯。如今廢除古人的治國之法不去施行，破壞了古代的禮義不能防止犯罪。百姓觸碰到法網，就抓起來法辦，就相當於打開欄圈放出野獸，再用毒箭射殺牠一樣，沒完沒了。曾子說：『執政的人沒有按照仁義治理國家，百姓早就有離散之心了。如果了解到他們的真實情況，就會憐憫他們而不是沾沾自喜了。』不憂慮百姓沒有治理好，卻誇耀自己制裁別人的能力，就像打獵的人看到鳥獸觸碰到自己所掛的羅網而沾沾自喜一樣。如今天下被殺的人，不一定是管叔、蔡叔那樣的奸邪和鄧晳那樣的違法亂紀之徒，這樣下來，恐怕把所有的苗都鋤盡了也辨別不出好壞來，百姓受到欺侮也不能被治理。孔子說：『對待一個不仁義的人，痛恨得過分了，就容易出亂子。』因此，百姓亂了就要反過來尋找朝廷的問題，朝廷亂了就要反思當政者的問題，當政者自己行為端正，天下才能夠安定下來。所以，君子褒揚善良的人又同情那些不為善的人，恩澤施加到受刑罰的人身上，仁德施加到貧窮的農夫身上，實施恩德的時候非常高興，施行刑法的時候不快樂。」

授時第三十五

本篇導讀——

本篇主要討論「授時」，即不違農時。篇中大夫和賢良都認為農業生產一定要按照一定的時節，但是雙方對於如何才能做到不違農時卻有不同的看法。大夫認為朝廷採取了鼓勵農業生產，借出錢財來幫助生活困難的人、疏通積水、釋放罪行較輕的人等措施，從而讓百姓根據時令及時耕種，至於還是有人貧窮就是因為他們懶惰、不勤儉。賢良則認為朝廷應該多實行教化，這樣可使百姓安定，而教化成功的前提就是大力發展農業生產、減輕徭役賦稅。

大夫曰：「共其地，居是世也，非有災害疾疫，獨以貧窮，非惰則奢也；無奇業旁入[1]，而猶以富給，非儉則力也。今曰：『施惠悅爾，行刑不樂』，則是閔

無行之人，而養惰奢之民也。故妄予不為惠，惠惡者不為仁。」

譯文 1奇業旁入：本業之外的收入。

譯文 大夫說：「居住在同一塊土地上，生活在同一個時代，沒有什麼自然災害和瘟疫、流行疾病，惟獨還有貧窮的人，這樣的人不是懶惰就是太奢侈了；沒有本業以外的其他收入，又能夠富足的人，不是勤儉就是勤勞的結果。現在講什麼『對百姓實施恩惠才高興，施行刑法就不高興』，這樣子就是憐憫那些品行不好的人，贍養那些懶惰奢侈的刁民。因此，隨便給予百姓恩惠不是恩惠，對壞人施加恩惠就是不仁義。」

賢良曰：「三代之盛無亂萌[1]，教也；夏、商之季世無順民，俗也。是以王者設庠序，明教化，以防道其民[2]，及政教之洽[3]，性仁而喻善[4]。故禮義立，則耕者讓於野；禮義壞，則君子爭於朝。人爭則亂，亂則天下不均，故或貧或富。富則仁生，贍則爭止。昏暮叩人門戶，求水火，貪夫不悋[5]，何則？所饒也。夫為政而使菽粟如水火，民安有不仁者乎？」

注釋

1萌：通「氓」，民。2防道：防止和引導。3洽：融洽，指結合得緊密。4喻：明白。5悋（粵：論；普：lìn）：同「吝」，吝嗇。

譯文

賢良說：「夏、商、周三代興盛的時候沒有亂民，這是教化的功勞。夏、商末年時沒有不反抗的百姓，這是風俗敗壞的結果。所以，君王設置學堂、嚴明教化以防止百姓犯上作亂、引導百姓按照教化做事情，等到政治教化密切結合，仁義成了人們的天性，他們自然而言就懂得善的含義。因此，禮義建立了，種田的人也知道在田間相互禮讓。禮義崩壞了，君子也會在朝廷上爭鬥。人們相互爭鬥就會產生動亂，動亂產生了就會使天下財產分配不均，財產分配不均就會產生貧窮和富裕的差別。人們富裕了就會產生仁義之心，富足了就會停止爭鬥。晚上敲別人家的門窗，索求水喝和火把用，就是貪婪的人也不會吝嗇。為什麼呢？因為水和火很多。你們這些當政者如果能讓糧食像水和火那樣富饒，哪裏還有不仁義的百姓呢？」

大夫曰：「博戲馳逐之徒[1]，皆富人子弟，非不足者也。故民饒則僭侈[2]，富則驕奢，坐而委蛇[3]，起而為非，未見其仁也。夫居事不力[4]，用財不節，雖有財如水火，窮乏可立而待也[5]。有民不畜，有司雖助之耕織，其能足之乎？」

注釋　1博戲：古時一種遊戲名稱。馳逐：騎馬奔跑。2僭：超越本分。3委蛇：雍容自得貌。4居事：做事情。5立而待：指時間很短就來了。

譯文　大夫說：「那些整天尋歡作樂的人都是富貴人家的子弟而不是窮人家的。所以百姓錢多了就會追求超出自己身份的享受，富貴了就會驕橫淫逸，在家悠然自得，在外為非作歹，沒有看到他們有多仁義。做事情不盡力，花錢不節制，即便是錢財像水火一樣多，過不了多久也會變得窮困貧乏。做百姓的自己不知道努力積累財產，我們這些官員即便幫助他耕種織布，又怎麼能讓他們富足起來呢？」

賢良曰：「周公之相成王也，百姓饒樂，國無窮人，非代之耕織也。易其田疇，薄其稅斂，則民富矣。上以奉君親，下無饑寒之憂，則教可成也。《語》曰：『既富矣，又何加焉？曰，教之[1]。』教之以德，齊之以禮[2]，則民徙義而從善[3]，莫不入孝出悌[4]，夫何奢侈暴慢之有？《管子》曰：『倉廩實而知禮節，百姓足而知榮辱[5]。』故富民易與適禮[6]，難與適道。」

注釋　1「既富矣」四句：語出《論語．子路》，冉有和孔子的對話。2齊：約束。3徙：嚮往。4入孝出悌：在家孝敬父母，在外講究兄弟情義。5「倉廩實而知禮節」兩句：語出《管子·牧民》。6適：達到。

譯文

賢良說：「周公輔佐周成王的時候，百姓富裕安居樂業，國內沒有一個窮困的人，並非是周公替他們去耕地織布了，而是改成了井田制，減少他們的賦稅，這樣一來，百姓就富足了。就知道上面侍奉君王和父母，自己又沒有飢餓寒冷的擔憂，這樣教化就成功了。《論語》上說：『已經讓百姓富裕了，還要怎麼辦呢？孔子回答道：對他們施行教化。』用仁德教育他們，要他們遵守禮義，那麼百姓就會嚮往仁義一心向善，沒有一個不講『孝悌』的，哪裏還有奢侈懈怠的現象呢？管仲說：『倉庫糧食充足，百姓就會懂得禮節，百姓富足了就知道榮耀恥辱了。』所以，百姓是容易做到守禮義的，但難於不施行教化就走上正道。」

賞析與點評

漢代人喜歡讀《管子》，鹽鐵會議的讀書人也不例外，或許他們是受到太史公的影響。《史記·貨殖列傳》引用《管子·牧民篇》說：「倉廩實而知禮節，衣食足而知榮辱。」司馬遷與《管子》的作者一樣，都認為政府應當先讓老百姓享受物質文明的成果，進而追求精神文明的發展，最後得以「利民」之境。司馬遷在《平準書》又說：「眾庶街巷有馬，阡陌之閒成群，而乘字牝者儐而不得聚會。守閭閻者食粱肉，為吏者長子孫，居官者以為姓號。故人人自愛而重犯法，先行義而後絀恥辱焉。」此反映了他一貫的思路，強調先現實而後道德的現實主義思維，當物質層滿足了，才會發展文化層以及價值觀。與此同時，司馬遷又解釋：「禮生於有，而廢於無，故君子富好行其德，小人富以適其力。淵深而魚生之，山深而獸往之，人富而仁義附焉。富者得埶益彰，失埶則客無所之，以而不樂。夷狄益甚。」[1]此段引文相當重要。

大夫曰：「縣官之於百姓，若慈父之於子也：忠焉能勿誨乎？愛之而勿勞乎？故春親耕以勸農[1]，賑貸以贍不足，通滀水[2]，出輕繫[3]，使民務時也。蒙恩被澤，而至今猶以貧困，其難與適道若是夫！」

注釋　1親耕：古代天子親耕制度。2通滀水：疏通積水。3出輕繫：釋放罪行較輕的人。

譯文　大夫說：「朝廷對於百姓而言就像慈父對自己的兒子那樣：兒子忠於自己的父親，

1 〔日〕瀧川資言：《史記會注考證》新校本，天工書局影印本，頁2042。

作父親的難道就不用對他進行教育了麼？愛護自己的兒子，作父親的難道就能不讓他從事勞動了麼？所以，春天的時候皇帝要親自耕種，以鼓勵農業生產，借出錢財來幫助生活困難的人，疏通積水，釋放那些罪行較輕的人，讓百姓根據時令及時耕種。蒙受皇上的恩澤，到現在還貧窮的人，為什麼難以讓他們走上正道呢！」

賢良曰：「古者，春省耕以補不足[1]，秋省斂以助不給。民勤於財則貢賦省[2]，民勤於力則功築罕[3]。為民愛力，不奪須臾[4]。故召伯聽斷於甘棠之下[5]，為妨農業之務也。今時雨澍澤，種懸而不得播，秋稼零落乎野而不得收。田疇赤地，而停落成市[6]，發春而後，懸青幡而策土牛[7]，殆非明主勸耕稼之意，而春令之所謂也[8]。」

注釋

1省耕：古時候，皇帝於春天派人去視察耕種。省，視察。2勤：通「堇」，少。3功築：土木工程。4須臾：原意是片刻，指時間短，此處當指短暫的農時。5召伯聽斷於甘棠之下：據説周朝賢臣召公奭體諒百姓農忙，經常到農村甘棠樹下受理案件。6停落：村落。7**懸青幡而策土牛**：漢代制度，立春之日，天沒亮，各級官吏都要在門外豎起青旗，放置泥塑的牛和耕夫。8**春令**：指《禮記．月令》中有關春天的部分。

譯文

賢良說：「古時候，皇帝於春天派人去視察耕種，以補助糧食不夠的人；秋天派人視察收割情況以幫助補給缺乏人手的人家。百姓錢財少就減輕賦稅，百姓力氣小就少辦建築。珍惜百姓的勞動力，不耽誤他們的農時。因此，周朝的召伯在甘棠樹下處理事務，就是怕妨礙農業生產。如今，春季雨水及時，種子懸掛在那裏無人耕種，秋天莊稼長熟都掉到田地裏了，卻得不到收割。田地荒廢了，官吏派百姓去修建村落成了城市，開春之後，百官掛輕旗，趕土牛，這大概不是聖明的君王勸民務農的意思，而是因為《春令》上有規定才這樣做的吧！」

水旱第三十六

本篇導讀——

本篇以水災旱災產生的原因展開辯論，最終落腳在鹽鐵官營的大討論上。開篇，大夫認為水災和旱災是自然規律，與為官者無關。賢良則認為處上位的人有仁德，自然會風調雨順、五穀豐登。只要廢除了鹽鐵官營、不再發兵征戰，即便時節不好，百姓也不會困頓。

在鹽鐵官營這個問題上，大夫和賢良更是持截然不同的看法。大夫認為鹽鐵官營，工匠努力去鑄造，鐵具剛柔均匀、農具便利使用、器具規格統一、價格高低適宜，方便百姓和公家。賢良則認為，鹽鐵官營後，鹽價高昂，製造出來的器具價格高、質量差、不適用，並且購買方式單一、不方便購買，耽誤了農時、浪費勞力，還加重了百姓傜役負擔。

大夫曰：「禹、湯聖主，后稷、伊尹賢相也[1]，而有水旱之災。水旱，天之所為；饑穰[2]，陰陽之運也，非人力。故太歲之數[3]，在陽為旱，在陰為水。六歲一饑，十二歲一荒。天道然，殆非獨有司之罪也。」

注釋

1 后稷：周朝始祖，名棄。堯、舜的時候擔任農官。2 饑穰：糧食歉收和糧食豐收。3 太歲：古人設想出來的一顆星星。又稱歲陰或太陰。古人假設太歲星與歲星（木星）作反方向運動，並以每年太歲所在的部分來紀年。

譯文

大夫說：「大禹、商湯王這樣賢聖的君主，后稷、伊尹這樣賢良的宰相，也還是會遭遇水災和乾旱這樣的災害。洪水和乾旱，是自然災害，糧食豐收和糧食歉收，是陰陽運行的結果，不是人力能改變的。所以，太歲星運行在陽的位置，天氣就會乾旱，運行到陰的位置就會有洪水，六年一個歉收年，十二年一次災荒。這是自然規律，恐怕不僅僅是官吏的罪過吧？」

賢良曰：「古者，政有德則陰陽調，星辰理，風雨時。故行修於內，聲聞於外，為善於下，福應於天。周公載紀而天下太平[1]，國無夭傷[2]，歲無荒年。當此之時，雨不破塊[3]，風不鳴條[4]，旬而一雨[5]，雨必以夜。無丘陵高下皆熟。《詩》曰：『有渰萋萋，興雨祁祁[6]。』今不省其所以然，而曰『陰陽之運也』，非所聞也。《孟子》曰：『野有餓殍，不知收也。狗豕食人食，不知檢也。為民父母，民饑而死，則曰，非我也，歲也，何異乎以刃殺之，則曰，非我也，兵也？』方今之務[7]，在除饑寒之患，罷鹽鐵，退權利，分土地，趣本業，養桑麻，盡地力也。寡功節用，則民自富。如是，則水旱不能憂，凶年不能累也。」

注釋

1載紀：當做「載己」，修養自己之意。2夭傷：夭折，未成年就去世的人。3塊：土塊。4條：樹枝。5旬：十天為一旬。6「有渰萋萋」兩句：語出《詩經．小雅．北山》。渰：雲起的樣子。祁祁：緩慢的樣子。7務：要務，重要的事情。

譯文

賢良說：「古時候，施行德政，陰陽調和，星辰有位，風調雨順。因此，自身修養仁德，就會美名在外，善待百姓，上天就會賜福。周公注重自身修養，天下太平，國家沒有災難，年年沒有災荒。在那個時候，雨水沖不破土塊，風吹不動樹枝，十天下一次雨，每次都在夜裏。無論丘陵還是高地，所有的莊稼都能成熟。《詩經》說：『雲霧翻捲，時雨綿綿。』如今不去思考當時風調雨順的原因，卻說是陰陽變化的緣故，還從來沒有聽說過這種說法。《孟子》說：『田野上有餓死的屍體卻不知道收殮。豬狗吃人的糧食不知道檢討。作為百姓的父母官，百姓因為飢餓而死，卻說『不是我的過錯，是年景不好的原因。』這和用刀殺死百姓，卻說『不是我的過錯，是兵器殺的』有什麼區別？當務之急，是要消除百姓飢餓寒冷的禍患，廢除鹽、鐵官營等制度，解除山海禁忌，實行井田制，致力於農業，養蠶織布，發揮土地的功效。少徵徭役、節約開支，那麼百姓自然而然就會富裕起來。如果能這樣，即便遭遇洪水和乾旱也不用擔憂，荒年也不會受苦。」

大夫曰：「議者貴其辭約而指明，可於眾人之聽，不至繁文稠辭多言，害有司化俗之計而家人語。陶朱為生，本末異徑，一家數事，而治生之道乃備。今縣官鑄農器，使民務本，不營於末，則無饑寒之累。鹽鐵何害而罷？」

譯文

大夫說：「辯論者貴在語言簡約卻旨意明確，讓大多數人都聽得懂，而不是語言華美辭藻華麗，話太多像在說家常話一樣，妨礙官員移風易俗的計劃。陶朱公的謀生途徑，和其他人從事農業不同，他從事的是工商業，對於一家人來說，需要工商業提供的產品，這樣謀生的所需就齊備了。現在朝廷統一鑄造農具，讓百姓回歸到農業上來，不經營工商業，那就沒有什麼饑餓寒冷的牽累了，鹽鐵官營政策有什麼害處，為何非要廢除不可呢？」

賢良曰：「農，天下之大業也；鐵器，民之大用也。器用便利，則用力少而得作多[1]，農夫樂事勸功。用不具[2]，則田疇荒，穀不殖[3]，用力鮮[4]，功自半。器便與不便，其功相什而倍也[5]。縣官鼓鑄鐵器，大抵多為大器，務應員程[6]，不給民用[7]。民用鈍弊，割草不痛。是以農夫作劇，得獲者少，百姓苦之矣。」

注釋

1得作：成效。2用不具：器具不完備。3殖：生長茂盛。4用力鮮：用力氣用到幾乎沒有力氣可用。這裏指用盡力氣。5相什而倍：相差十倍。6員程：事物數量標準。7給：滿足。

譯文

賢良說：「農業是天下最大的事業，鐵器是百姓生產的主要工具。農具方便使用，花費的力氣小成效大，農民就會樂於耕種，努力工作。農具不完備，就會使田野荒蕪，穀子等糧食長得不好，用盡力氣還事倍功半。農用器具是否方便使用，其效果相差十倍。朝廷鑄造的鐵器，大多都是大的器具，都是為了趕任務湊數量，生產出來的器具不適合百姓使用。老百姓使用的都是粗鈍的、損壞的農具，草都割不斷。因此，農民花大力氣，收穫的糧食又少，老百姓感到十分苦惱。」

大夫曰：「卒徒工匠，以縣官日作公事，財用饒，器用備。家人合會[1]，褊於日而勤於用[2]，鐵力不銷煉[3]，堅柔不和。故有司請總鹽鐵，一其用，平其賈，以便百姓公私。雖虞、夏之為治，不易於此。吏明其教，工致其事，則剛柔和，器用便。此則百姓何苦，而農夫何疾？」

注釋

1合會：私人經營。2褊（粵：扁；普：biǎn）於日：指緊張趕時間。勤：通「堇」。
3銷煉：融化好。

譯文

大夫說：「役卒、刑徒和工匠，根據要求每天給朝廷辦事，資金充足、工具齊全。若是幾家人一起煉鐵，不僅時間緊張而且資金匱乏，鐵器還不好熔化鑄造，容易剛柔不均。因此，官員提出鹽鐵官營，統一器具的規格，使價格高低適宜，以方便百姓和公家。即便虞舜、夏禹治理國家，也不會改變這種做法。主管官吏講清楚了怎麼鑄造，工匠就努力去鑄造，那麼就會使剛柔均勻，農具便於使用。這樣，百姓又有什麼好苦惱，農民又有什麼好怨恨的呢？」

賢良曰：「卒徒工匠。故民得占租鼓鑄、煮鹽之時[1]，鹽與五穀同賈，器和利而中用。今縣官作鐵器，多苦惡[2]，用費不省，卒徒煩而力作不盡。家人相一[3]，父子戮力[4]，各務為善器，器不善者不集[5]。農事急，挽運衍之阡陌之間[6]。民相與市買，得以財貨五穀新幣易貨[7]。或時貰民[8]，不棄作業。置田器，各得所欲。更繇省約，縣官以徒復作繕治道橋[9]，諸發民便之[10]。今總其原，壹其賈，器多堅䃘，善惡無所擇。吏數不在，器難得。家人不能多儲，多儲則鎮生[11]。棄膏腴之日[12]，遠市田器，則後良時[13]。鹽鐵賈貴，百姓不便。貧民或木耕手耨，土耰淡食[14]。鐵官賣器不售，或頗賦與民[15]。卒徒作不中呈[16]，時命助之。發徵無限[17]，更繇以均劇，故百姓疾苦之。古者，千室之邑，百乘之家，陶冶工商，四民之求[18]，足以相更[19]。故農民不離畦畝而足乎田器，工人不斬伐而足乎材木，陶冶不耕田而足乎粟米，百姓各得其便，而上無事焉。是以王者務本不作末，去炫耀，除雕琢，湛民以禮，示民以樸，是以百姓務本而不營於末。」

注釋

1**占租**：繳納稅收。2**苦惡**：指器具質量差。3**家人相一**：平民合伙在一起。4**戮力**：協力，通力合作。5**集**：出售。6**挽運衍之阡陌之間**：拉着車子運農具到各處田間零售。7**新幣**：以舊換新。8**貰**（粵：世；普：shì）：賒欠。9**徒復作**：通過服徭役的方式讓犯人服刑。10**發民**：被徵發的百姓。11**鎮**：鐵銹。12**膏腴之日**：指農忙的好時候。13**後**：此處指錯過。14**土耰**（粵：優；普：yōu）：用土塊砸土塊。15**頗**：經常。16**不中呈**：達不到數量標準。呈，通「程」。17**發徵**：徵發。18**四民**：指士、農、工、商這四種人。19**更**：滿足。

譯文

賢良說：「說什麼役卒、刑徒和工匠。從前百姓可以私營鑄造鐵器、煮鹽，向政府自報營業額而繳納租稅的時候，食鹽和穀物的價格相同，器具軟硬均勻，便利實用。現在朝廷統一鑄造鐵器，器具大多質量低劣，生產成本高，役卒、刑徒心情煩躁，工作不盡心盡職。平民自己合夥鑄造鐵器，父子兩個人同心協力，努力製造出高質量的器具，器具質量不好就不能當做成品出售。農忙的時候，就拉着車子運農具到各處田間零售。百姓一起來購買，可以用財物、糧食甚至破損的舊農具來交換，有時候還可以賒帳。百姓不用丟下農事，又能購買到自己想要的農具。另外，還可以節約徭役，朝廷讓那些得到寬宏處理的人修補道路、鋪設橋樑，那些本來該被徵用服勞役的百姓也覺得方便。如今，把山海資源都收歸國家所有，統一價格，鐵器大多是次品，質量好壞沒有辦法選擇。坐店銷售的主管官吏又經常不在，購買鐵器都不方便。百姓又不能過多儲備鐵器，儲備多了鐵器就會生銹。百姓不得不放棄農忙的大好時機，跑到很遠的地方購買農具，結果耽誤了農時。鹽、鐵的價格昂貴，百姓深感不方便。家庭貧困的百姓有的用木製農具耕地，用手拔草，用土塊砸土塊，吃沒放鹽的食物。鐵官手裏的農具賣不出去的話，就將這些任務攤派強賣給農民。役卒、刑徒製作的鐵器不能完成目標任務的時候，官吏就命令已經服完徭役的百姓去幫助他們。無限制地徵用百姓去服徭役。百姓的徭役負擔因此更加沉重，所以大家對此都深感痛苦。古時候有一千戶人家的城市，能出百輛兵車的諸侯大夫封地，製陶工人、冶煉鐵器者、工匠、商人這些人都有，士、農、工、商四個行業的各自需求都可以相互滿足。因此，百姓不離開田坎，農具就夠用，木匠不用親自砍伐樹木就有足夠的木料，冶煉陶器的工匠不用親自耕田就足夠食用，百姓各自的便利都能夠得到滿足，而處於上位的人都覺得清閒無事。所以行王道的帝王致力於發展農業不關心工商業，除去炫耀的作風，廢除精細雕琢的事情，使百姓沉浸在禮義中，用質樸的作風為百姓作示範，因此百姓努力從事農業生產而不去經營工商業。」

賞析與點評

上文討論到工業，在漢代，如漁、林、鹽、冶、礦、牧等均屬於第一產業的行業，在漢代都是屬於「虞」的範圍。此類行業在漢初都開放予民間經營，直至漢武帝元狩五年，部分歸入國家專營，又設置鹽鐵官員主理。在新經濟政策推行前，從事「虞」這一行業的人數應有一定的數量，《史記．貨殖列傳》中的富商巨賈，大多也是做鹽、鐵生意，而他們聘用了大量的勞動人口，在社會上影響極大。此外，當文帝開放了山林之禁後，又有很多個體戶靠開發山林池澤維生，否則司馬遷不會把「虞」和「農」、「工」、「商」並列。可是這行業在西漢晚期因鹽鐵政策而幾乎滅絕了。

卷七

崇禮第三十七

本篇導讀——

本篇就接待少數民族的禮節問題展開辯論。大夫認為，樹立成排軍旗、陳列彪悍戰馬是為了顯示漢朝的威武，彰明皇帝盛大的道德，展示朝廷能夠安撫遠方廣大地區的民眾。賢良則指出遠方部落前來歸附就是為了學習漢朝的禮儀，應該給他們看明堂、辟雍，表演干戚舞，唱誦《雅》、《頌》歌曲來感化他們。賢良又指出那些奇珍異寶再多也不能挽救國家危亡，只有賢人才是國家的寶貝。賢人在的時候國家強盛，賢人離開了國家就衰弱了。

大夫曰：「飾几杖[1]，修樽俎[2]，為賓，非為主也。炫耀奇怪，所以陳四夷，非為民也。夫家人有客，尚有倡優奇變之樂，而況縣官乎？故列羽旄[3]，陳戎馬，

所以示威武；奇蟲珍怪，所以示懷廣遠、明盛德，遠國莫不至也。」

注釋　1几杖：矮桌和手杖。古時敬老的器物。2修：美化。3羽旄：古時常用鳥羽和旄牛尾為旗飾，故亦為旌旗的代稱。

譯文　大夫說：「裝飾矮桌和手杖，美化酒器和盛肉的器具是為了接待賓客的需要，不是為了主人自己。誇耀珍奇怪異之物是為了向四方少數民族展示，而不是為了給百姓看。一家人接待客人尚且有歌舞戲劇、魔術雜耍等類型的娛樂活動，更何況是朝廷呢？因此樹立了成排的軍旗、陳列彪悍的戰馬，這些都是為了顯示威武；珍禽異獸和稀罕物品，這些都是為了顯示朝廷能安撫遠方廣大地區的民眾，彰明盛大的道德，因而遠方部落沒有不來歸順的。」

賢良曰：「王者崇禮施德，上仁義而賤怪力[1]，故聖人絕而不言[2]。孔子曰：『言忠信，行篤敬，雖蠻、貊之邦，不可棄也。』今萬方絕國之君奉贄獻者[3]，懷天子之盛德，而欲觀中國之禮儀，故設明堂、辟雍以示之[4]，揚干戚、昭《雅》、《頌》以風之[5]。今乃以玩好不用之器，奇蟲不畜之獸，角抵諸戲[6]，炫耀之物陳夸之，殆與周公之待遠方殊。昔周公處謙以卑士，執禮以治天下，辭越裳之贄，見恭讓之禮也[7]。既，與入文王之廟，是見大孝之禮也。目睹威儀干戚之容，耳聽清歌《雅》、《頌》之聲，心充至德，欣然以歸，此四夷所以慕義內附，非重譯狄鞮來觀猛獸熊羆也[8]。夫犀象兕虎，南夷之所多也；騾驢馲駝[9]，北狄之常畜也。中國所鮮，外國賤之。南越以孔雀珥門戶[10]，崑山之旁，以玉璞抵烏鵲[11]。今貴人之所賤，珍人之所饒，非所以厚中國，明盛德也。隋、和，世之名寶也，而不能安危存亡[12]。故喻德示威，惟賢臣良相，不在犬馬珍怪。是以聖王以賢為寶，不以珠玉為寶。昔晏子修之樽俎之間[13]，而折衝乎千里；不能者，雖隋、和滿篋，無益於存亡。」

注釋

1上：崇尚。2怪力：鬼怪和武力。3絕國：形容極偏遠的國家。贄（粵：至；普：zhì）：禮物。4明堂：古時天子受諸侯朝拜的地方，亦用以舉行各種大典。辟雍：古代天子設立的大學。5干戚：本是武器名稱，後來為一種舞蹈名稱。6角抵：類似摔跤角鬥之類的雜耍項目。7見：呈現。8狄鞮：翻譯人員。9馲（粵：托；普：tuō）駝：駱駝。10珥：飾於兩邊。11抵：投擲。12安危存亡：使危險的安全，使將滅亡的生存下來。13晏子修之樽俎之間：晉國使范昭赴齊國探聽虛實，齊君設宴款待，范昭請求用齊君的盛酒器酌酒，晏子不同意，范昭回國告知晉國國軍認為齊國不可吞併。

譯文

賢良說：「君王推崇禮義實施仁德之政，崇尚仁義而鄙視鬼怪和武力，因此聖人不提怪力亂神的事情。孔子說：『說話忠誠可信，行為忠實謹慎，即便到蠻、貊少數民族偏遠地區，也不能放棄這些禮義。』如今，四面八方的少數民族國家的君主帶着禮物來進貢，被皇帝盛大的仁德所折服，想要學習中國的禮儀，因此，應該給他們看看我們的明堂、辟雍，表演干戚舞，唱誦《雅》、《頌》歌曲來感化他們。如今還用只能玩耍不能使用的器具、珍奇不易餵養的動物、摔跤雜耍和光彩炫目的物品來炫耀，這恐怕和周公款待遠方歸服的國君有別吧。以前周公謙虛地對待地位卑下的人，使用禮義治理天下大事，不收越裳國的饋贈，表現出恭讓的禮儀。行禮完畢後，將貢品供奉到文王的宗廟中，這是要他們看到大孝的禮節。看到干戚舞蹈中威儀的表情，聽到《雅》、《頌》這樣清雅的音樂，心中充滿了聖德，高高興興地回去了，這就是四方少數民族地區仰慕仁義願意歸附的原因，不是經過重重翻譯來看猛熊野獸的。那些犀牛、大象、老虎，南方多得是。騾子、驢子、駱駝是北方長見的牲畜。我們中國所罕見的，其他國家認為很平常，南越那個地方都用孔雀翠羽來裝飾門兩邊，崑山附近的人都用玉石投擲鳥類。如今，看重別人不稀罕的東西，把別人稀鬆平常的東西當成寶貝，這不是用來表現國內的富饒，彰顯朝廷的美德。隋侯之珠以及和氏璧都是世間的奇珍異寶，但對保護國家安全起不到作用。因此，想要彰顯仁德表現威儀，只在於賢臣和良相，不在於珍奇古怪的寶物和動物。因此，英明的帝王把賢良的人視為寶貝，而不以珍珠美玉為寶。過去，晏子在宴會上講完禮儀，就能使千里之外的晉軍退兵。沒有能耐的人，即便有整箱的隋侯珠和和氏璧，也不能讓國家生存興盛。」

大夫曰：「晏子相齊三君[1]，崔、慶無道[2]，劫其君，亂其國，靈公國圍；莊公弒死；景公之時，晉人來攻，取垂都，舉臨淄，邊邑削，城郭焚，宮室隳，寶器盡，何衝之所能折乎？由此觀之：賢良所言，賢人為寶，則損益無輕重也。」

注釋

1三君：指齊靈公、齊莊公、齊景公。2崔、慶：指崔杼、慶封。

譯文

御史大夫說：「晏子輔佐齊國三位君王，崔杼、慶封不講仁道，劫持君王，禍亂國家，齊靈公執政的時候，國都被晉軍包圍，齊莊公被殺。齊景公的時候，晉國又來攻打，邊境城市被掠奪，臨淄被攻克，邊疆遭到削減，城郭被焚燒，宮殿被破壞，珠寶器具被搶劫一空，晏子哪裏能夠讓晉軍退卻呢？由此可見，賢良說賢人是寶貝，其實對於國家來說是無關輕重的。」

賢良曰：「管仲去魯入齊，齊霸魯削，非持其眾而歸齊也。伍子胥挾弓干闔閭，破楚入郢，非負其兵而適吳也。故賢者所在國重，所去國輕。楚有子玉得臣，文公側席[1]；虞有宮之奇[2]，晉獻不寐。夫賢臣所在，辟除開塞者亦遠矣。故《春秋》曰：『山有虎豹，葵藿為之不採[3]。國有賢士，邊境為之不害』也。」

注釋

1 側席：斜着身子坐在蓆子上，指坐得不安穩。2 宮之奇：春秋時虞國大夫，晉獻公因考慮到他在虞國為官，不敢輕舉妄動。3 葵藿：葵花和藿香。

譯文

賢良說：「管仲離開魯國到齊國當宰相，齊國得以稱霸而魯國被削弱，並非是管仲帶領了很多人到齊國去。伍子胥只拿了一張弓來拜見吳王闔閭求取官職，最後能夠攻破楚國都城郢，並不是因為當時帶着重兵投奔吳國。因此，賢人在的時候國家強盛，賢人離開了國家就衰弱了。楚國有名將子玉，晉文公憂心忡忡。虞國有宮之奇大夫，晉獻公就不能安眠。國家有賢臣，就能長久開闢疆域、解除災害。因此《春秋》說：『山裏面有老虎和豹子這樣的猛獸，葵花和藿香都沒有人採摘。國家裏面有了賢臣，邊境都不會受到敵人騷擾。』」

備胡第三十八

本篇導讀——

本篇中大夫和賢良就是否要抗擊和以軍事防備匈奴問題開展了激烈的討論。大夫認為當時國內東、南、西三個邊境已經安定下來，只剩下北方的匈奴地區還沒有安定，如果不發兵征服他們，就會為國家遺留禍患。大夫又認為興兵備戰自古就有，在匈奴臣服漢朝之前，絕對不應該放棄軍事防備。賢良卻認為，匈奴地處偏遠貧瘠的北方，攻打他們勞民傷財；匈奴人不懂禮義、游牧而居，風雲般聚合，完全打敗他們十分困難，不如修仁德感化他們。

大夫曰：「鄙語曰：『賢者容不辱[1]。』以世俗言之，鄉曲有桀，人尚辟之[2]。今明天子在上，匈奴公為寇，侵擾邊境，是仁義犯而藜藿採。昔狄人侵太

王[3]，匡人畏孔子[4]，故不仁者，仁之賊也。是以縣官厲武以討不義，設機械以備不仁[5]。」

注釋　1容不辱：應當不受侮辱。2辟：懲辦。3太王：周太王。4畏：使驚嚇。5機械：武器。

譯文　大夫說：「俗語說：『賢良的人應當不受侮辱。』以世俗的話來看，鄉閭僻壤有夏桀這樣的人，人們都會制裁他。如今朝廷上皇帝聖明，匈奴公然成了寇賊，侵犯邊疆，騷擾邊境，冒犯我們國家而野菜都被他們採完了。以前，北方狄族人侵犯周太王領土，匡地的人使孔子受驚嚇，所以不仁義的人，都是仁義的敵人。因此，朝廷練兵用於討伐不義之民族，設置兵器用來防備不仁之人。」

賢良曰：「匈奴處沙漠之中，生不食之地[1]，天所賤而棄之，無壇宇之居[2]，男女之別，以廣野為閭里，以穹廬為家室[3]，衣皮蒙毛，食肉飲血，會市、行牧、豎居[4]，如中國之麋鹿耳。好事之臣，求其義，責之禮，使中國干戈至今未息，萬里設備[5]，此《兔罝》之所刺，故小人非公侯腹心干城也[6]。」

注釋

1不食之地：不長莊稼的地方。2壇宇：房屋庭院。3穹廬：帳篷，蒙古包。4會市：在集市上和漢人物品互換。行牧：不定居，到有水草的地方放牧。豎居：像僕人一樣居住。豎，僮僕。5設備：設置防備。6干城：盾牌和城，比喻國家的堅強捍衛者。

譯文

賢良說：「匈奴族在沙漠之中，生活在不長莊稼的地方，上天輕賤他們，拋棄了他們。他們沒有房屋庭院居住，沒有男女區別，把廣闊的原野作為村莊，把帳篷當成自己的房子，穿動物皮毛，吃動物肉喝動物血，遇到集市交易就和漢人交易，找水草肥美的地方放牧，像僕人一樣胡亂居住，就像國內的麋鹿一樣。有一些愛惹事的大臣要求他們按照禮義來生活，導致國內的征戰到如今都沒平息，萬里邊疆到處都在設置防備，這是《詩經．兔罝》諷刺的事情，所以我們這些儒生不是你們這些大臣的心腹和衛士。」

大夫曰：「天子者，天下之父母也。四方之衆，其義莫不願為臣妾。然猶修城郭，設關梁[1]，厲武士[2]，備衛於宮室，所以遠折難而備萬方者也。今匈奴未臣，欲釋備，如之何？」

注釋　1關梁：指關卡。2厲：操練，磨礪。

譯文　大夫說：「天子就是天下人的父母。四面八方的百姓在道義上說來沒有一個不願意做天子的臣子和僕人，但是仍然要修建外城牆和內城牆，要設置關卡，操練士兵，護衛宮廷，這是為了擊敗遠方的敵人，防備其他地方敵人的侵擾。如今，匈奴還沒有臣服我朝，想要放棄軍事防備，那怎麼行？」

賢良曰：「吳王所以見禽於越者[1]，以其越近而陵遠也。秦所以亡者，以外備胡、越而內亡其政也。夫用軍於外，政敗於內，備為所患，增主所憂。故人主得其道，則遐邇偕行而歸之[2]，文王是也；不得其道，則臣妾為寇，秦王是也。夫文衰則武勝，德盛則備寡。」

注釋　1見禽：被擒獲。2遐邇：遠近。

譯文　賢良說：「吳王闔閭之所以被越王夫差擒獲，是因為他越過近處的敵人去征戰遠方的國家。秦朝之所以滅亡，就是在外面防禦胡人、越人，國內喪失了德政。在外征戰用兵，內部政治腐敗，戰備造成了後患，增加了皇帝的憂慮。因此，皇上施行仁道，遠近地區的狄人都會一起來歸附，周文王就是這樣的。不施行仁道，自己的臣子和僕人都會為寇作亂，秦王嬴政就是這樣。仁義衰敗了武力就會興盛，仁德昌盛了就會減少戰爭。」

大夫曰：「往者，四夷俱強，並為寇虐：朝鮮踰徼[1]，劫燕之東地；東越越東海，略浙江之南；南越內侵，滑服令[2]；氐、僰、冉、駹、嶲唐、昆明之屬[3]，擾隴西、巴、蜀。今三垂已平[4]，惟北邊未定。夫一舉則匈奴震懼，中外釋備，而何寡也？」

注釋

1 踰徼：越過邊境。2 滑：擾亂。服令：指今湖南、江西與廣東、廣西等省區邊境的五嶺。令通「嶺」。3 氐、僰、冉、駹、嶲唐、昆明：都是西漢時期西南地區的少數民族。4 垂：邊境。

譯文

大夫說：「過去，四方的少數民族都很強大，一起為寇肆虐，危害邊境：朝鮮越過邊境，掠奪燕地東部；東越翻過東海，侵略浙江以南地區。南越入侵中原，打到長沙以南。氐、僰、冉、駹、嶲唐、昆明等少數民族侵擾甘肅和四川一帶。如今這三邊的少數民族叛亂已經平息，惟獨北方邊疆尚未平定。我們一出動就會讓匈奴感到恐懼，國內和邊境就可以卸除防備，哪裏還存在戰備減不減少的問題呢？」

賢良曰：「古者，君子立仁脩義以綏其民[1]，故邇者習善，遠者順之。是以孔子仕於魯，前仕三月及齊平[2]，後仕三月及鄭平，務以德安近而綏遠。當此之時，魯無敵國之難，鄰境之患。強臣變節而忠順，故季桓隳其都城。大國畏義而合好，齊人來歸鄆、讙、龜陰之田[3]。故為政而以德，非獨辟害折衝也，所欲不求而自得。今百姓所以囂囂[4]，中外不寧者，咎在匈奴。內無室宇之守，外無田疇之積，隨美草甘水而驅牧，匈奴不變業[5]，而中國以騷動矣。風合而雲解，就之則亡[6]，擊之則散，未可一世而舉也。」

注釋

1綏：安撫。2平：講和，修好。3鄆、讙、龜陰：地名。4囂囂：怨恨、仇恨聲沸騰之意。5匈奴不變業：指匈奴不改變自己遊牧的生產習慣。6亡：逃跑。

譯文

賢良說：「古時候，聖明的君主修養仁義、推行仁政用來安撫百姓，所以近處的百姓品性變得更好，遠處的人前來歸順。因此，孔子在魯國做官的時候，前三個月就使魯國和齊國簽署了和平條約，後三個月就讓魯國和鄭國和好，致力於用仁德安定近處百姓安撫遠處的國家。在那個時候，魯國沒有敵對國家的威脅，沒有臨近國家侵擾的禍患。強橫的大臣也變得順服起來，所以季桓子拆毀了他的都城。強大的周邊國家折服於仁德也來和魯國交好。齊國還把佔領魯國的鄆、讙、龜陰等地換給了魯國。所以說，政治上施行仁德，不僅僅能夠打敗敵人，那些想要卻得不到的也自然而然來了。如今，百姓怨恨聲鼎沸、國內外不安定，過錯在於匈奴。匈奴家裏沒有可以守護的房屋，家外沒有可以耕種的田地，哪裏草肥水美就在哪裏放牧，匈奴不改變自己的產業經營方式，內地永遠不能夠安寧。他們像風雲一樣聚合，一靠近他們，他們就跑了，一攻打他們，他們就散去了，不可以短時間降服他們。」

大夫曰：「古者，明王討暴衛弱，定傾扶危。衛弱扶危，則小國之君悅；討暴定傾，則無罪之人附。今不征伐，則暴害不息；不備，則是以黎民委敵也[1]。《春秋》貶諸侯之後[2]，刺不卒戍。行役戍備，自古有之，非獨今也。」

注釋　1委：交給。2諸侯之後：諸侯聯合作戰時，不按照規定時間將軍隊帶領到指定地點。

譯文　大夫說：「古時候，聖明的皇帝討伐強暴的國家，保衛弱小的國家，安定傾斜的國家，挽救危險的國家。保衛弱小的國家、挽救了危險的國家，那麼弱小國家的國君就會喜悅；討伐強暴安定傾斜的國家，那麼沒有罪過的百姓就會依附。如今不征戰殺伐，那麼強暴國家產生的禍害就不會停息；不備戰，就是把老百姓交到敵國手中。《春秋》就指責聯合作戰時候，不按時把軍隊帶領到指定地點的諸侯，譴責不用軍隊戍守邊疆的國家。行兵備戰自古就有，不只是今天才有的。」

賢良曰：「匈奴之地廣大，而戎馬之足輕利[1]，其勢易騷動也。利則虎曳，病則鳥折，辟鋒銳而取罷極[2]。少發則不足以更適[3]，多發則民不堪其役。役煩則力罷，用多則財乏。二者不息[4]，則民遺怨。此秦之所以失民心、隕社稷也。古者，天子封畿千里[5]，繇役五百里[6]，勝聲相聞，疾病相恤。無過時之師，無逾時之役。內節於民心[7]，而事適其力。是以行者勸務，而止者安業。今山東之戎馬甲士戍邊郡者，絕殊遼遠[8]，身在胡、越，心懷老母。老母垂泣，室婦悲恨，推其飢渴，念其寒苦。《詩》云：『昔我往矣，楊柳依依。今我來思，雨雪霏霏。行道遲遲，載渴載饑。我心傷悲，莫之我哀[9]。』故聖人憐其如此，閔其久去父母妻子，暴露中野，居寒苦之地，故春使使者勞賜，舉失職者[10]，所以哀遠民而慰撫老母也。德惠甚厚，而吏未稱奉職承詔以存恤，或侵侮士卒，與之為市[11]，並力兼作，使之不以理。故士卒失職，而老母妻子感恨也。宋伯姬愁思而宋國火，魯妾不得意而魯寢災[12]。今天下不得其意者，非獨西宮之女。宋之老母也。《春秋》動眾則書，重民也。宋人圍長葛，譏久役也。君子之用心必若是。」

大夫默然不對。

注釋

1輕利：輕捷利落。2罷極：疲憊到了極點。3更適：指被徵發到邊境服兵役，服完一年就被換回家來。4二者：指上文「役煩」和「用多」。5封畿：天子直接管轄的地區。6繇役五百里：古時天子將都城建於封地最中心位置，徵發百姓服徭役，最遠的距離就是五百里。7內節於民心：依據民心的願望節制自身的慾望。8絕殊：非常。9「昔我往矣」八句：語出《詩經．小雅．采薇》。10舉失職者：察看那些沒有得到安置的人。11為市：做買賣。12魯妾：魯僖公之妾楚女，她本應為夫人，被降為妾，居於西宮，心懷怨恨。僖公二十年，西宮發生火災。

譯文

賢良說：「匈奴族邊疆廣闊，而戰馬便捷，騎兵容易行動，勝利時像老虎一樣兇猛，失敗時如同鳥一樣飛快逃走，避開我軍精鋭部隊而趁我們疲憊不堪的時候襲擊。我們發兵少了不能夠更換作戰，發兵過多那麼百姓就不能忍受兵役。兵役繁多就力氣衰竭，軍費過高就會引起財政匱乏。不停止這兩樣，百姓就會產生怨恨。這就是秦王朝喪失民心、丟掉社稷的原因。古時候，天子封地不超過數千里，百姓服徭役離開家鄉不超過五百里，勝利的消息能很快傳到家裏，生病了也有家人及時照顧。沒有超期服役的軍隊，沒有超期的徭役。辦事情有節制適應民心，辦事情能夠使用適當的力量。因此被徵用的能夠彼此勉勵完成任務，在家裏的人就安心從事本業。如今華山以東的戰馬士兵戍守邊防的人，距離內地不是一般的遙遠，人在胡、越一代，心裏想念老母親。老母親在家裏掉眼淚，妻子在家裏悲傷痛恨，想着外面征戰的親人是否在忍受飢渴、是否遭遇寒冷。《詩經》上說：『我以前出去服役的時候，行行楊柳青綠色。如今我回到家鄉，大雪紛飛不止。走在路上路途艱難，又冷又餓又渴。我心中非常悲傷，沒有人憐惜我。』因此，聖人可憐他這個樣子，悲憫他離開父母妻子太久了，在野地裏露營，長期居住在寒冷貧瘠的地方，所以春天的時候派遣使者賞賜他們，救助流離失所的兒女們，這是關懷邊疆的戰士安慰撫恤他們的親人。君恩深厚，然而官吏卻沒有按照皇帝旨意去撫恤，有的甚至欺侮士兵，叫他們做買賣而從中謀利，讓他們一個人幹幾個人的活兒，不講道理隨便使喚他們。因此，士兵得不到合理的安置，他們的老母妻子兒女也就深感不滿。宋國的伯姬憂愁思念多了，宋國就發生了火災，魯僖公的妾侍失意怨恨，她居住的西宮就燃起了大火。如今天下不得意的人，不只是西宮的楚女，年老的伯姬。《春秋》凡興師動眾的事情就都予以記載，這是重視百姓。將宋人圍長葛這樣的事情記載到書裏面，就是諷刺過久地驅使百姓服役。君子用心一定要想《春秋》這樣。

大夫沉默，不予回答。

執務第三十九

本篇導讀——

本篇主要討論哪些事情是國家急需去做的。田千秋認為先王之道散失已久很難恢復，於是詢問文學、賢良，看看他們認為哪些事情對國家來説是急需去做的，並且是可行的。賢良表示先王之道距離社會並不遙遠，只要肯恢復古道，「思賢慕能，從善不休」，那就可以實現周成王、周康王時的風俗，唐堯、虞舜的德行也可以達到。賢良言論主旨和前面篇章一樣，仍舊提倡遵循古道，丞相和大夫一方則認為是空談。

丞相曰：「先王之道，軼久而難復[1]；賢良、文學之言，深遠而難行。夫稱上聖之高行[2]，道至德之美言，非當世之所能及也。願聞方今之急務，可復行於政：

使百姓咸足於衣食，無乏困之憂；風雨時，五穀熟，螟螣不生[3]；天下安樂，盜賊不起；流人還歸，各反其田里；吏皆廉正，敬以奉職，元元各得其理也[4]。」

注釋

1 軼：通「佚」，散失。2 上聖：上等聖賢。3 螟螣（粵：明特；普：míng tè）：害蟲。4 元元：平民，老百姓。

譯文

丞相說：「先王的治國之道，已經散失很久，很難再恢復，賢良、文學所說的話過於高深很難施行。稱讚前代聖人的高尚品性，談論至高之德的美好道理，並不是當代可以做到的。我們更想聽聽如今有哪些事情急需去做又能在政治上實行的，能讓百姓都豐衣足食，沒有匱乏貧困的憂慮；能風調雨順、五穀豐登、各種蟲害不發生；能讓天下百姓平安快樂，強盜小偷不出現；能使四處流浪的人回到家中，各自到自己故鄉種田；能使官吏全都廉潔公正，恭敬地奉行職責，能使百姓都安居樂業。」

賢良曰：「孟子曰：『堯、舜之道，非遠人也，而人不思之耳。』《詩》云：『求之不得，寤寐思服[1]。』有求如《關雎》[2]，好德如《河廣》[3]，何不濟不得之有[3]。故高山仰止，景行行止[4]，雖不能及，離道不遠也。顏淵曰：『舜獨何人也，回何人也[5]？』夫思賢慕能，從善不休，則成、康之俗可致，而唐、虞之道可及。公卿未思也，先王之道，何遠之有？齊桓公以諸侯思王政，憂周室，匡諸夏之難，平夷、狄之亂，存亡接絕[6]，信義大行，著於天下。邵陵之會[7]，予之為主。《傳》曰：『予積也。』故土積而成山阜，水積而成江海，行積而成君子。孔子曰：『吾於《河廣》，知德之至也。』而欲得之，各反其本，復諸古而已。古者，行役不逾時，春行秋反，秋行春來，寒暑未變，衣服不易，固已還矣。夫婦不失時[8]，人安和如適。獄訟平，刑罰得[9]，則陰陽調，風雨時。上不苛擾，下不煩勞，各脩其業，安其性，則螟螣不生，而水旱不起。賦斂省而農不失時，則百姓足，而流人歸其田里。上清靜而不欲，則下廉而不貪。若今則繇役極遠，盡寒苦之地，危難之處，涉胡、越之域，今茲往而來歲旋[10]，父母延頸而西望[11]，男女怨曠而相思[12]，身在東楚，志在西河。故一人行而鄉曲恨[13]，一人死而萬人悲。《詩》云：『王事靡鹽，不能藝稷黍，父母何怙[14]？』『念彼恭人，涕零如雨。豈不懷歸？畏此罪罟[15]。』吏不奉法以存撫[16]，倍公任私[17]，各以其權充其嗜欲。人愁苦而怨思，上不恤理，則惡政行而邪氣作。邪氣作，則蟲螟生而水旱起。若此，雖禱祀雩祝[18]，用事百神無時[19]，豈能調陰陽而息盜賊矣？」

注釋

1「求之不得」兩句：語出《詩經・周南・關雎》。2《河廣》：《詩經・衛風》中的一篇。3濟：渡過。4「高山仰止」兩句：語出《詩經・小雅・車舝》。高山，形容聖賢的品德高尚如同高山一樣。景行：指古人聖明的行為舉止。5回：顏回，即顏淵。6存亡接絕：讓將要滅亡的國家存活下來，使已經滅亡的國家重建起來。7邵陵之會：魯僖公四年，齊桓公率領諸侯國聯軍討伐楚國，結果與楚罷兵修好，然後各國諸侯在邵陵盟會上，推舉齊為霸主。8不失時：不長期分別。9得：得當、恰當。10今茲：今年。旋：返回。11延頸：伸長脖子。此處指翹首盼望。12怨曠：古時稱長期分別或年齡大而未婚嫁為男曠女怨。13鄉曲：鄉村的俚曲。14「王事靡盬」三句：語出《詩經・唐風・鴇羽》。王事：君王要百姓服的徭役。靡：沒有。盬：閒暇。藝：種植。15「念彼恭人」四句：語出《詩經・小雅・小明》。恭人：恭敬謹慎之人，此處代指在外服徭役未歸的人。罪罟：法網。16存撫：關懷撫恤。17倍：通「背」。18雩（粵：娛；普：yú）：古代求雨的祭祀。19無時：隨時。

譯文

賢良說：「孟子說：『堯、舜的大道並不是與人隔得很遠，只是人們不想追求罷了。』《詩經》上說：『追求她卻得不到，醒來睡着都在思念。』像《關雎》篇男主人公追求淑女那樣追求大道，像《河廣》篇描寫的那樣真誠地愛好美德，哪裏會渡不了河、得不到呢？所以仰慕古人如山一般崇高的美德，效法他們的舉止，即便不能達到他們那樣的高度，但是也距離他們很近了。顏淵說：『舜偏偏是什麼樣的人呢？我又是什麼樣的人呢？』思念賢才，仰慕能人，不停追求善，那麼就可以達到周成王、周康王時代的美好風俗，而唐堯、虞舜的德行也可以達到。你們這些公卿沒有想過罷了，先王的治國之道，哪裏遠呢？齊桓公以諸侯的身份考慮天子的政事，擔憂周王朝，救助華夏各國的災難，平定少數民族叛亂，使行將滅亡的國家存活下來，使已經滅亡的國家重建起來，廣泛施行信用仁義，美名天下傳誦。各國諸侯在邵陵盟會上，推舉他為霸主。《春秋》上說：『他成為霸主是功績積累的結果。』所以土堆不斷地堆積成了山川，水不斷地積累成了江河湖海，德行積累久了就成了君子。孔子說：『我看了《河廣》，明白了美德的最高境界。』要想達到這種境界就應該回到根本上，恢復古代的那一套就可以了。古時候，不超期服役，春天出發，秋天就回家，秋天去服役春天就回來，季節沒有發生寒暑的變化，身上穿的衣服也不用換，人就已經回家了。夫妻不長期離別，人們平安和睦舒適。斷案公平、刑罰得當，那麼就會陰陽調和、風調雨順。處於官位的人對百姓不苛刻不侵擾，百姓們不苦悶不勞累，各自努力從事本職行業，安分守己，那麼蟲災就不會產生，洪水和乾旱也不會出現。賦稅輕，百姓能夠按時耕種收割，百姓就會富足，四處流浪的人就會回到自己的故鄉種田。處於官位的人清廉沒有貪慾，那麼下面的人就會廉潔不貪婪。如今卻要人們到非常遙遠的地方服徭役，到極其寒冷貧瘠之地、危險多難之處，跋涉到匈奴、百越的地域，今年出發明年才能回來，父母伸長了脖子向西張望，男曠女怨相互思念，父母妻子身在東楚，心裏卻掛念着遠在西河一代服役的親人，所以一人離家服役鄉曲裏面都會包含怨恨，一個人死了就會有上萬人悲痛。《詩經》上說：『為天子服徭役不能得到休息，不能種莊稼，父母靠什麼來吃飯呢？想到恭敬寬厚的朋友，我的眼淚就像雨水一樣流下來。怎麼會不想回來呢？我是害怕這殘酷的法網啊。』官吏不按照旨意安撫他們，損害公家利益放縱私慾，百姓憂愁痛苦而怨恨憂慮，當官的不體恤救治，那麼惡政就會流行、邪惡的風氣就會產生。邪惡的風氣產生，那麼蟲災和洪水、乾旱就出現了。像這樣，即使經常祈福祭祀，長期求百神降福保佑，又怎麼能調和陰陽、讓盜賊消失呢？」

能言第四十

本篇導讀——

能言，即能說會道之意，此處引用大夫對賢良的評論，認為賢良嘴巴上能言會道，但卻是空談不能實行的人。賢良則反唇相譏某些官員默默無言空居高位而不幹活。賢良認為能夠談論治國之道卻不能實行的人，是國家的寶貝。如公卿能克制私慾、接受文學率直的建議、拋棄權術詭詐、還財利於百姓、實踐周公之道，那麼就能令天下大治。

大夫曰：「盲者口能言白黑，而無目以別之；儒者口能言治亂，而無能以行之。夫坐言不行，則牧童兼烏獲之力[1]，蓬頭苞堯、舜之德[2]。故使言而近，則儒者何患於治亂，而盲人何患於白黑哉？言之不出，恥躬之不逮[3]。故卑而言高，能言而不能行者，君子恥之矣。」

注釋　1烏獲：戰國時的大力士。2蓬頭：頭髮蓬亂的人，指貧賤之人。3「言之不出」兩句：語出《論語．里仁》。

譯文　大夫說：「盲人可以用語言描述黑和白，卻沒有眼睛去分別；儒生嘴巴上說能夠治理混亂，實際上卻沒有能力去執行。光坐在那裏說而不去行動，就是放牧的兒童都可以說自己有兩個烏獲那麼大的力氣，貧賤之人都可以稱自己有堯、舜那樣的仁德。所以僅憑嘴上功夫就可以成功的話，那就不存在儒生不能把國家治理好的問題，也不存在盲人分辨不出黑和白的問題吧？《論語》上說：『不輕易說話，怕的就是說了之後實際上辦不到。』所以地位卑下卻談論治國的大道理，空談卻不能實行的人，君子認為他是可恥的。」

賢良曰：「能言而不能行者，國之寶也。能行而不能言者，國之用也。兼此二者，君子也。無一者，牧童、蓬頭也。言滿天下，德覆四海，周公是也。口言之，躬行之，豈若默然載施其行而已[1]？則執事亦何患何恥之有？今道不舉而務小利，慕於不急以亂群意，君子雖貧，勿為可也。藥酒，病之利也；正言，治之藥也。公卿誠能自強自忍，食文學之至言[2]，去權詭，罷利官，一歸之於民[3]，親以周公之道，則天下治而頌聲作。儒者安得治亂而患之乎？」

注釋

1載施其行：依據《詩經．小雅．大東》中的「載施之行」。原指天上的異星形狀雖如捕兔的小網，但是排列那樣的形狀不能夠發揮實際的作用。「載施其行」指代官員居於官位卻無所作為。2食：聽取。3一：全部。

譯文

賢良說：「能夠談論治國之道卻不能實行的人，是國家的寶貝。能夠實行治國之道卻不能談論治國道理的，是國家的工具。兩者都具備的人，是真正的君子。兩者都不具備的人，就是牧童、賤民之流。言論傳遍天下，恩澤覆蓋四海，周公就是這樣的人。周公口中談論、親身實行，哪會像有的人默默無言空居高位而不幹活呢？那麼你們這些當官的有什麼要憂慮的呢？如今不實行先王之道卻追求小利，喜愛一些不急需的事情，以之擾亂民心，君子雖然貧寒，也不會做這樣的事情。藥酒是治病的好東西，正直的言論是治國的良策。你們這些公卿如果真的能夠自我克制私慾，接受我們提出的率直建議，拋棄權術詭詐，廢除主管財利的官員，把財利全部都交還給百姓，親身實踐周公之道，那麼就會天下大治，頌揚之聲就會出現。這樣，哪裏還會有混亂的問題出現呢？我們這些儒生還有什麼擔憂呢？」

取下第四十一

本篇導讀——

本篇主要圍繞上篇提到的「歸之於民」問題進行討論。大夫認為如果聽取賢良、文學的意見，那麼財利就會落在民間那些「困橈公利」、「擅山澤」的不軌之民手中，並不能為善良百姓帶來什麼好處。賢良則認為，公卿應該以心比心，設身處地為百姓思考，體恤百姓的困苦。

本篇是書中重要的一篇，本篇中，大夫和文學、賢良雙方的辯論第一段落暫時結束。此次辯論後，皇帝下令罷免各郡縣各諸侯國的酒類專賣、廢除關內地區的鐵官。

大夫曰：「不軌之民，困橈公利[1]，而欲擅山澤。從文學、賢良之意，則利歸於下，而縣官無可為者。上之所行則非之，上之所言則譏之，專欲損上徇下[2]，

虧主而適臣[3]，尚安得上下之義，君臣之禮？而何頌聲能作也？」

注釋　1困橈：破壞擾亂。2徇：循，順從，依從之意。3適：滿足。

譯文　大夫說：「不遵紀守法的人，破壞困擾國家的謀利事業，想要獨自佔有山海的財利。如果聽從文學、賢良你們的意見，那麼財利就會落到民間那些私人手裏，政府也就沒有什麼可做了。朝廷實行什麼你們就加以反對，朝廷說什麼你們就諷刺，專門想要損害國家的禮儀，屈從民間私人的願望，損害君主的利益來滿足臣下的私心，你們把國家大義、君臣之禮放在哪裏了呢？又哪裏會出現什麼頌揚之聲？」

賢良曰：「古者，上取有量，自養有度，樂歲不盜[1]，年饑則肆[2]，用民之力，不過歲三日。籍斂，不過十一。君篤愛，臣盡力，上下交讓，天下平。『浚發爾私[3]』，上讓下也。『遂及我私』，先公職也。《孟子》曰：『未有仁而遺其親，義而後其君也。』君君臣臣，何為其無禮義乎？及周之末途，德惠塞而嗜欲眾，君奢侈而上求多，民困於下，怠於上公，是以有履畝之稅[4]，《碩鼠》之詩作也[5]。衛靈公當隆冬興眾穿池[6]，海春諫曰[7]：『天寒，百姓凍餒[8]，願公之罷役也。』公曰：『天寒哉？我何不寒哉？』人之言曰：『安者不能恤危，飽者不能食饑[9]。』故餘粱肉者難為言隱約[10]，處佚樂者難為言勤苦。夫高堂邃宇、廣廈洞房者，不知專屋狹廬、上漏下濕者之瘩也[11]。繫馬百駟、貨財充內、儲陳納新者，不知有旦無暮、稱貸者之急也。廣第唐園、良田連比者[12]，不知無運踵之業、竄頭宅者之役也[13]。原馬被山[14]，牛羊滿谷者，不知無孤豚瘠犢者之窶也[15]。高枕談臥、無叫號者[16]，不知憂私責與吏正戚者之愁也。被紈躡韋、搏粱齧肥者[17]，不知短褐之寒[18]、糠糟之苦也。從容房闈之間、垂拱持案食者，不知蹠耒躬耕者之勤也。乘堅驅良、列騎成行者，不知負擔步行者之勞也。匡牀旃席、侍御滿側者，不知負輅輓舩、登高絕流者之難也[19]。衣輕暖、被美裘、處温室、載安車者，不知乘邊城、飄胡、代、鄉清風者之危寒也[20]。妻子好合、子孫保之者[21]，不知老母之憔悴、匹婦之悲恨也。耳聽五音、目視弄優者，不知蒙流矢、距敵方外者之死也[22]。東向伏几、振筆如調文者[23]，不知木索之急、箠楚之痛者也[24]。坐旃茵之上，安圖籍之言若易然，亦不知步涉者之難也。昔商鞅之任秦也[25]，刑人若刈菅茅[26]，用師若彈丸。從軍者暴骨長城，戍漕者輦車相望[27]，生而往，死而旋，彼獨非人子耶？故君子仁以恕，義以度，所好惡與天下共之，所不施不仁者。公劉好貨[28]，居者有積[29]，行者有囊。太王好色[30]，內無怨女，外無曠夫。文王作刑，國無怨獄。武王行師，士樂為之死，民樂為之用。若斯，則民何苦而怨，何求而譏？」

注釋

1不盜：指不超額收取百姓賦稅。2肆：放棄收取賦稅。3浚發爾私：語出《詩經．周頌．噫嘻》，舊說是君主勉勵百姓的話。浚：通「駿」，大。發：翻耕。私：百姓的私田。4履畝之稅：按照土地面積收稅。5碩鼠：《詩經．魏風》中的一篇，內容是諷刺那些賦稅太重，給百姓帶來傷害的官吏。6穿池：開鑿水池。7海春：衛國大夫。8餒：飢餓。9食饑：拿食物給飢餓的人吃。10隱約：貧窮困頓。11憯（粵：慘；普：cǎn）：痛苦。12廣第：高大的府第。13運踵之業：足夠轉動腳後跟的一塊田地。竄頭宅：僅僅能夠遮住頭頂的房子。14原馬：泛指好馬。原，通「騵」。15瘠犢：瘦弱的小牛。窶（粵：巨；普：jù）：貧窮、貧寒。16叫號：指催租的聲音。17齧（粵：熱；普：niè）肥：咬肥肉吃。齧，咬。18短褐：短麻布衫。19輓舩（粵：船；普：chuán）：拉船。20乘：登城守衛。21好合：歡聚。子孫保之：子孫保全性命。22距：通「拒」，抵禦。23調文：書寫公文。24箠（粵：徐；普：chuí）楚：古代審案時鞭打人的刑具。25任：被信任。26刈：割。菅：菅草。27漕：漕運。28公劉：古代周部落首領，周文王祖先。《詩經・大雅・公劉》是後人祭祀時稱頌他功績的詩歌。他「復修后稷之業，務耕種，行地宜」。29居者：暫居原地的人。30太王：指古公亶父。

譯文

賢良說：「古時候，朝廷向百姓徵收的賦稅有一定的量，自己的生活消費也有限度，豐年的時候也不超額徵收百姓賦稅，饑荒年份就免徵賦稅，徵用百姓服徭役，不超過三天，收取地租不超過百姓收益的十分之一。君王厚愛百姓、臣下盡心盡力，上下互相謙讓，天下太平。『大力耕種你們的私田』，這是君主對百姓的謙讓。『上天把雨水降到公田裏，順便下到我們的私田裏』，這是百姓以公事為先。《孟子》說：『沒有具備仁德卻把父母丟棄不管的人，不會有深明大義卻把君主禮義放在後面的人。』君像君的樣子，臣有臣的樣子，怎麼能說沒有實現君臣上下的禮義呢？到了周朝後期，君王的恩德恩惠不再流向臣民，而慾望氾濫，君王生活奢靡，要求很多，百姓貧困對政府的事情也就懈怠了，於是出現了按照田地面積徵收賦稅的政策，《碩鼠》這樣的詩也就出現了。衛靈公曾經在寒冬和百姓一起開闢水池，大夫海春進諫說：『天氣太冷了，百姓們又冷又餓，希望你能夠取消這項計劃。』衛靈公說：『天冷麼？我為什麼感覺不冷呢？』人們流行一種說法：『平安中的人不能體恤危難中的人，吃飽飯的人不會拿食物給飢餓的人吃。』所以好飯好菜吃不完的人難以跟他們談論貧窮困頓，生活安逸快樂的人也很難跟他講辛勤勞苦。宅院深邃、房屋高達的人，不知道住在狹小房屋裏面、上面漏水下面潮濕的人的痛苦。馬廄裏面有四百匹寶馬、室內放滿了貨幣財務、糧倉裏面舊糧沒吃完就有新糧補充的人，不知道那些吃了上頓沒下頓、就靠接待度日之人的焦急和困難。有成片的住宅、大片菜園、良田一望無際的人不知道沒有那些沒有巴掌塊大的天地、連頭頂的矮棚都沒有的人的勞苦。有漫山遍野的馬匹和滿谷牛羊的人，不知道連一頭小豬、瘦狗和小牛都沒有人的貧寒。墊高枕頭、躺着談笑和沒有催租討債叫喊聲騷擾的人，不知道為私債擔心、怕鄉官催租的人的焦急。穿着絲綢衣服，踩着皮質皮鞋，吃好飯、嚼着魚肉的人，不知道貧窮人穿粗布短衣的寒冷、吃酒糟糠渣是如何的清苦。悠閒自在地待在家中不勞動，連吃飯都要人端送的人，不知道腳踩着農具翻土、親自耕田種地的人的辛勤。坐着牢固的車子、騎着寶馬、騎馬的隨從一大堆的人，不知道背着重擔徒步的人的勞累。睡着舒適的床、鋪着毛氈做的蓆子、旁邊圍滿了侍者的人不知道那些拉着車子爬高山、在河邊當縴夫的人的艱難。衣着輕便暖和、披着美麗的皮衣、深處溫暖房間裏、出入有温暖的小車乘坐的人不知道在城邊上的守衛、漂泊於北方荒涼之地、面對刺骨寒風的戰士的危險和寒冷。妻子和兒女融洽地聚在一起、子子孫都守在身邊的人，不知道那些年邁父母思念兒子的憔悴、妻子的悲愁怨恨。欣賞着美妙的音樂、觀看着美好舞蹈的人，不知道那些遭遇飛箭、在極寒之地抵禦外敵所面臨的死亡威脅。面朝東伏在案子上揮筆寫公文的人不知道那些手銬腳鐐繩索的威嚴、受棍棒拷打的痛楚。坐在車內的氈子和用茵草編織的薦子上巡視各地，按照書上説的去處理事情似乎很容易，這樣的官吏不是不知道小吏跋山涉水的辛苦。從前，商鞅被秦國重用的時候，像割茅草那樣去殺人，發動軍隊像打彈丸一樣隨意。參加戰爭的人的屍骨暴露在長城上、運輸軍糧的人拉的車子沿途不斷。活着去大戰，回來的時候就是屍體，他們難道就不是爹媽生的麼？因此，君子以仁愛之心寬恕待人，依據禮義揣度百姓的心思，喜好和厭惡的東西應該和天下百姓的一樣，不做不仁義的事情。公劉喜歡財務，就讓定居的人糧倉有積蓄的糧食，動身遷徙的人包裹裏有糧食。古公亶父喜歡美色，當時百姓家中沒有適齡卻不能出嫁的女子，社會上沒有適齡不得娶妻的男人。周文王制定刑法，國內沒有判決不當而生怨的案子。周武王興兵作戰，士人都樂意參戰，為他犧牲。如果能夠做到他們這樣，還有什麼事情能讓百姓痛苦而引起他們的怨恨，他們還有什麼要求沒有得到滿足而諷刺呢？」

公卿愀然[1]，寂若無人。於是遂罷議止詞。

奏曰：「賢良、文學不明縣官事，猥以鹽鐵為不便[2]。請且罷郡國榷沽、關內鐵官。」

奏，曰：「可。」

注釋 1愀然：容色改變貌。2猥：輕率。3榷沽：酒類專賣。

譯文 公卿神色不愉快，大廳裏一片寂靜，於是就結束了討論，停止發言。

公卿給皇帝上了奏摺：「賢良、文學他們不懂天子治理國家大事，輕率地認為鹽鐵官營不適宜。請求姑且罷免各郡縣各諸侯國的酒類專賣、廢除關內地區的鐵官。」

奏摺遞上去，皇帝批閱後，說：「可以。」

賞析與點評

桑弘羊等人從國家財政的角度出發，力主干預行為有助增加收入，以支持軍事擴張，大興土木，以壯國勢，主張「大政府，小市場」。他以國家利益為最大考慮，堅持應先國家而後個人。其實，這類人在現代社會仍大有人在，他們以國家強大為榮，以盲目追求 GDP 為傲，更認為必要時可犧牲人民幸福以成全國家的繁榮，無視民為天下之本之理，背離人民，也忽視個體的重要性。司馬遷在《史記·平準書》中借用了積極反對干預行為的官員代表卜式之言，以「亨（烹）弘羊，天乃雨。」為全文總結，可見在自由主義者眼中，不管干預政策為國家帶來多少財政收益也好，都是不義之舉，此導致天怒人怨，竟至於要殺之而後快。儘管司馬遷對桑弘羊等人口誅筆伐，但從《鹽鐵論》可見，大夫代表不時引用司馬遷的文字來支持發展經濟的合理性，可見《鹽鐵論》也是了解司馬遷經濟思想的重要紀錄。其實，在司馬遷等自由主義者心目中，國家官員直接經營經濟活動，就是與民爭利，直接打壞了老百姓的飯碗，影響人民的生活，那就是極不合理，故必須加以痛斥。雖然賢良文學不像司馬遷般鼓勵奢侈消費，也不是肯定追求利益的黃老信徒，而是主張「躬親節儉，率以敦樸」（《鹽鐵論·救匱》）、否定奢靡生活的傳統儒生，但他們又深受漢初以來黃老思想的影響，認為國家官員一旦從事經濟活動，雖可增加政府收入，以有利國家的擴張，但此最終難免出現官員舞弊或以權謀私的情況，最終令到政策變質，官員的操控使物價飛漲，把人民推向深淵。[1]即使像平準、均輸等良好動機的政策，在執行之時，官員往往會濫用權力以權謀私，終使良方變為惡法。鹽鐵專賣的主事官員往往動用公權力，強迫人民以超出合理價格買賣，使得民不聊生。

1《鹽鐵論校注·本議第一》（中華標點本），頁5：「文學曰：行奸賣平，農民重苦，女工再稅，未見輸之均也。縣官猥發，闔門擅市，則萬物并收。萬物并收，則物騰躍。」

卷十

雜論第六十

本篇導讀——

本篇是全書最後一篇，編者桓寬首次將自己的觀點直接表達出來，就參加鹽鐵會議的雙方做了點評。通篇看來，桓寬是屬於文學、賢良這一派別的。他認為文學、賢良「智者贊其慮，仁者明其施，勇者見其斷，辯者陳其詞」，各有千秋，並且所論述的觀點「雖未能詳備，斯可略觀矣。」桓寬肯定了桑弘羊大夫的辯論才能，認為他是「博物通士」，認為桑弘羊死於「處非其位，行非其道」。桓寬還批評了丞相田千秋身居要位卻閉口不言，全身而退；斥責丞相史、御史曲己逢迎、才能淺薄。

客曰[1]：「余睹鹽、鐵之義[2]，觀乎公卿、文學、賢良之論，意指殊路[3]，各

有所出，或上仁義，或務權利。異哉吾所聞。周、秦粲然[4]，皆有天下而南面焉，然安危長久殊世。始汝南朱子伯為予言[5]，當此之時，豪俊並進，四方輻湊[6]。賢良茂陵唐生、文學魯國萬生之倫[7]，六十餘人，咸聚闕庭[8]，舒六藝之風[9]，論太平之原。智者贊其慮，仁者明其施，勇者見其斷，辯者陳其詞。誾誾焉[10]，侃侃焉[11]，雖未能詳備，斯可略觀矣。然蔽於雲霧[12]，終廢而不行，悲夫！公卿知任武可以辟地，而不知廣德可以附遠；知權利可以廣用，而不知稼穡可以富國也。近者親附，遠者說德，則何為而不成，何求而不得？不出於斯路，而務畜利長威，豈不謬哉？中山劉子雍言王道[13]，矯當世，復諸正，務在乎反本。直而不徼[14]，切而不熫[15]，斌斌然斯可謂弘博君子矣[16]。九江祝生奮由、路之意[17]，推史魚之節[18]，發憤懣，刺譏公卿，介然直而不撓[19]，可謂不畏強禦矣[20]。桑大夫據當世，合時變，推道術[21]，尚權利，辟略小辯[22]，雖非正略，然巨儒宿學恧然[23]，不能自解，可謂博物通士矣[24]。然攝卿相之位，不引準繩，以道化下，放於利末，不師始古。《易》曰：『焚如棄如。』處非其位，行非其道，果隕其性[25]，以及厥宗[26]。車丞相即周、呂之列[27]，當軸處中[28]，括囊不言[29]，容身而去，彼哉！彼哉！若夫群丞相[30]、御史，不能正議以輔宰相，成同類，長同行，阿意苟合，以說其上[21]，斗筲之人[32]，道諛之徒，何足算哉！」

注釋

1**客**：本書編者桓寬的自稱。2**義**：通「議」。3**意指**：主張。4**粲然**：此處指興盛。5**汝南**：漢代郡名，在今河南省汝南縣。**朱子伯**：人名。參加鹽鐵會議的賢良、文學之一。6**輻湊**：比喻人才聚集。7**茂陵**：漢代縣名，在今陝西省興平縣東北。**魯國**：漢代所封的諸侯國魯國。今山東以及江蘇各一部分。倫，輩。8**闕庭**：朝廷。9**舒**：敘述。10**誾誾**：爭辯的樣子。11**侃侃**：理直氣壯的樣子。12**雲霧**：指公卿及其屬官。13**中山**：漢代郡名。在今河北省定縣一帶。**劉子雍**：人名。參加鹽鐵會議的賢良、文學之一。14**徼**：附和別人的意見。15**爣**：空洞。16**斌斌然**：文雅的樣子。17**九江**：漢代郡名。**祝生**：參加鹽鐵會議的姓祝的儒生。下文的奮由、路之意，皆是參加鹽鐵會議的儒生。18**史魚**：指春秋時衛國史官。相傳他自以為不能進賢臣斥退不肖之臣，死了之後還以屍進諫。19**介然**：耿直的樣子。**撓**：彎曲。20**強禦**：強權。21**推**：排斥。22**辟略**：邪僻的謀略。23**惄**（粵：nuk⁶；普：nǜ）**然**：慚愧貌。24**博物通士**：見識廣博的人。25**隕**：通「殞」，死去。漢昭帝元鳳元年，桑弘羊被殺。其罪名是與上官桀等人謀反。26**厥**：其、他的。27**車丞相**：指丞相田千秋，又稱車千秋。28**當軸**：處於中心位置。29**括囊**：把口袋封閉起來。30**丞相**：此處應為丞相史。31**說**：通「悅」，取悅。32**斗筲之人**：才識淺薄之人。

譯文

桓寬說：「我查看關於鹽、鐵問題的討論，看那些公卿、文學和賢良之間的辯論，他們的主張有很大區別，各自有各自的來源，有的崇尚仁義，而有的卻追求權勢財利。這些熱衷追求權勢財利的說法和我所聽說的治國正道有很大差別。周朝和秦朝的情況十分明顯，他們都擁有天下並南面為王，但是在政權安危、國家存在時間長短方面差異很大。最初淮南王郡的朱子伯對我說，當鹽鐵會議召開的時候，各地傑出的人才都會奔向京城，四面八方的賢士都會向長安匯聚。茂陵縣的賢良唐生，魯國的文學萬生這樣的類型的賢士共有六十多位，全部都在朝廷聚集，宣揚儒家六藝的教化，談論國家太平的根源。聰明的說出自己的謀慮，仁義的講出自己的措施，勇敢的展現自己的果斷，口才好的滔滔不絕的辯論。他們急切爭辯、侃侃而談，雖然所說的不太周詳完備，但是還是有大部分值得一看的。然而如同雲霧遮擋一樣，他們的建議最終被公卿阻擾，終究被廢棄，不能執行，真是可悲啊！公卿只知道使用武力可以開闢疆土，卻不知道發揚仁德可以讓遠方的人歸附。只知道權勢財利可以增加財政收入，卻不知道農耕可以讓國家富強。臨近的國家依附，遠方的國家悅服於仁德，那麼什麼事情辦不成呢？什麼要求不能滿足呢？不走這條路，卻專注於積蓄財利，增長威風，難道不荒謬麼？中山國的儒生劉子雍談論王道，矯正當代的過失，想讓政治回復正道，努力追求返回根本上來，態度直率語言中肯，內容切中要害而不空洞，彬彬有禮，態度儒雅，可以稱得上是知識廣博的君子。九江郡的祝生發揚子路那樣的剛直精神，擴展史魚那樣的氣節，抒發了憤懣不滿，譏刺公卿，耿直不屈，可以算得上不畏懼強權。大夫桑弘羊依據目前的形勢，結合時事的變遷，排斥儒家的治國原則和方法，崇尚權勢和財利，有邪僻的謀略，小小的辯才，雖然不是正道，但是那些大儒和飽學之士因為辯論不過他而深感慚愧，不能夠自我解脱，可以稱得上是見識廣、無所不知的人。但是他位居公卿宰相這樣的高官，不採用正確的原則規範，不拿儒家之道來教化百姓，而放縱地追求工商業的末利，不效法古代。《易》書上説：『像火焚物一樣對君主構成威脅，被眾人所拋棄。』桑大夫處於不該據有的位子上，實行的不是正道，結果丟掉了自己的性命，並連累他的宗族。丞相田千秋身居周公旦、姜子牙那樣的職位，處在軸心和中樞的位子上，但是卻閉口不言，全身而退，開完會就走了。他那個人啊！他那個人啊！至於那些丞相史、御史，不能發表合乎正道的議論來輔佐宰相，卻為同類的桑大夫提供幫助支持，屈從上司的意思，苟且迎合博得歡心。他們都是那些才疏學淺又阿諛逢迎的人，根本不值一提。」

賞析與點評

鹽鐵會議兩派代表了兩種經濟思想，一是以大夫為首的干預主義，一是以文學為首的自由主義傾向者。會議上，知識分子在老百姓的生計上考量，對國家的干預行為大肆批判，痛斥政府的政策導致民不聊生，背離人民。他們又認為政府應減少管制以及干預行為，也不應作沒有必要的管制，更不應與民爭利。知識分子不時流露出緬懷漢代初年無為而治的痕跡，並試圖借古來建構理想的經濟模式，又以此批評當代的經濟政策，顯示絕不妥協於建制的文人風骨。一派之學說是否流行，當有其客觀的因素，非某一統治者可完全抑制。中國經濟思想傾向內向保守，而貶抑自由開放，其故安在？一般人都認為是基於漢武帝獨尊儒術[1]，我不排除此點，但認為與中國處於大一統的狀態的關係更大。相反，自十八世紀以來，歐洲群雄並立，各國對不同的思想學說需求殷切，百家爭鳴，偉大的思想應運而生，不但是經濟學，哲學、政治學、社會學、自然科學等學問也如是，情況一如春秋戰國時代一般。

1 漢武帝時，用董仲舒集團之議，罷黜百家，獨尊儒術，創制一套粹合先秦以來儒、名、法、農、雜、縱橫等各家思想中有利君主統治的新統治思想，以替代漢初黃老思想的立國原則。同時，又立五經博士及設博士弟子員，及令郡國立學校，大舉興辦郡國立學校，以及廣行察舉制度，大量吸收地方精英進入官僚制度，此後入仕者皆以儒學為標準，即建立了所謂「士人政治」。

名句索引

三至五畫

六畫

任能者責成而不勞，任己者事廢而無功。　一二〇

宇棟之內，燕雀不知天地之高。坎井之蛙，不知江海之大。　〇七三

七畫

君子懷德，小人懷土。賢士徇名，貪夫死利。　二〇二

言而不誠，期而不信，臨難不勇，事君不忠，不孝之大者也。　二七八

志善者忘惡，謹小者致大。　二一四

八畫

治大者不可以煩，煩則亂。治小者不可以怠，怠則廢。　一二〇

明者因時而變，知者隨世而制。　一三七

官尊者祿厚，本美者枝茂。　一一三

非學無以治身，非禮無以輔德。　二四〇

十畫

畜仁義以風之，廣德行以懷之。是以近者親附而遠者悅服。　〇二〇

十二畫

十五畫

十六畫

十七畫

禮所以防淫，樂所以移風，禮興樂正則刑罰中。　二六一

十九畫

藥酒苦於口而利於病，忠言逆於耳而利於行。　二九七